生产运作管理

（第3版）

柯清芳　主编

内 容 简 介

《生产运作管理（第3版）》是根据教育部高等院校"生产运作管理"课程教学基本要求，按照理论够用为度，知识注重应用性的原则而编写的一本教材。其主要内容包括：生产运作管理概述、生产运作战略、产品开发与流程设计、设施选址与布置、运作能力规划、库存管理、综合计划与主生产计划、企业资源计划、作业进度安排和项目管理等。

本教材适用于工商管理及相关专业学生学习使用，同时也可以用作企业管理人员培训的教材及参考书。

图书在版编目（CIP）数据

生产运作管理 / 柯清芳主编. —3 版. —北京：北京理工大学出版社，2016.1（2023.7 重印）
ISBN 978－7－5682－1610－4

Ⅰ. ①生…　Ⅱ. ①柯…　Ⅲ. ①企业管理－生产管理－高等学校－教材　Ⅳ. ①F273

中国版本图书馆 CIP 数据核字（2015）第 311538 号

出版发行 / 北京理工大学出版社有限责任公司
社　　址 / 北京市海淀区中关村南大街 5 号
邮　　编 / 100081
电　　话 / (010)68914775(总编室)
　　　　　(010)82562903(教材售后服务热线)
　　　　　(010)68948351(其他图书服务热线)
网　　址 / http：//www. bitpress. com. cn
经　　销 / 全国各地新华书店
印　　刷 / 北京虎彩文化传播有限公司
开　　本 / 787 毫米×1092 毫米　1/16
印　　张 / 16. 5
字　　数 / 388 千字
版　　次 / 2016 年 1 月第 3 版　2023 年 7 月第 9 次印刷
定　　价 / 49. 80 元

责任编辑 / 周　磊
文案编辑 / 周　磊
责任校对 / 周瑞红
责任印制 / 李志强

图书出现印装质量问题，请拨打售后服务热线，本社负责调换

第3版前言

自《生产运作管理》第1版于2009年出版以来，我国经济有了很大的发展，经济结构发生了很大的变化。根据国家统计局的公开数据，2007年第一产业、第二产业和第三产业增加值占国内生产总值的比重分别为11.3%、48.6%和40.1%。2013年，第一产业增加值比重为10.0%，第二产业增加值比重为43.9%，第三产业比重则明显提高，达到46.1%，比上年提高1.5个百分点，比第二产业比重高2.2个百分点，这是第三产业比重首次超过第二产业。到了2014年，第一产业增加值占国内生产总值的比重为9.2%，第二产业增加值比重为42.6%，第三产业增加值比重为48.2%。第三产业占国内生产总值的比重呈现持续上升的趋势。中小微企业占全国企业总数的99.7%，其中小型微型企业占97.3%，提供城镇就业岗位超过80%，创造的最终产品和服务相当于国内生产总值的60%，上缴利税占50%。第二、第三产业及中小微企业在未来相当长时期都将成为我国吸收劳动力就业的主要机构。

目前，中小企业的基层生产与服务第一线的管理人员依然非常匮乏，不能适应我国经济转型与发展的需要，而应用型本科培养的就是能够适应生产、建设、管理、服务第一线需要的应用型专门人才。“生产运作管理”作为获得基层管理技能必须学习的核心课程之一，虽然经过各个院校专家学者这么多年的努力，编写出版了多种版本的生产运作管理教材，但是纵观这些教材，要么理论性太强，要么适用的案例较少，课后练习也不足，不利于学生课后学习，也不利于学生分析问题和解决问题等管理技能的培养。

本教材自第2版出版以来，在教学使用过程中，得到全国各个院校各位同仁的进一步认可。同时，在日常教学过程中，伴随着教学资料的积累以及使用过程中发现的一些问题，需要进一步对教材加以修正完善。

本次修订工作由柯清芳副教授、陈美端副教授承担。陈美端副教授负责第8章“MRP、MRPⅡ与ERP”的修订工作。陈美端副教授长期从事质量管理、ERP软件及企业沙盘模拟实战演练等课程的教学工作，获香港公开大学的工商管理硕士学位，有丰富的教学经验。柯清芳副教授负责其他章节的修订任务，主要内容包括更新了第4章的导入案例，增加第4章和第5章中的案例，修改第9章表9-22：员工排序过程（中间数据有误），等等。

在本书的再版过程中，得到了北京理工大学出版社编辑周磊先生等人的大力支持，兄弟院校部分老师诚恳地指出了本教材第2版中存在的一些问题，在此一并表示衷心的感谢。由于编写者的水平和精力所限，虽然经过了不懈努力，错误和遗漏在所难免，希望各位同仁不吝赐教，批评指正。

编　者

第3版前言

目录

第1章　绪论 ………… 1

1.1　生产运作管理的基本概念 ………… 2

1.2　生产运作管理的范围和内容 ………… 10

1.3　生产运作管理的地位与作用 ………… 11

本章小结 ………… 14

同步测试 ………… 14

实践与训练 ………… 16

第2章　生产运作战略 ………… 17

2.1　生产运作战略概述 ………… 18

2.2　竞争策略选择 ………… 24

2.3　生产运作组织方式选择 ………… 29

本章小结 ………… 33

同步测试 ………… 33

实践与训练 ………… 37

第3章　产品开发与流程设计 ………… 38

3.1　产品开发 ………… 39

3.2　流程设计 ………… 50

本章小结 ………… 57

同步测试 ………… 57

实践与训练 ………… 62

第4章　设施选址与布置 ………… 63

4.1　选址规划 ………… 64

4.2　设施布置 ………… 76

本章小结 ………… 91

同步测试 ………… 91

实践与训练 ………… 99

第5章　运作能力规划 …… 101
5.1　运作能力规划概述 …… 102
5.2　运作能力规划的决策步骤 …… 111
本章小结 …… 116
同步测试 …… 116
实践与训练 …… 120
第6章　库存管理 …… 121
6.1　库存管理的基本问题 …… 122
6.2　独立需求的库存控制系统 …… 125
6.3　独立需求的库存控制模型 …… 128
6.4　库存控制方法 …… 137
本章小结 …… 141
同步测试 …… 141
实践与训练 …… 144
第7章　综合计划与主生产计划 …… 145
7.1　综合计划概述 …… 146
7.2　综合计划策略 …… 150
7.3　制定综合计划的技术 …… 153
7.4　主生产进度计划的制定 …… 163
本章小结 …… 168
同步测试 …… 169
实践与训练 …… 176
第8章　MRP、MRPⅡ与ERP …… 177
8.1　物料需求计划 …… 178
8.2　制造资源计划（MRPⅡ） …… 191
8.3　从MRPⅡ到ERP …… 195
本章小结 …… 197
同步测试 …… 197
实践与训练 …… 202
第9章　作业进度安排 …… 203
9.1　制造系统的作业进度安排 …… 204
9.2　单件小批生产的作业进度安排 …… 206
9.3　服务系统的作业进度安排 …… 219
本章小结 …… 225
同步测试 …… 225
实践与训练 …… 230
第10章　项目管理 …… 232
10.1　项目管理概述 …… 233

10.2　网络计划技术…… 236
10.3　网络计划的调整与优化…… 245
本章小结…… 251
同步测试…… 251
实践与训练…… 255

第1章

绪　论

知识目标

1. 领会生产运作及生产运作系统的含义。
2. 领会生产运作管理的含义、生产运作管理的目标及其范围。
3. 领会生产运作活动与组织的其他四项基本职能之间的内在联系。
4. 领会制造系统与服务系统运作管理的异同。

技能目标

1. 从投入、转化、产出以及顾客的角度定义、描述生产运作管理。
2. 分析生产运作活动与企业竞争力的辩证关系。

先导案例

凯马特与沃尔玛的不同命运

凯马特（Kmart）与沃尔玛（Wal-Mart）均起家于1962年这一事实并不广为人知。1987年，凯马特雄踞折扣连锁零售业的统治地位，店铺数几乎是沃尔玛的2倍，销售额高达256.3亿美元，沃尔玛则为159.6亿美元。然而，到1991年1月结束的那个零售年度，沃尔玛超过了凯马特，销售额达到了326亿美元，而凯马特为297亿美元。有趣的是，尽管沃尔玛在1991年的销售额已经领先，但它的店铺数却依然较少，只有1 721个，而凯马特是2 330个。到2000年的零售年度，沃尔玛已经显著地确立了在折扣连锁业中的统治地位，销售额为1 881亿美元，而凯马特仅为364亿美元。或许同样明显的是这两家公司所经历的市场份额的变迁。1987—1995年，凯马特的市场份额从34.5%下跌到了22.7%，而沃尔玛的份额则从20.1%增加到了41.6%。

是什么原因造成了这种命运的转换？凯马特针对沃尔玛的竞争所采取的举措是强化其市场营销和广告推销的能力，他们投巨资于全国性的由诸如贾克琳·史密斯、玛莎·斯图尔特之类的社会名流出演的电视广告攻势。沃尔玛则采取了全然不同的路子，他们在运作领域投入巨资以降低成本。例如，沃尔玛建立了一套企业计算机系统，将收银机与总部连接起来，从而极大地改善了店铺的库存控制。沃尔玛还建立了一套先进的配送系统。计算机系统与配送系统的结合意味着顾客很少会碰到缺货的情况。另外，收银台引入了扫描器后也使得收银员不再需要核对价格。凯马特自己也承认，它的员工严重缺乏对库存进行有效计划和控制的技能。

转瞬到了2004年，分析家们仍然在评论着凯马特货架上的商品摆放问题。面对在处理运营问题方面的明显无能，凯马特采取了与沃尔玛竞争的新策略，这便是与西尔斯·罗巴克公司的合并。分析家推测，凯马特的地位与西尔斯的强势品牌之间的结合而可能形成的综合效应是这一合并的一个重要益处。可是，合并在何种程度上能够缩小其与沃尔玛之间的绩效差距仍有待观察。例如，2003年，沃尔玛每平方英尺①店面的年销售额是433美元，而凯马特和西尔斯分别为184美元和286美元。将之分别与沃尔玛的3 033家店铺以及合并后的凯马特和西尔斯的2 374家店铺相比，这意味着沃尔玛的年销售额为2 560亿美元，而西尔斯与凯马特的年销售额则为630亿美元。

1.1 生产运作管理的基本概念

1.1.1 生产运作的含义

生产运作活动是一个“投入—转化—产出”的过程，即投入一定的资源，经过一系列多种形式的转化，使其增值，最后以某种形式的产出提供给社会。这是一个社会组织通过获取和利用各种资源向社会提供有用产出的过程。从根本上来说，组织的存在就是为了创造价值，而生产运作涉及的正是创造价值的任务。迈克尔·哈默指出，运作方面的创新能够为组织提供相对于竞争者的长期竞争优势。生产运作实质上构成了每一个组织的基本活动，是每一个组织的核心。

人们最初对生产运作过程的研究主要是对有形产品转化过程的研究，即主要研究有形产品生产制造过程的计划、组织与控制，其相关的学科被称为“生产管理学”（Production Management）。随着经济的发展、技术的进步以及社会工业化、信息化的进展，社会结构越来越复杂，社会分工越来越细，原来附属于生产过程的一些业务、服务过程相继分离并独立出来，形成了专门的商业、金融、房地产等服务行业。此外，人们对教育、医疗、保险、娱乐等方面的要求也在提高，相关的行业也在不断扩大。因此，对所有这些提供无形产品的运作过程进行管理和研究的必要性就应运而生。另一方面，系统论的发展，使人们能够从系统、整体的观点来认识各种社会现象，把握各种现象的共性。人们开始把有形产品的生产过程和无形产品，即服务的提供过程作为一个相互联系的整体来看待，都看做一种“投（输）入—转化—产（输）出”的过程，作为一种具有共性的问题来研究。

这种扩大了的生产概念，即“投（输）入—产（输）出”的概念，在西方管理学界被称为Operations，即运作。无论是有形产品的生产过程还是无形产品的提供过程，都被称为运作过程。但从管理的角度来说，这两种转化过程实际上是有许多不同点的。因此，本书使

① 1平方英尺=0.092 9平方米。

用“生产运作”这一名词，表示本书的讨论范围包括了传统的制造商和非制造（服务）商。

在这里还需要说明的是，用制造商和非制造（服务）商来区分提供物质产品和非物质产品的企业，在过去也许能够较为准确地反映传统企业业务特点。但是，今天的企业往往是既生产物质产品，同时也提供服务。一个制造企业内部可能有一个物质产品的生产系统，同时也有一个服务提供系统。因此，使用制造系统和服务系统来表示企业的两种不同性质的运作过程会更加符合当今的市场环境。

由于习惯，在后面的章节中仍然使用产品或服务表示生产运作系统的产出，但要牢记，无论是产品或服务，它们实质上都是厂商为顾客提供的不同形式的服务。

案例1-1　制造商不仅仅只是提供产品

尽管美国制造商在20世纪90年代实现了生产率的大幅提高，出现了繁荣的经济增长，但是许多制造行业的销售却停滞不前。例如，工业机械销售的年增长率从20世纪60年代的5.2%下降到了20世纪90年代的2%。由于过去的购买以及较长的产品生命周期，已有产品的基数在过去这些年里一直扩大。今天，使用中的美国汽车数量达到了2亿辆，而新汽车的销售则维持在每年1 500万辆的水平上。这种情形在许多制造行业出现。目前来自相关服务活动的年收入是其基础产品年销售额的10~30倍。在公司计算机业务领域，一般公司将其年度预算个人计算机的20%用于购买设备，其余资金则用于技术支持、管理和其他维护活动。

结果，精明的制造商越来越多地介入到与其产品相关的服务之中。产品销售被当做开启提供未来服务之门的一种方式。对一些公司来说，有四种提供相关服务的模式被证明是成功的。第一种是嵌入式服务模式，用新的数字技术将传统服务植入其产品中。霍尼韦尔公司的飞机信息管理系统将一个微处理器及软件与飞机联系在一起。该信息管理系统执行以前由霍尼韦尔公司的顾客人工完成的各种任务，减少了对代价高昂的飞机工程师的需求，霍尼韦尔公司由此也可以对其产品收取高价。第二种是综合服务模式。在汽车市场上，通用汽车公司提供金融服务、供应零部件、提供货车车厢计划和路线选择服务，并帮助管理维护设施。通用汽车公司收入中的一半以上来源于为客户提供的金融服务。第三种是一体化服务模式。诺基亚公司将产品和服务无缝地组合在一起奉献给顾客，试图解决其客户所有的设备和服务方面的需求。其产品包括移动通信商的手机、传输设备和交换机。其服务包括管理顾客的网络、满足新传输塔的小区需求并提供技术支持。第四种是分销控制模式。可口可乐公司就是应用这种模式的一个很好的例子。它已取得了对利润丰厚的分销活动的控制权。今天，它控制着美国70%的装瓶和分销活动，并且正在扩大对国外生产和销售的控制。

以上这些模式使制造商和服务提供商的界线变得模糊起来，因为这些制造商不仅仅只是提供有形产品。

分析提示：服务所创造的价值在发达国家占GDP的50%以上。对于世界著名的大企业，其收入主要来源于其有形产品销售前后的服务。因此，如何提高服务系统的运作效率是企业今后关注的重点领域，也是生产运作管理要关注的主要课题。

1.1.2 生产运作系统

生产运作活动不是企业内部的孤立的活动，它受到环境的影响，同时，对企业的生产运作活动必须进行监督与控制。因此，由环境、生产运作活动以及监控共同构成一个完整的生产运作系统。生产运作系统是由环境、投入、转化系统或过程、产出以及监测与控制机制所构成，如图 1-1 所示。环境包括那些处于生产运作系统以外，但以某种方式影响着生产运作系统的外部要素或力量。由于这些影响，必须对环境加以考虑，即使它超出了系统内决策者的控制范围。例如，生产运作系统的大部分投入都来自环境。同样，与污染控制、安全生产相关的政府监管也影响着转化系统。顾客需要的变化、竞争者的产品或新的技术进展，对于人们对某个生产运作系统的现行产出的满意水平的影响是可以想象的。我们所处的世界是在不断地变化之中，因而需要对生产运作系统加以监控，并当系统与其目标不相符时采取相应的行动。当然，也有可能是当前的目标不再合适，这表明需要修改目标。另一方面，若目标没问题，但投入或转化系统或两者都需要采取某种措施，在这种情况下，就必须不断地从环境、转化系统以及产出中来收集数据。在对这些数据进行分析的基础上，就可以采取适当的行动以提高系统的整体绩效。

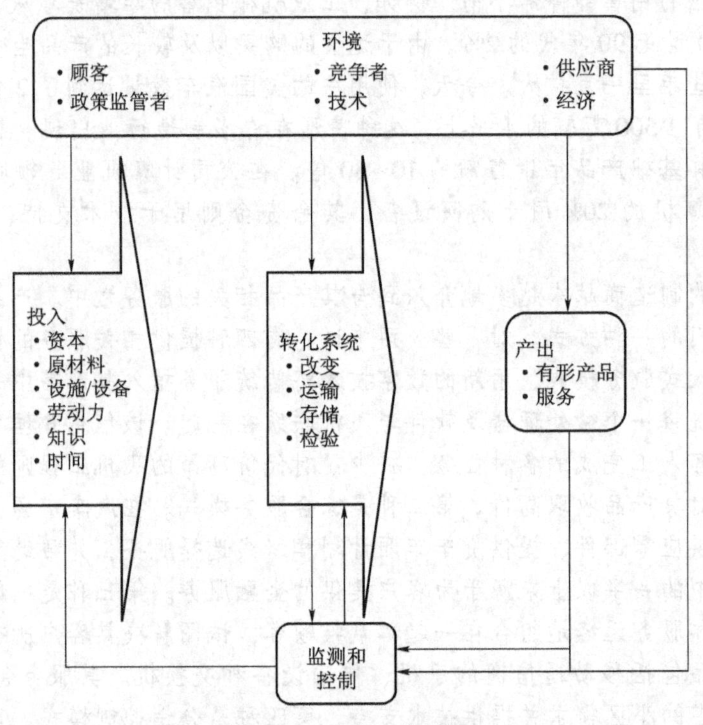

图 1-1　生产运作系统

1. 投（输）入

生产运作系统的投入就是生产运作活动所需要的各种资源，包括明显的投入，如资本、劳动力、设施/设备、原材料、耗用品等。耗用品不同于原材料，因为其通常不能成为最终产出的一部分，诸如机油、纸笔、胶带之类的东西一般被归入耗用品中，它们对于生产最终的产出只是起着辅助作用。还有一项非常重要但不太明显的投入，就是关于如何将投入转化为产出的知识。组织的员工拥有这种知识。最后，还要有充分的时间来完成运作活动。事实上，生产运作部门常常因为不能在要求的期限里完成转化活动而导致任务的失败。

2. 转化系统或过程

中间的转化系统或过程是从事产品制造和服务提供的过程，是通过人类的生产劳动使生产要素价值增值的过程。这个过程包括一个物质转化过程——使投入的各种物质资源发生转变；也包括一个管理过程——通过计划、组织、实施和控制等一系列活动使上述物质转化过程得以实现。这个转化过程还可以以多种形式表现出来：

一是改变，如在机械厂，主要是物理性质的变化，在炼油厂主要是化学变化。另外一些特殊的改变也会具有价值。感觉方面的改变在某些特定的场合极具价值，如寒冷时获得热量或听音乐看美景时获得美感，甚至心理上的改变也能产生价值，如获得大学学位的成就感、从一个长途通话中感受到的亲情。

二是运输，即位置的变化，如在航空公司或邮局，转化过程主要是位置的变化。

三是存储，如物品存放在仓库中以满足未来的需求。

四是检验，某些事物会因我们更好地理解了其属性而更具价值，如医疗检查、珠宝评估与认证、古玩字画的鉴定等都属于这一类别。

有形产品的转化过程通常称之为生产过程，无形产品的转化过程称之为服务过程，两者统称为生产运作过程。现代社会经济中，任何一个企业的产出都是有形产品和无形服务的组合。

对于现代制造业企业来说，其产品的技术含量和知识含量越来越高，在销售产品的同时，需要提供的无形服务越来越多；对于诸如饮食、零售、酒店、航空等服务业企业来说，无形服务的产出也离不开其物理性质的服务设施，所提供的商品、食品等有形产品的支持。

3. 产（输）出

产出包括两大类：有形产品和无形产品。有形产品如面包、电视机、手机、汽车、洗发水等物质产品；无形产品如咨询、设计方案、快递服务、金融服务、送货服务等非物质产品。具体来说，可以根据表 1-1 中所列的特点来对两者加以区分。

表 1-1 产品与服务的特性

产 品	服 务
有形，可触摸	无形，不可触摸
与顾客最低程度的接触	与顾客的高度接触
提供过程中顾客最低程度的参与	提供过程中顾客的高度参与
延迟消费	即时消费
设备密集型生产	劳动密集型生产
质量容易衡量	质量难以衡量
响应顾客需求周期较长	响应顾客需求周期很短
产出可储存	产出不可储存

然而，相较于其益处而言，这种分类也容易让人困惑。实际上，无论输出的是有形产品，还是无形服务，它们为顾客提供的都是服务。例如，一家牛肉连锁店，这家企业是制造产品还是提供服务呢？你可能会毫不犹豫地回答：服务。那么想一下，假设这家企业不是直接将牛肉提供给实际的消费者，而是在工厂里加工牛肉，然后通过杂货店的冷冻品专柜来销售。显然，无论是提供即时消费，还是制成后冷冻，运作过程所涉及的基

本是同样的任务。问题在于，这两类企业都制作并提供牛肉，将一家企业定义为服务商而将另一家定义为制造商就有点牵强。对于消费者来说，其购买的不是某个产品，而是一系列服务，其中许多服务具化在某个有形产品中。好比购买一根木材，消费者购买的是诸如砍伐、锯断、运输、储藏以及广告等服务。另外，不将企业区分为制造商和服务商，是因为，当某个公司将自己视为制造商时，它会倾向于将重点放在诸如效率、利用率之类的内部绩效改进上。而将自己视为服务商的企业通常会更加关注外部顾客满意度这类问题。这并不是说改进内部绩效指标有什么不好，而是强调改善顾客服务质量应成为所有改进活动的推动力。一般来说，如果内部改进最终不能获得相应的顾客服务与满意度的改善，那么这样的内部改进就没有什么必要。

随着信息技术的革命性发展，尤其是互联网的应用，考察产出的有形性和信息性对于管理者有着重要的意义。有形性的产出与信息性的产出有着本质的区别。第一，两者之间的一个重要差异涉及卖出后的产出的所有权问题。具体来说，有形产出一旦卖出后，卖主将不再拥有它，而信息性产出卖出后卖主仍然拥有该产出。例如，一盘音乐 CD 被零售商卖出后，便不再被该零售商所拥有，而成为购买者的财产。但是，当通过如 MP3. com 这样的网站购买音乐时，零售商只是为购买者提供了音乐文件的数字拷贝，并不放弃对该音乐文件的所有权。第二，这一例子还反映了两者之间的另一重要差异，即有形性产出的复制通常伴随某种类型的制造运作过程，而信息性产出的复制几乎是零成本和无限制的。第三，有形性产出与信息性产出的收益回报类型也不同。有形性产出服从于收益递减规律。换句话说，随着生产有形产品的运营规模的扩大，生产更多单位产品的边际成本将会呈现先递减后递增的趋势，直至越过设施运营的最佳效率点。信息性产出趋向于典型的收益递增，因其只有一次性的固定成本，且复制时几乎无需可变成本或其他的有形资源。例如，通过网络发布一套软件程序。如果只有一个人购买该软件，则这个人就必须负担该软件的全部开发成本，但如果有更多的人购买，则该软件的开发成本就可以由更多的人来分摊。由于这类产品的可变成本几乎可以忽略，因此，可以很容易地推断，随着越来越多的人购买该软件将导致单位产品成本按比例降低。两种产品之间的各种差异如表 1-2 所示。

表 1-2 有形性产出与信息性产出的比较

有形性产出	信息性产出
一经售出便不再为卖主所拥有	售出后仍为卖者拥有且可以再次售卖
复制要求经过制造加工	复制几乎是零成本和无限制的
输出仅存在于一处	输出可以同时存在于多处
服从收益递减规律	服从收益递增规律
会磨损	不会磨损

4. 监测与控制

如果生产运作系统出现了错误，生产运作管理人员必须通过一些记录，如会计记录（监测）发现这种错误，并且改变系统以纠正错误（控制）。如图 1-1 所示，监测与控制活动广泛作用于生产运作系统中，包括管理系统在内。从本质上讲，生产运作系统的任何部分发生了显著的变化，监测过程都必须知会管理人员。如果该变化对产出的影响不大，则无需采取控制行动。如果影响显著，则管理者就应介入并采取纠正性的措施，改变投入或转化系统，从而影响产出。各种不同机构生产运作系统的五类要素构成，如表 1-3 所示。

表 1-3　生产运营系统的构成

社会组织	投入	转化	产出	监测与控制	环境
工厂	原材料、设备、劳动力、技术	切割、成型、连接、混合	机器、化学品、消费品、废料	物料流、产量、作业进度、质量、生产率	经济、产品价格、消费需求
邮局	劳动力、设备、卡车	运输、印刷	邮件送达、邮票	天气、邮件量、分拣/丢失、差错	运输、网络、天气、法律、政策
电影院	电影、食品、人员、放映厅	电影放映、食品制备	娱乐、零食	影片受欢迎程度税后收入、上座率	经济、娱乐产业、影片产量
医院	病人、设备、人员、药品	诊断、检验、治疗、康复	恢复健康的人、药品	康复率、医疗事故、抱怨、费用	国家医疗保障体系、药品价格
大学	学生、书籍、教师、设施	教学、咨询辅导、研究、毕业设计	高级专门人才、技能、研究成果	人口构成状况、抱怨、就业率、缺勤率、课程成绩	国家财政投入、招生政策、教育管理机构
银行	支票、存款、ATM 机、人员	保管、投资、借贷表、业务准备	利息、电子划转、贷款、借贷表	利息率、贷款坏账率、账户数	中央银行货币政策、经济

案例 1-2　联邦快递公司

联邦快递公司（www.fedex.com）是一个年营业收入达到 170 亿美元的因速度和可靠性而繁荣兴旺的投递服务公司。联邦快递公司每天投递 450 万件包裹——占全球包裹投递业务量的 1/4。由于联邦快递所投递的包裹有 70% 是通过飞机运输的，因此可以收取溢价。过去 25 年以来，当一些公司突然意识到缺少关键零部件或当顾客所需要的货物存货量很少时，都会使用联邦快递公司的投递服务。这些公司之所以选择联邦快递公司，是因为其在包裹跟踪方面的技术优势。然而，互联网改变了业务的经营方式。许多企业正在转向使用基于互联网的运作流程，这些流程可以使顾客与供应商直接沟通，从而消除大量的不可预见性。电子邮件能够随时可靠地传递文件，而且，低成本的卡车运输、打折的空中运输，甚至是海上运输现在都可以通过互联网进行货物跟踪。

但是，这些技术的进步为一些公司带来好处的同时，却使得联邦快递公司的传统业务需求量减少了。目前的增长潜力来自于地面运输业务，而这一市场目前主要由联合包裹运输公司（United Parcel Service，UPS）所占有。像亚马逊网站这样大量依赖地面运输服务将包裹直接投递上门的互联网公司的出现，以及由于网络采购体系而促进的大量企业对企业（B2B）供应网络的形成，使得对地面运输服务的需求迅速增长。为了在这种变化的环境中保持竞争力，联邦快递公司新增了两个业务部门：联邦快递地面运输部门和联邦快递上门投递部门。联邦快递地面运输部门主要通过新近收购的卡车运输部门开展企业对企业间的运输服务，而联邦快递上门投递部门则专门进行居民区的投递。提供这种服务的流程努力实现低成本运营和可靠的投递——这与以往强调速度的运营目标是不同的。此外，联邦快递公司将依靠其技术上的核心能力。公司在流程上投资了1亿美元以协调客户公司的物流，例如，像思科（Cisco）这样的公司，需要由供应商提供主要的零部件，所有这些零部件必须在一个较短的时间内运达同一个客户那里，以便进行最终产品的装配。在一个被互联网重塑了的动态环境中，联邦快递公司正依赖其运营成功地进行竞争。

分析提示：企业只有根据市场需求及环境的变化，适时地调整业务结构，才能持续地生存和发展。

1.1.3 服务系统与制造系统运作管理的区别

虽然有形产品的生产过程和无形产品的提供过程都可以看做一个“投入—转化—产出”的过程，但这两种不同的转化过程以及它们的产出形式还是有很多显著的区别。

1. 服务的本质特点

与制造系统所产出的物质形态产品相比，服务作为一种产出有些鲜明的特点，从而导致服务运作管理具有特殊性。这些特点可归纳如下：

（1）服务产品的无形性、不可触摸性。这是服务作为产出与有形产品的最显著的区别。从本质上讲，顾客购买服务的目的是希望得到一种解决问题的方案，得到一种功能，而不是物品本身。这一点对于制造系统来说实际上是相同的。服务的这种特点使得它不像有形产品那样容易描述和定义，也无法储藏，难以用专利来保护，从而带来了服务管理中的一系列独特性。

（2）生产与消费的不可分离性。对于制造系统来说，产品生产与使用是在两个不同时间、不同地点发生的，生产系统与顾客相互隔离。因此，产品质量可在“出厂前把关”；产品可预先生产出来存放在仓库中以满足未来的需要，从而调节需求与生产能力之间的不平衡性。而许多服务只能在顾客到来的时候才开始“生产”，生产的同时顾客也就消费掉了。服务的不可触摸性越强，生产和消费越会同时发生。服务的这种特点使得服务质量不可能预先“把关”，使得服务能力（设施能力、人员能力）计划必须对应顾客到达的波动性，使得服务的“生产”和“销售”难以区分。

（3）不可储存性。由于服务是无形的以及服务的消费与生产是同时进行的，所以服务通常是无法储存的。由于服务不可储存，服务能力的规划就成为非常关键的问题。服务能力的大小、设施的位置对于服务系统的获利能力有至关重要的影响。如果服务能力不足，会造成机会损失；而服务能力过剩，会形成过多的成本支出。

（4）顾客在服务过程中的参与。在制造过程中，产品的生产过程与使用过程是完全分离的，而在服务过程中“顾客就在你的工厂中”，顾客自始至终主动地或被动地参与到“产品”的生产过程中。这种参与可能会带来两种结果：促进服务质量的提高和降低服务的效率。顾客在服务过程中的参与导致了在服务系统中，“生产”与“销售”两种职能是相互渗透、不可分离的。而在制造系统中，生产与销售的职能往往是分离的，既相互促进又相互对立。因此，在制造系统中，生产的基本原则是以销定产，生产什么，生产多少，必须根据市场的需要来决定。但是，企业为了提高生产效率，降低生产成本，往往是按照较为固定的批量来组织生产，在短期内必然会由于生产数量与需求量的差异而形成库存，造成某些成本的增加。从这一点分析，相对于制造系统，服务系统的策略选择余地较窄。

2. 服务运作管理的特点

服务产出的特点决定了服务系统运作过程和管理过程与制造系统相比有很大不同，其主要表现如下。

（1）运作的基本组织方式不同。从运作的基本组织方式上看，制造系统是以产品为中心，而服务系统则是以人为中心。制造企业通常是根据市场需求预测和订单来制订生产计划、采购所需要的物料、安排生产设备和人员、组织生产。在生产过程中，即使发生一些意外事故影响了生产进度，也可以通过产品与半成品库存来调节。因此，在制造企业，其运作管理是以产品为中心，主要控制对象是生产进度、产品质量和生产成本。而在服务系统中，运作过程往往是人对人的，需求有很大的不确定性，难以预先制订周密的计划；在服务过程中，即使是预先规范好的服务流程，也仍然会由于服务人员和顾客的随机性而产生不同的结果。因此，运作活动的组织主要是以人为中心来考虑的。

（2）产品和运作系统的设计方式不同。在制造系统中，产品和生产系统可分别设计，同一种产品可以采用不同的生产系统来制造，例如，采用自动化程度截然不同的设备。而在服务系统中，服务和服务提供系统需同时设计。服务提供系统是服务本身的一个组成部分，不同的服务提供系统会形成不同的服务特色，即不同的服务产品，二者的设计是不可分离的。

（3）库存在调节供需矛盾中的作用不同。市场需求往往是波动的，而系统的生产能力通常是一定的。在制造系统中，可以用库存来调节供需矛盾。制造系统应对市场需求波动的方法主要是利用库存，即预先把产品生产出来，以满足高峰时的需求或无法预期的需求。而在服务系统中，往往无法用库存来调节供需矛盾。对于很多服务系统来说，无法预先把服务“生产”出来满足未来顾客需求。因此，对于服务系统来说，其所拥有的服务能力只能在需求发生时加以利用，这对服务能力的规划具有很高的要求。

（4）顾客在运作过程中的作用不同。制造系统的生产过程是封闭的，顾客在生产过程中不起作用，而服务系统的运作过程是开放的，顾客在服务过程中会起非常重要的作用。前面已经讲过，顾客的参与可能起两种作用——积极作用或消极作用。在前一种情形下，企业可以利用顾客的参与来提高服务效率和服务设施的利用率；在后一种情形下，企业必须采取相应措施来消除某些负面干扰。因此，服务系统运作管理的任务之一，是尽量使顾客的参与能够对服务质量、效率的提高等起到积极作用。

（5）需求地点的相关性。由于服务过程中生产与消费同时进行，对于大多数服务系统来说，提供者与顾客必须处在同一地点，不是顾客去服务的提供地（如商店购物），就是提供者上门服务。为了更好地方便顾客消费，服务设施必须分散化，并尽量靠近顾客，这就限制了每一个服务设施的规模，使管理者对分散的服务设施管理和控制的难度加大，它决定了服务设施选址的特殊性。

(6) 无形性的相关影响。在服务系统中，概念、方法、技术等无形因素发挥着重要的作用，实物形态的东西较少。因此，服务系统不大容易利用专利来保护自己。同时，由于不易通过触摸、事先试用、品尝等方法形成对服务的了解，也由于服务本身的无形性，顾客对企业的形象、品牌将更加重视，在咨询、策划、设计等专家服务性系统中更是如此。无形性还带来了质量方面的区别。由于制造系统所提供的产品是有形的，其产出的质量易于度量。而对于服务系统来说，大多数产出是不可触摸的，服务人员的一个微笑、一句话或一个举动，以及顾客的个人偏好等影响对质量的评价，因此对质量的客观度量较为困难。

制造系统与服务系统在产出与管理上的主要区别如表1-2所示。需要特别指出，该表所示的是两种极端的情况。事实上，很多企业的产出与管理上的特点是介于这两个极端情况之间，很多差别只是程度上的差别。有越来越多的企业都在同时提供与其产品有关的服务。在其所创造的价值中，物料转化部分的比例正在逐渐减少。同样的，许多企业经常是配套地提供产品和服务，例如，在零售店，顾客需要同时得到商品和服务；在酒店，顾客需要同时得到床位、洗漱用品和服务。

1.2 生产运作管理的范围和内容

1.2.1 生产运作管理的基本目标

生产运作管理就是对提供企业主要产品或服务的系统进行设计、运行、评价和改进。生产运作管理直接涉及生产产品或提供服务的活动。生产运作管理的目标可以概括为："在需要的时候，以适宜的价格，向顾客提供具有适当质量的产品和服务，达到提高顾客和社会满意度，提高企业竞争力和经济效益。"

生产运作活动是一个"投入—转化—产出"的过程，是向社会提供有用产品，并实现价值增值的过程。而"有用"的产品，无论是有形的还是无形的都必须具有一定的使用价值，即具有能够满足顾客某种需要的功能。而使用价值的支配要素主要是产品的品种、质量、交付时间和价格。只有在产品品种（包括有形产品的种类和品种数、无形产品的项目）适合市场需求或潜在需求，满足用户的一般需求与特殊需求，产品质量充分体现出其"适用性"（包括合用性、可靠性、安全性、维修性和经济性），产品交付时间适应顾客需要的时间，产品价格适宜，能被顾客所接受，使用价值才能得以实现，最终达到提高顾客和社会满意度，提高企业竞争力和经济效益的目的。

1.2.2 生产运作管理的职能范围和决策内容

生产运作管理的职能范围可以从企业生产运作活动过程的角度来看。就有形产品的生产来说，生产活动的中心是制造部分，即狭义的生产，如图1-2所示。所以传统的生产管理学的中心内容，主要是关于生产的作业管理等。但是，为了进行生产，生产之前的一系列技术准备活动是必不可少的，例如，工艺设计、工装夹具设计、流程设计、工作设计等，这些活动可称之为生产技术活动。而生产技术活动是基于产品设计，所以在生产技术活动之前是产品的设计活动。这样的"产品设计—生产技术—制造"等一系列活动，构成了一个较完整的生产活动的核心部分。

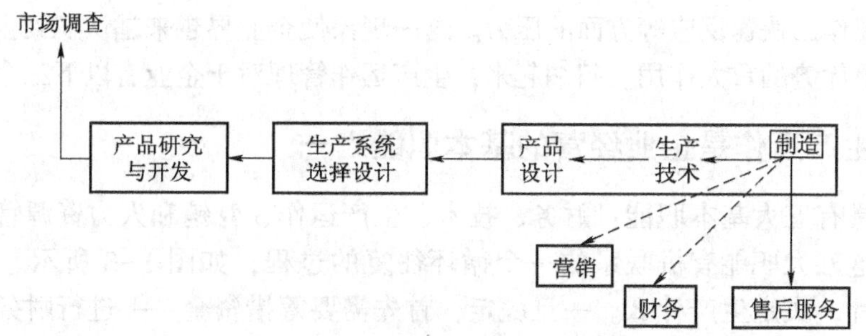

图 1-2 生产运作管理的职能范围

在技术进步日新月异、市场需求日趋多变的环境下，产品更新换代的速度正变得越来越快。这种趋势一方面使企业必须更经常地投入更大的力量进行新产品的研究与开发；另一方面，由于技术进步和新产品对生产系统功能的要求，使企业不断面临生产系统的选择、设计与调整。这两方面的课题从企业经营决策层的角度来看，其范围向产品的研究与开发，生产系统的选择、设计这样的“向下”方向延伸；而从生产管理职能的角度来看，为了更有效地控制生产系统的运行，生产出能够最大限度地实现生产管理目标的产品，生产管理从其特有的地位与立场出发，必然要参与到产品开发与生产系统的选择、设计中去，以便使生产系统运行的前提——产品的工艺可行性、生产系统的经济性——能够得到保障。因此，生产管理的关注范围从原来的生产系统的内部运行管理在向前后延伸，即一方面向生产作业之前的生产系统设计延伸；另一方面，向生产之后的阶段延伸，即对产品的售后服务与市场需求、顾客特殊需求的关注。如图 1-2 所示，所有这些活动，就构成了生产运作管理的职能范围。图 1-2 中的虚线部分表示企业经营活动中的一些其他主要活动。

对于提供无形产品的服务系统来说，其运作过程的核心是业务活动或服务活动。在当今市场需求日益多变、技术进步尤其信息技术飞速发展的形势下，同样面临着不断推出新产品、提供多样化服务的课题，从而也面临着不断调整其运作系统和服务提供方式的课题。故其管理与生产管理相似，也必然需向前、向后延伸。

从上述角度看，生产运作管理的决策内容可分为以下三个层次。

（1）生产运作战略决策。这主要是确定企业生产什么，如何对不同的产品品种进行有机地组合，企业将采用什么方式来进行生产，企业的生产规模应是多大，为此需要投入哪些生产要素，如何对这些要素进行优化配置，如何确立企业的竞争优势等。

（2）生产运作系统设计决策。生产运作战略确定以后，为实施战略首先需要有个生产运作系统。所以接下来的问题就是设计一个高效率的生产运作系统，对系统设施规划和布置、生产运作技术、生产能力规划、生产运作流程选择、工艺设计、工作设计等问题作出决策。

（3）生产运作系统运行决策。生产运作系统的运行决策是在生产运作系统的结构、功能、构成要素等基本问题确定以后，系统处于日常运行过程中的决策，包括生产计划、生产作业计划、作业调度、作业控制、在制品管理、生产作业进度控制、质量控制等。

1.3 生产运作管理的地位与作用

进入 20 世纪 90 年代以来，由于科学技术的不断进步和经济的不断发展，全球化信息网络和全球化市场经济的形成，企业面临着缩短交货期、提高产品质量、降低产品成本以及对不断变化的市场作出快速反应等方面的压力。这一现象使企业界越来越认识到生产运作管理对于企业获取竞争优势的重大作用。归纳起来，生产运作管理对于企业有以下三个方面的作用。

1.3.1 生产运作是企业经营的基本职能之一

企业经营具有五大基本职能：财务、技术、生产运作、营销和人力资源管理。企业的经营活动，就是这五大职能有机联系的一个循环往复的过程，如图1–3所示。企业为了实现自己的经营方针，决定生产什么。一旦决定，首先需要筹措资金——进行财务活动，这是企业的财务职能；其次需要设计产品以及运作流程——统称为技术活动；设计完成后，需要购买物料并加工制造——进行生产运作活动；产品生产出来以后，需要通过销售使价值得以实现——进行营销活动；销售以后得到的收入由财务职能进行分配，其中一部分作为下一轮的生产资金，又一个循环开始。而使这一切运转的，是人——企业的人力资源管理活动。企业为了达到自己的经营目标，以上五大基本职能缺一不可。

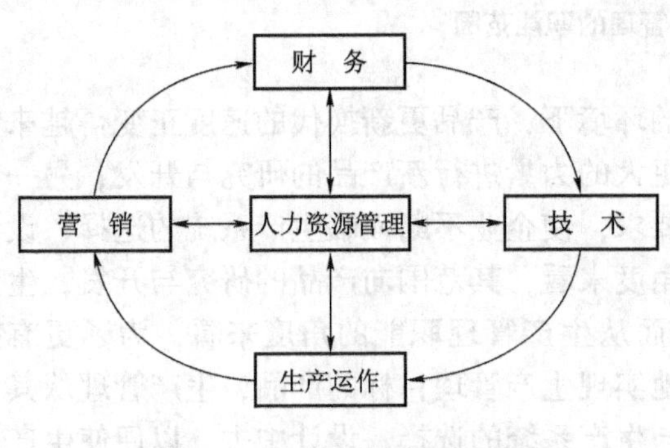

图1–3 企业经营的基本职能

1.3.2 企业在生产运作方面的花费在销售收入中所占比例最高

在大多数行业企业的销售收入中，花费最大的部分往往是生产运作活动，如表1–4所示。因此，企业要提高赢利能力，生产运作自然成为关注的焦点。而实际上，做好生产运作管理是企业提高盈利的最佳途径之一。

表1–4 各行业中生产运作成本比例

%

项　目		食品加工业	医药制造业	电子及通信设备制造业	普通机械制造业	纺织业
生产运作	产品材料 直接劳动成本	84	59	84	80	85
	附加费用 监督及供应	5	5	3	2	2
	小计	89	64	87	82	87
销售、财务与管理费用		6	22	7	10	6
利息、非经营项目税收及利润		5	14	6	8	7

1.3.3 生产运作是企业竞争力的源泉

在市场竞争的环境下，企业的组织结构、营销策略、资本运作都有可能成为企业成功的关键要素。一个企业在经营管理过程中面临许多问题，如体制、资金、设备、技术、生产、销售、人力资源、企业与政府的关系、企业与银行的关系、企业与股东的关系等问题。任何一个方面出现问题，都有可能影响企业的生产和经营。但消费者和用户并不关心这些，他们只关心企业所提供的产品和服务对他们的效用（价格、质量、品种和交货时间）。从这个意义上说，企业和企业之间的竞争最终必须体现在企业所提供的产品和服务上。而企业产品和服务的竞争力在很大程度上取决于生产运作管理的绩效：如何降低成本、控制质量、缩短时间和增加柔性。

正是从这些意义上来说，生产运作管理是企业竞争力的关键要素之一。在当今市场需求日益多样化、顾客要求越来越高的情况下，如何适时适量地提供高质量、低价格的产品，是现代企业经营管理领域中最富有挑战性的内容之一。20世纪七八十年代，美国工商企业界的高层管理者们曾经把兴趣更多地偏重于资本运营、营销手段的开发等，而对集中了企业绝大部分财力、设备乃至人力资源的生产运作系统，缺乏应有的重视，其结果导致整个生产活动与市场竞争的要求相距越来越远。而后起的日本企业，正是靠卓有成效的生产管理技术和方法，使其产品风靡全球，不断提高其全球竞争力。在今天，绝大多数企业已经意识到了生产运作管理对企业竞争力的重要意义，开始重新审视生产运作管理在整个企业经营管理中的地位和作用，大力通过信息技术等手段来加强生产运作管理。今天的中国企业实际上也面临类似的问题。中国正在全球经济体系中发挥越来越大的作用，“中国制造”吸引了全世界的目光，这更加突出了我国企业，尤其是工业企业，通过一种有效的生产运作管理方式迅速提升其产品竞争力的重要性。面对这样的全球发展机遇，西方国家的经验教训值得我们借鉴。

案例1-3　美国大陆航空公司改善运作迎接竞争挑战

1994年，美国大陆航空公司的财务状况很糟糕，顾客迅速流失，资金也很快被消耗殆尽。4万多个就业岗位岌岌可危。今天，大陆航空公司士气高昂，这多亏了对运作流程的重新设计以及如何有效运行所做的努力。转折的关键就在于以协作的方式对许多流程迅速进行再设计，以使每一个人都齐心协力。经过多年的低成本运营之后，质量和顾客响应策略得到了巨大的改进。大陆航空公司更改了流程，使流程的重点变成为顾客增加价值而不是削减成本。其难点是找出改善顾客体验的办法以使收入的增长快于成本的增加。大陆航空公司设立了免费热线来处理员工有关改进运作的建议，比如说提高机票预订流程的速度。管理层设法通过选择人们愿意旅行的地点和时间，并利用干净、有吸引力的飞机来改进顾客的体验。

大陆航空公司还选择了15种左右的关键指标对竞争对手进行跟踪和比较，这些指标包括准点到达、行李托运和顾客投诉等。飞机维护有所改进，提高能力利用率；飞机得到及时修复，使其在需要飞行的时候不会出现故障。经过一年的时间，维修经费预算从7.77亿美元下降到了3.95亿美元，并且大陆航空公司的飞机派遣可靠性从行业中的最后一名跃升为第一名。大陆航空公司决定在休斯敦、纽瓦克和克利夫兰建立飞行基地。最后，为提高可靠性，大陆航空公司鼓励制订飞行计划的人员与掌管机械师、机组乘务员以及飞机零部件库存的运行部门之间更好地进行跨职能部门的沟通。

分析提示：美国大陆航空公司通过调整竞争重点要素（竞争优先级）、流程改进、选址、生产调度等运作活动，使企业的竞争力有了显著的提高。

本章小结

本章阐述了生产运作活动、生产运作管理的定义，分析了生产运作系统的构成要素、生产运作管理的对象以及制造系统与服务系统生产运作活动的不同特点；分析了生产运作管理的目标、运作职能决策范围；分析了作为企业基本职能之一的生产运作与企业管理的其他职能之间的关系，阐述了生产运作是企业竞争优势的基本来源的观点。

同步测试

一、单项选择题

1. 服务与有形产品的最显著区别是（　　）。
   A. 不可储存性
   B. 无形性、不可触摸性
   C. 顾客在服务过程中的参与
   D. 生产与消费的不可分离性
2. 最初，人们对生产运作活动的研究主要集中在（　　）。
   A. 有形产品生产的要素投入环节　　B. 有形产品生产的加工制造环节
   C. 有形产品生产的产出环节　　D. 有形产品生产的信息反馈环节
3. 生产运作管理最初被称为“生产管理学”，这是因为其主要研究（　　）的缘故。
   A. 有形产品的生产制造过程的计划、组织与控制
   B. 无形产品的提供过程的计划、组织与控制
   C. 无形产品与有形产品的区别
   D. 福特的移动流水生产线
4. 狭义的生产是指（　　）。
   A. 有形产品的制造、市场营销和财务管理
   B. 有形产品的加工制造
   C. 有形产品的制造、生产技术和产品设计
   D. 无形产品的创造与有形产品的制造
5. 在大多数行业的销售收入中，花费所占比重最大的职能领域是（　　）。
   A. 产品的研究与开发　　B. 人力资源
   C. 财务管理　　D. 生产运作

二、多项选择题

1. 作为生产运作活动的产出，一般必须具有（　　）的特征。
   A. 具有一定的使用价值
   B. 需要投入一定的资源并经过转换才能最终实现
   C. 转换过程实际上就是人类的劳动过程，也是一个价值增值过程
   D. 可触摸和可储存
2. 服务业与制造业相比，其产出具有（　　）等特点。
   A. 服务产品的无形性、不可触摸性　　B. 生产与消费的不可分离性
   C. 不可储存性　　D. 顾客在服务过程中的参与

E. 不可度量性

3. 作为生产运作活动的产出，无论是有形产品还是无形产品都必须具有一定的使用价值，即能够满足顾客对产出的（　　）的基本要求。

A. 质量　　B. 品种　　C. 时间　　D. 价格

E. 创新

4. 生产运作管理的决策内容有（　　）三个层次。

A. 生产运作战略决策　　B. 经营战略决策

C. 生产运作系统设计决策　　D. 生产运作系统运行决策

5. 有形性产出与信息性产出的区别有（　　）。

A. 两者遵循的回报类型不同

B. 产出卖出后产出的所有权归属不同

C. 两者生产的边际成本不同

D. 产出的地点不同

E. 生产与消费是否分离

6. 夏天乘坐有冷气的宽敞的公交车，把你从上班的地方送回舒适的家，这个服务过程的转化形式有（　　）。

A. 物理化学的改变　　B. 感觉上的改变　　C. 运输

D. 储存　　E. 检验

三、思考题

1. 如何理解生产运作管理的含义？加强生产运作管理对企业经营有什么意义？

2. 如何理解生产运作管理的目标？

3. 区分无形产品与有形产品的不同特点是什么？无形产品的这些特征对它的运作管理有什么影响？

4. 分析生产运作管理与企业的其他职能之间有什么内在联系？

5. 描述生产运作管理的职能范围，分析生产运作管理不同决策层次之间的内在联系。

四、综合案例

自然创意概念公司

自然创意概念公司设计并生产木制家具。该公司由欧阳在广东潮州建立，从生产用于广州、深圳、潮州及周边的度假小屋中的客户定制木家具起家。欧阳本人作为一个爱好户外活动的人，别出心裁地想将“一点户外的气息”带入屋内。自然创意概念公司建立起了以创意性设计和高超制作工艺而闻名的显赫声誉。该公司的销售逐渐垄断了整个广州、深圳、潮州及周边地区的定制家具的市场。随着公司的发展壮大，又带来了另外的机会。

按照惯例，公司完全集中在客户定制的家具上，由顾客指定要用于家具制造的木料品种。随着公司名气的扩大和销售量的增加，销售人员开始向零售店销售一些更加大众化的家具。向零售店的进军使自然创意概念公司进入了更加普通的家具系列生产领域。这一产品系列的买家比定制系列的顾客对价格更为敏感，并提出了更严格的交货要求。但是面向顾客设计的家具仍然在销售中占据主导地位，是销售量的 60% 和销售额的 75%。目前公司在潮州生产基地运行着单一制造流程，同时生产顾客定制家具和普通家具。为了提供生产顾客定制家具所需要的柔性，其设备的特点主要是通用设备。车间中的布局是将锯床全部放置在一个区域，而将车床放在另一个区域，其他设备也是如此分类集中放置。成品的质量反映出所选用木材的质量和各个工人的制作技艺。定制家具和普通家具都由一名工匠在同一台设备上竞争使用加工时间。

过去几个月来。普通家具系列产品的销售稳步增长，导致这一系列产品的生产计划更有规律。但是每当必须对生产计划进行权衡时，定制家具由于有更高的销售额和边际利润，总是被放在优先的地位。因此，在竞争的各个阶段，都有大量已排好进度的普通家具被滞留在工厂周围。

当欧阳检查公司的进展情况时，他高兴地注意到公司已经发展壮大。定制家具的销售势头依然强劲，普通家具的销售也稳步增长。但是财务部和会计部门却指出利润情况不尽如人意。与普通系列产品相关的成本正在上升。资金被原材料和在制品库存所占用。必须租用昂贵的公用仓库空间来放置库存。欧阳也很关注定制家具和普通家具订单提前期的延长，提前期的延长正在导致承诺的交货期延长。生产能力很紧张，工厂内没有留下扩展的空间。欧阳下了决心，是到了该仔细研究普通系列产品对制造流程的总体影响的时候了。

1. 当自然创意概念公司开始向零售商销售普通家具时，销售和生产是如何相互影响的？
2. 向普通家具进军如何影响了公司的财务结构？
3. 欧阳可能做出什么不同的决定来避免他现在所面临的问题？

实践与训练

一、实训目的

1. 课程知识的进一步拓展学习。
2. 深化生产运作活动对企业竞争力影响的感性认识。
3. 进一步加深对中国制造业与服务业发展现状及未来前景的认识。

二、实训要求

1. 实训通过建立3~5人的小组来完成。
2. 学生可以通过选择一些比较有代表性的制造业和服务业企业进行访问调查，了解企业生产运作系统的内容、特点，分析生产运作系统对企业竞争力的哪些方面产生了推进作用。
3. 学生还可以通过网络来收集以上相关信息。
4. 完成实训报告。

三、成果与考核

成果与考核主要依据小组的实训报告以及小组长对小组成员参与度的鉴定评定成绩。

第 2 章

生产运作战略

知识目标

1. 了解企业战略、业务战略、运作战略及其他职能战略的含义及相互关系。
2. 领会业务战略、生产运作战略及其他职能战略之间的内在联系。
3. 领会生产运作使命、独特竞争力、运作目标和策略等生产运作要素之间的内在联系。
4. 领会独特竞争力的含义、竞争要素之间的内在联系、如何选择重点竞争要素以及订单资格要素和订单赢得要素之间的内在联系。
5. 领会不同生产运作类型的特点、生产运作组织的基本方式及其优缺点。

技能目标

1. 运用生产运作战略及竞争力的相关知识进行案例分析。
2. 运用运作战略、独特竞争力等相关知识为某一类型企业选择合适的生产运作战略。
3. 运用生产运作管理的相关知识分析某一企业生产运作组织管理的合理性。

先导案例

科斯科公司利用运作产生利润

你是否在寻找从西瓜到幼儿和声钢琴一类的便宜货？一家能满足这类需要的公司就是科斯科价格俱乐部，一个拥有 347 个商店，年收入为 310 亿美元且利润为 5.42 亿美元的批发俱乐部。与其最接近的一个竞争对手是沃尔玛的山姆会员店，其 200 多个商店产生的年收入比科斯科公司少了 10 亿美元。个人或企业顾客每年向科斯科公司支付 45~100 美元的会员费，可享受成批购买印花商品及其他大幅打折商品的特殊待遇。

是什么使得科斯科公司如此成功？通过制定支持其零售观念的顾客驱动的运作战略，科斯科价格俱乐部将顾客的需求与公司的运作联系起来。科斯科公司的竞争优先级是低成本运作、质量及柔性。参观一下科斯科价格俱乐部的一个商店，就可以证明这些竞争优先级是正确的。

1. 低成本运作

顾客因低价而来到科斯科价格俱乐部，由于对流程的设计是为了高效率，所以价格有可能很低。商店实际上就是一个仓库，在这里产品堆在有小标签的托盘上。新产品可以快速地替代老产品。此外，由于大批量采购，科斯科价格俱乐部的管理人员在与供应商进行价格谈判时十分强硬。要求供应商改变工厂的运行，专门生产每件包装更大、更便宜的产品。虽然科斯科价格俱乐部的边际利润很低，但年利润却很高，这是由于总量很大的缘故。

2. 质量

顾客并不指望高水平的顾客服务，但是却期待着高价值。除了低价之外，科斯科价格俱乐部承诺在任何时候都可以退换任何商品，以此作为所销售物品的后盾。顾客信任科斯科，会员资格的延续达到了86%——这在该行业中是最高的。为了支持对高价值的需求，运作部门必须保证产品在放进商店时是高质量且未被损坏的。

3. 柔性

当沃尔玛的超市中拥有12.5万种商品时，而科斯科价格俱乐部运营的一个关键方面却是在一家常规的商店中只持有4 000种精心挑选的品种。但是，由于品种的频繁变换，给再次到来的顾客带来了一种“令人惊喜”的购物体验。为了适应动态的商店布局，流程必须具有柔性。另外，由于产品在不断变化，还必须对供应链进行仔细的管理。

一个组织的战略对该组织具有深远的影响，战略对该组织的竞争力影响极大。实现并保持组织的竞争力是最高管理层的职责，而这在一定程度上是通过最高管理层所采取的经营战略来实现的。经营战略赋予了公司未来的方向和愿景，并引导着其长、短期的决策。

2.1 生产运作战略概述

2.1.1 生产运作战略的含义

1. 企业经营战略

英文中的“战略”（Strategy）一词源于古希腊文（Strategos），原意是“将军”。中世纪以后，这个词逐渐演变为一个军事术语，即“战争谋略”，指在敌对状态下基于对全局的分析判断而作出的谋划，是指挥军队的艺术和科学。进入现代社会以后，战略逐渐被运用于军事以外的领域，包括政治、经济、科技、社会发展等，其含义演变为“泛指重点的、带全局性或决定全局的谋划”。

关于战略，管理学家没有一个统一的定义。这里列举三个比较具有代表性的定义。

（1）哈佛商学院的安德鲁斯认为，战略决定企业的目标，并提出目标的方针，确定企业要从事的业务，明确企业要对社会和经济所作出的贡献。

（2）迈克尔·波特在《战略是什么》一文中，将战略定义为：战略的本质就是取舍选择，即选择一套与竞争对手不同的活动，以提供独特的价值，企业的这种独特定位能够避免由于企业间的相互模仿所导致的过度竞争。

（3）明茨伯格用5P来定义战略，即战略就是计划（Plan）、模式（Pattern）、定位（Position）、观念（Perspective）、策略（Ploy）。

美国未来管理学家托夫勒有一段被广泛引用的话："对没有战略的企业来说，就像是在险恶气候中飞行的飞机，始终在气流中颠簸，在暴风雨中穿行，即使飞机不坠毁，也无燃料耗尽之虞，最后也很可能迷失方向。如果对于将来没有一个长期明确的方向，对本企业的未来发展没有一个实在的指导方针，不管企业规模多大，地位多稳固，都将在新技术革命和经济大变革中失去其生存的条件。"因此，战略管理因其对组织发展过程中全局性、长远性、根本性问题的思考与应对，在组织管理中占据独特且异常重要的位置。

2. 生产运作战略

生产运作应该有助于提升企业的全球竞争力，而不仅仅是为企业生产产品或提供服务。斯金纳在 1969 年提出生产运作的作用通常都是巨大的："它可以是企业强有力的竞争武器，同时也能够摧毁整个公司。"斯金纳指出，生产运作应该与企业经营战略紧密相连，运作战略和决策应该满足企业需求并增加企业的竞争优势。

在第 1 章已经指出，生产运作是企业最基本的活动之一，是企业创造价值的关键。为了实现企业的经营目标，运作部门必须将企业所拥有的资源要素合理地组织起来，并保证有一个合理、高效的生产运作系统来进行一系列的转换过程，以便在投入一定资源，或者说在资源一定的条件下，使产出达到最大。为了达到这样的目标，企业首先需要考虑生产什么产品(或提供什么服务)、为了生产这些产品（或提供这些服务）应如何组织资源要素、竞争重点应该放在何处，等等。在思考这些基本问题时，必须根据企业的整体经营战略确定一个基本指导思想或者指导性的决策原则。这样的指导思想以及决策原则，就构成了生产运作战略的内容。

综合以上分析，可以认为生产运作战略指的是企业在构建生产运作系统时的指导思想，以及在此思想指导下的决策和内容。运作战略包含目标、计划以及与企业战略和其他职能战略相联系的运作职能指导方向。

2.1.2　生产运作战略在企业战略中的地位

生产运作战略对于有效地进行企业的生产运作活动是相当重要的，但它并不等同于企业的经营战略。在采取产品或市场多样化的大型企业中，这两者的区别更加明显。一般来说，企业经营战略可以分为三个层次：公司层战略、业务单位战略和职能战略，如图 2-1 所示。

公司层战略关注的是公司的整体目标和活动范围及如何增加公司各个不同部门（业务单位）的价值，可能包括公司业务的覆盖地域、产品和服务多样化、业务单位及如何将资源配置给公司各个不同部门等一系列问题，公司层战略还要考虑所有者（股东和股票市场）对公司的期望。公司层战略从根本上影响一个组织的生存和未来的发展道路。

企业经营战略的第二个层次是业务单位战略，即如何在某个特定市场上成功地开展竞争。因此，业务单位战略关注的是：如何取得竞争优势；如何识别或创造新的市场机会；针对某一市场应该开发何种产品或服务；该产品或服务在多大程度上满足了客户需求从而达到公司所设定的一些目标（如长期利润率或市场份额的增加)。业务单位战略将公司层战略中规定的方向和意图具体化，成为更加明确的针对各项经营事业的目标和战略。

战略的第三个层次在组织的运作层面。生产运作战略属于职能战略，是指组织的各个组成部分如何有效地利用组织的资源、流程和人员来实现公司层战略和业务单位战略。很明显，即使在同一个公司战略之下，业务单位战略不同，作为职能战略的生产运作战略的内容也就不同。例如，一个电器公司，分别有电视机业务、洗衣机业务、小家电业务等。电视机业务的竞争战略可能是以高质量（例如，高清晰度、高可靠性等）取胜，而小家电业务可能是以物美价廉、操作方便、多样化取胜。那么相应的运作战略的重点也就不同，前者应该选择利用最新技术的产品投入生产，后者应该将重点放在降低成本和运作柔性上。

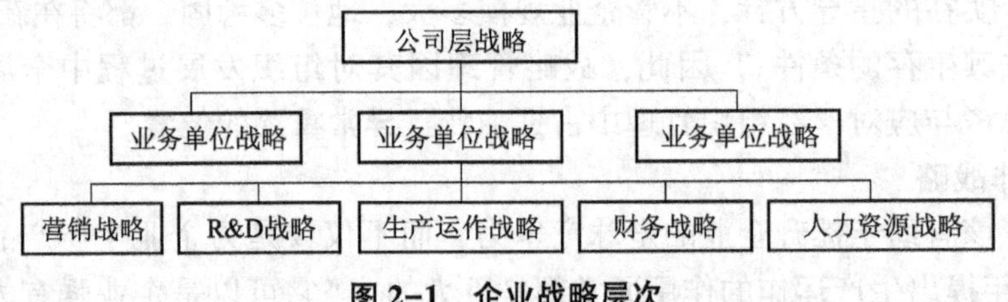

图 2-1　企业战略层次

如果规模比较小，公司战略则分为两个层次，作为职能层战略的生产运作战略直接担负着支持公司层战略的任务。

2.1.3　生产运作战略模型

生产运作战略是一种由企业战略及业务战略引导的职能性战略，在整个决策过程中应该保持统一的模式，如图 2-2 所示。

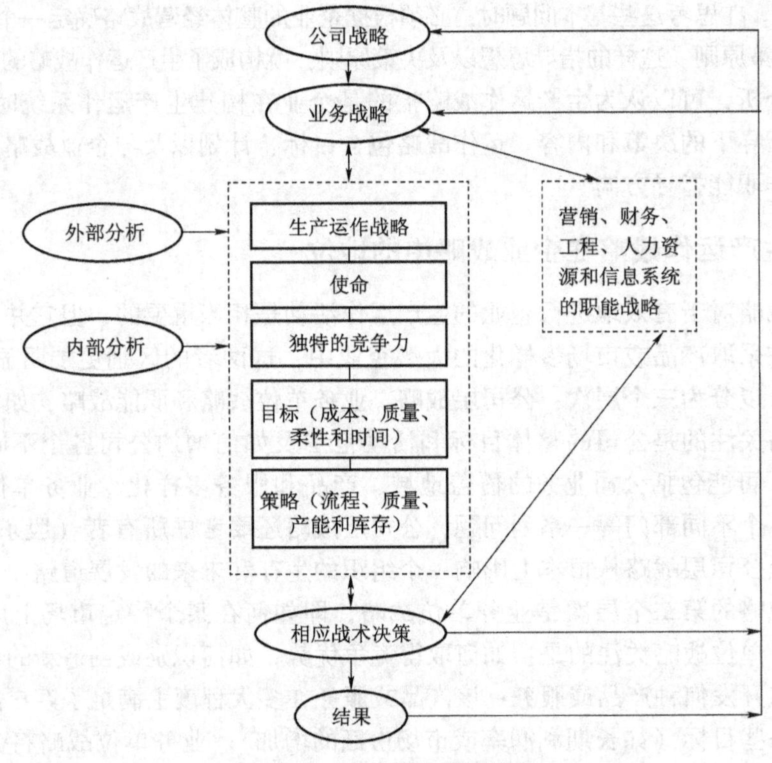

图 2-2　生产运作战略流程

图 2-2 中虚线框内的四项要素（使命、独特的竞争力、目标和策略）是生产运作战略的核心内容。图中其他要素则是制定生产运作战略时的输入或输出项。整个过程的结果就是生产运作四个部分（流程、质量、产能和库存）中的运作决策，这些决策又与企业其他职

能紧密相连。

1. 生产运作使命

所有的生产运作都应该有一个与业务战略相联系的使命，而且这一使命还必须与其他职能战略相融合。例如，当业务战略是产品领先时，生产运作的使命就应该着眼于新产品的引入和产品的柔性以使产品适应市场需求的变化；其他业务战略也有与其对应的运作使命，如低成本和快速配送等。当业务战略是成本领先时，生产运作的使命就是低成本生产标准化的产品。

2. 独特的竞争力

所有的企业都应该有独特的竞争力，以使其与其他企业区分开来。这种独特的竞争力能使企业在某些方面的运作超越其他任何企业。独特的竞争力可能是基于某种特殊的、难以模仿的资源（如人力资源、组织文化）而建立的；也可以基于那些不易被复制的专利技术或任何创新来建立。独特的竞争力应该与企业运作使命相匹配。例如，如果运作使命是追求产品成本领先时，先进的库存管理系统的独特的竞争力就非常有价值。沃尔玛把它的使命界定为低成本的零售商。为了完成这一使命，沃尔玛发展了降低运输成本的越库作业的独特的竞争力。通过越库作业，供应商货车上的货物被直接转移到了装货区域，并在那里等待沃尔玛的货车直接配送到各家店铺，而不用进入仓库。此外，沃尔玛还有比竞争对手更先进的库存控制系统，能够使其库存保持在最低水平。同样。独特的竞争力也必须与营销、财务、人力资源等其他职能相协调，这样才能作为竞争优势的基础，在整个企业范围内得到支持。

我们可以使用独特的竞争力来界定一家企业的业务战略。业务战略并不总是源于市场，也可以从与生产运作的独特的竞争力相匹配的角度来制定。独特的竞争力是成功的业务战略的核心要素。

3. 生产运作目标

生产运作战略的第三个要素是运作目标。企业运作目标一般为：成本、质量、时间和柔性。应该根据使命来确定目标，同时这些目标也可能以定量和可测量的方式重申使命。这些目标应该是长期的战略性目标。

表 2-1 列出了可以用作长期运作绩效定量化的目标措施。

表 2-1　典型的生产运作目标

项　　目	当年	未来 5 年目标	当前世界级竞争者
成本			
制造成本占销售额的百分比/%	55	52	50
库存周转率/%	4.1	5.2	5.0
质量			
客户对产品的满意度/%	85	99	95
损坏或返工率/%	3	1	1
保修成本占销售额的百分比/%	1	0.5	1
时间			
库存的订单满足率/%	90	95	95
补货提前期/周	3	1	3

续表

项　目	当年	未来5年目标	当前世界级竞争者
柔性			
新产品引入所需时间/月	10	6	8
产能改变±20%所需时间/月	3	3	3

可以用上述四个目标来描述通过生产运作来竞争的不同方式。

假定把质量（产品差异化）作为第一个竞争焦点，企业就需要关注产品设计和对生产过程的控制。企业需要和一些客户一起明确他们的具体要求，需要确定企业现有流程能否满足客户需求并能够为企业所掌控，需要确保员工接受了相应的培训，具备相应的技能以提供客户需要的产品和服务。将质量目标作为竞争焦点的观点认为：对质量目标的追逐将会引发某些行为和运作策略以满足客户对产品或服务的需求。

假定企业决定采用成本优先的目标，为了实现低成本，最好的方法就是在产品设计和生产方面聚焦客户需求，以降低返工、损坏、检查和其他形式的无附加值的生产工序，因为早期预防错误发生的成本比后期纠正错误的成本低，并且这种成本节约是巨大的。事实上，如果质量就是满足客户特定需求，低成本目标与质量目标是可以兼容的。但是，低成本目标仅仅关注质量可能是不够的，可能还需要对自动化（自动化技术、流程）及信息系统进行大量投资以降低成本。

假定将时间作为主要运作目标的话，企业同样需要通过质量改善来减少生产中的时间浪费。当消除了生产中的返工、损坏、检查及其他无附加值环节时，产品订购、生产及配送时间就会缩短。但是，缩短时间最好的方法还是直接从时间入手。生产中，产品在等待下一工序时总是需要花费很多的时间，它可能占到总生产时间的80%～90%。企业可以通过缩短机器换模时间、缩短流程间距、改善流程、简化复杂工序以及重新设计产品或服务以便更快（更有效率）地生产来实现时间的缩短。显然以上时间缩短也会导致成本的显著减少。

最后，如果把柔性作为竞争的优先目标的话，那么通过缩短时间也可以改善柔性，例如，原先需要10周生产一件产品，现在只需要2周就可以完成。企业就可以把原先10周的生产安排缩短为2周，因而在面对客户需求时运作系统能够更快地响应。另外，也可以通过增加产能或购买柔性更强的设备或重新设计品种多样化的产品来提高柔性。

4. 运作策略

生产运作策略应该明确运作目标是如何实现的。每个主要的决策类型（流程、质量、产能和库存）都应该制定相应的运作策略。表2-2列出企业运作中的一些重要策略。

表2-2　企业运作中的重要策略范例

策略类型	策略领域	战略选择
流程	流程跨度	制造或外包
	自动化	手工制作或机器制造；柔性或非柔性自动化
	流程类型	项目、批量、流水线或连续流程
	工作专业化	高度或低度专业化
	监控	高度分散或集中

续表

策略类型	策略领域	战略选择
质量	方法	预防或检查
	培训	技术或管理培训
	供应商	按质量或成本选择
产能	设施规模	一个大型或数个小型设施
	选址	临近市场、低成本或海外
	投资	永久性或临时性
库存	数量	高水平或低水平库存
	配送	集中或分散仓库
	控制系统	定量控制或固定间隔控制

以上这些策略可能需要相互权衡或择一而定。例如，在产能领域需要在一个大型设施或数个小型设施之间进行选择。由于规模经济，大型设施的总投资可能较少，而小型设施则可以建立在当地市场中更好地为客户服务。因此，要根据具体的运作目标、资金的额度、营销目标及其他要素来确定选择何种运作策略。

2.1.4 生产运作战略与其他职能战略的关系

运作战略不仅与业务战略相关，而且也与营销、财务等职能战略相联系。表 2-3 通过两个完全相反的业务战略及其相应的职能战略来说明它们之间的相互联系。

表 2-3　战略选择

业务战略	成本领先	产品差异化
市场条件	价格敏感 成熟市场 大批量 标准化	产品特性敏感 新兴市场 小批量 定制化产品
运作使命	以低成本生产成熟产品	以柔性化生产引入新产品
运作的核心竞争力	通过卓越的流程技术和纵向整合实现低成本	通过产品团队和柔性自动化实现新产品的快速有效引入
运作策略	卓越的流程 专用自动化 对变化反应慢 规模经济 普通的专业劳动力	卓越的产品 柔性自动化 对变化反应快 范围经济 使用产品研发团队，多技能劳动力

续表

业务战略	成本领先	产品差异化
营销策略	大批量分销 重复销售 销售量最大化 全国范围的销售人员	选择性分销 新市场开发 产品设计 通过代理销售
财务战略	低风险 低边际利润	高风险 高边际利润

首先是产品成本领先的业务战略，适用于成熟的、对价格敏感的标准化产品市场。在这种业务战略下，运作使命将把成本作为主要目标。运作经理通过卓越的流程技术、低劳动力成本、低库存水平、高度纵向整合及以节省成本为目标的质量保证等策略来实现降低成本的目标。同样的，也需要营销和财务来支持产品成本领先的业务战略。

第二种业务战略是产品差异化或创新战略，可以运用于一些新兴和潜在市场，通过在短期内引入质量卓越的产品实现竞争优势。在这样的市场中价格不再是竞争的主导形式，企业可以对产品索取更高的价格，因此对成本的关注度降低。在这种业务战略下，运作应该把快速有效引入卓越的新产品的柔性作为自身使命。运作策略包括：将新产品引入团队、适应于新产品的柔性自动化、具有灵活技巧的劳动力及从外部购买某些关键性服务或材料来获取柔性。同样的，也需要营销和财务来支持业务战略以实现整合。

从表2-3及以上分析可以看到，不同的业务战略需要完全不同类型的运作来予以支持。同样的，所有的其他职能战略也都必须有业务战略。例如，在产品成本领先战略下，营销应该聚焦于大批量分销、重复销售、全国销售人员以及销售收入最大化；而在产品差异化战略下，营销则关注选择性分销、新市场开发、产品设计以及通过代理销售。只有运作与业务战略的整合是不够的，所有职能部门都必须支持业务战略，并且部门之间也要相互支持，如营销、生产运作、财务及人力资源管理等部门之间要相互协调和支持。

2.2 竞争策略选择

2.2.1 竞争力的含义

企业在市场上销售产品或提供服务必然要面临着激烈的竞争，除非企业在市场上垄断经营。因此，竞争力是决定一家企业发展壮大，或维持生存或失败的一个关键因素。生产运作战略的最新发展趋势是：强调将企业独特的竞争力作为企业战略的基础。独特的竞争力意味着企业拥有顾客和市场，没有独特的竞争力的市场不能成为竞争策略的基础。

什么是企业的独特竞争力？不同的学者对此有不同的见解。普拉哈德和哈默在《公司的核心竞争力》一文中将独特的竞争力明确为企业对其所拥有的资源、技能、知识的整合能力，即组织的学习能力。利奥纳多·巴顿认为独特的竞争力是员工的知识和技能、技术系统、管理系统、价值规范等企业内部知识的集合，主要发挥协调各种生产技能和整合不同技术的作用。其他学者则把企业内部带来竞争优势的一系列不同技能、互补性资产和惯例统称为独特的竞争力。

综上所述，独特的竞争力指的是使一个组织与其竞争对手相区别的一整套知识、技能、组织的惯行与业务流程。独特的竞争力为新产品与服务的开发提供了基础，它是决定企业长期竞争优势的主要因素。通俗地讲，独特的竞争力是组织所拥有的相对于竞争者而言独特的资源或能力，体现为企业设计、生产和销售产品、提供服务，以及产品和服务的价格和非价格的质量等特征比竞争对手具有更大的市场吸引力。

独特的竞争力若想持久，则必须具有难以模仿或复制的特性。难以模仿的资源或产能一般包括几个方面：员工的技能，尤其是那些不容易学习的默认技能；受到保护的专利设备或流程知识；持久学习和快速创新能力；长期培养所形成的与客户和供应商的关系；具有优势的设施地址（如靠近稀缺资源或零售地点）；内部长期培养形成的组织文化；专有或特殊的信息控制系统等。从以上内容可以看出，独特的竞争能力是不能从市场上购买获得的，而是必须通过组织长期培养慢慢积累形成的。例如，索尼因其小型化方面的专长而闻名；波音公司的优势在于其整合大型复杂系统的能力；本田公司擅长发动机及传动系统。作为组织获取竞争优势的基础性能力，独特的竞争力能够支持企业向更有发展前景的市场延伸，从而可以为企业创造新的利润源。例如，佳能公司利用其在光学、成像及电子控制方面的独特的竞争力进入复印机、激光打印机、照相机以及扫描仪市场；索尼公司正是凭借微型化这一独特的竞争力，数十年来在微型彩电市场、微型摄像机市场技压群雄。

在过去的 10 多年的时间里，戴尔公司在营销和生产上都保持了持久的竞争优势。戴尔公司制定了著名的通过网络和电话下订单的直销策略来销售电脑。这不仅是计算机业务中独特的营销渠道，同时也是建立在运作竞争优势上的策略。一旦通过互联网或电话的订单被接受，客户立刻就能通过信用卡支付费用。计算机直接按照订单进行组装并在 5 天内运送至消费者。为了实现这一目标，戴尔研发了专利软件来快速地把订单输入系统并追踪订单直至其完成。同时戴尔还与供应商保持了良好的关系，供应商能够立刻为戴尔工厂的装配线供应所需零部件。戴尔工厂的员工掌握柔性技术，他们可以组装大量不同批次的电脑。戴尔电脑快速组装降低了戴尔对库存量的需求，库存能够更快地周转，同时也降低了成本。由于产品在 5 天内运送至客户处，而且客户提前支付货款，供应商延后得到付款，这样戴尔总是拥有健康的现金流，运作所需要的资金可以降到最低。

尽管戴尔所使用的方式其竞争者都非常熟悉，但他们并没有复制戴尔高效的生产和营销系统。这是因为竞争者需要重组整个生产系统、编写新的软件、建立长期的供应商关系并重新培训员工来复制戴尔模式。戴尔的例子表明，竞争优势创造了运作优势，这是竞争的基础。并且只有融合运作的竞争优势才会变得更为有效，没有竞争优势的运作系统不可能在成本、质量、时间和柔性方面产生优势的，组织业绩的提升需要持久的独特竞争力。

2.2.2　竞争要素

生产运作战略的重要任务之一，就是利用组织独特的竞争力来建立并维持持久的竞争优势。企业根据自身所处的环境和所提供的产品、生产运作组织方式等自身条件的特点，选择在成本、质量、时间及柔性等不同的要素上保持相对于竞争对手的竞争优势。企业可以将竞争优先级在如表 2-4 所示的不同方面进行选择。

表 2-4 竞争优先级

要 素	内 容
成本	① 低成本运营
质量	② 顶级质量 ③ 一致性质量
时间	④ 交付速度 ⑤ 准时交付 ⑥ 开发速度
柔性	⑦ 客户化 ⑧ 多样性 ⑨ 批量柔性

1. 成本

价格低廉可以增加市场对产品或服务的需求，但是当产品或服务不能以更低成本提供时，也会降低产品或服务的边际利润。所谓低成本运作就是以尽可能低的成本来提供产品或服务，从而使系统的外部顾客和内部顾客感到满意。为了降低成本，系统的设计和运行必须有很高的效率，常常要考虑劳动力、方法、废弃物或返工、管理费用以及其他因素，从而降低产品或服务的单位成本。通常，降低成本需要对流程进行再设计，需要对新的自动化设备或技术进行投资。选择成本领先战略的企业通常选择生产大量无差异的产品，追求高生产效率，从而获得比竞争对手更低的成本和价格优势，形成企业竞争力。然而，低成本容易引起价格战，从而导致恶性竞争。这一点，需要引起每个以低成本为竞争重点的企业的关注。

2. 质量

对于企业来说，提高产品或服务质量具有重要的意义。这方面可以从两个视角来考虑：顶级质量和一致性质量。

（1）顶级质量就是系统向顾客交付卓越的产品或服务。这一竞争重点可能要求服务系统中高度的顾客接触、高水平的服务、高度的礼节以及高度的服务可获得性。相反，对于制造系统，则可能需要来自制造流程的超级产品特征、小的公差以及更好的耐用性。例如，Think Pad 系列的个人计算机以其卓越的使用性能、操作性能著称，同时提供 3 年免费保修等良好的售后服务，还对其产品提供分期付款、信用付款、租赁等财务性服务。

（2）一致性质量，就是在一致的基础上创造满足设计要求的产品或服务，外部顾客所希望得到的是能持续满足其合同中规定要求的产品或服务，且这些产品或服务能够达到预期的质量，或者达到广告中宣传的质量。

扫一扫：不同车型前悬架摆臂对比

3. 时间

有三种竞争要素与时间有关：交付速度、准时交付和开发速度。

（1）交付速度指的是迅速完成顾客订单。交付速度常常用从收到顾客订单开始直到完成订单为止所花去的时间来度量，这个时间就是提前期。通过缩短提前期可以提高交付速度。库存是制造系统经常使用的缩短提前期的方法。对于某些行业特别是服务行业来说，交付速度是必然的竞争重点。例如，快递公司、维修服务等。

（2）准时交付指的是履行对交付时间的承诺。制造商可以用在承诺的时间发货的百分比来度量准时交付，通常这一指标以 95% 为目标。对于服务系统，例如一家航空公司可以用在计划到达时间 15 分钟之内到达登机口的航班百分比来衡量准时交付。企业能否在合约规定的时间和地点交付，决定了企业的信誉。信誉越好的企业，其竞争力越强。

（3）开发速度指的是迅速推出新的产品或服务。将产品或服务首先推入市场会给企业带来竞争优势。可以用从产品或服务的创意产生到最终设计并推出所用时间来度量开发速度。企业可以通过高水平的跨职能协作来提高开发速度。例如，推行并行工程的新产品或新服务开发模式。

4. 柔性

柔性是企业流程的一种特性，这种特性使企业可以快速而高效地响应顾客的需求。它包括两个方面：

（1）客户化产品与服务，即适应每一顾客的特殊需求，经常不断地改变设计和生产运作方式，提供难度较大的、多样化的产品或服务。

① 客户化指的是通过产品或服务设计的变更来满足每个顾客的独特需求。客户化一般意味着产品或服务的小批量生产。具有客户化竞争要素的流程必须能够与顾客紧密合作，并将资源用于满足顾客的独特需求。

② 多样性指的是高效地处理多种产品或服务。多样性与客户化之间的区别在于产品或服务对特定顾客并不一定是独特的，可以有重复性的需求。具有多样化竞争要素的流程必须关注顾客的需求，并且具备在各种事先确定的产品或服务之间转移的能力。

（2）批量柔性，指的是快速提高或降低产品或服务的生产率以应对需求的大幅波动。批量柔性是一种用于支持像交付速度或开发速度之类的其他竞争重点的要素。它是由于需求波动的严重性和频繁性引起的。不同类型的企业，产品需求波动情况可能很不一样。例如，空调制造企业和一个邮局，其需求的类型、数量及波动周期是不相同的。所以，每个企业要想长期高效地响应市场需求的变动，必须根据自身产品的需求波动特征，缩短企业研制新产品所需的时间，建立适宜于新产品生产的工艺流程，调整生产运作系统，快速、准确地生产出所需数量的产品或提供相应的服务。

2.2.3 重点竞争要素选择

对于竞争重点的选择，不同的学者持不同的态度。下面主要介绍两种观点。

1. 权衡的观点

选择竞争重点，首先需要对不同竞争要素之间的相悖与兼容关系进行分析。从上一节的分析中，可以知道生产运作战略的四个目标——质量、成本、时间和柔性——具有兼容性，即一个企业可以同时改进质量和成本、质量和时间以及时间和柔性等。例如，减少下脚料和返修品可以降低成本，同时可以提高生产率和缩短生产周期；改进产品质量有助于促进销售，从而使生产批量达到最佳规模，而批量生产反过来可以降低单位成本。在这种情况下，不同竞争要素之间有相互促进的作用。但是，在许多情况下，企业生产运作系统往往不能同时满足所有的竞争要素的要求，在某一要素上的偏重往往会给其他方面带来相反的影响。例如，对质量的精益求精会导致成本的增加，追求客户化产品和服务也会增加成本，而力图通过批量生产降低生产成本的努力又会使生产运作系统失去柔性，等等。因此，管理者必须认识到不同竞争要素之间的相悖与兼容关系，确定哪些要素是企业生产运作系统的竞争重点，然后集中企业资源去实现它们。权衡观点主张企业应将力量集中在有优势的方面，把没有优势的方面交给其他有优势的企业去做。通过集中优势，不断强化独特的竞争力，从而在市场中占有一席之地。

2. 环境决定的观点

环境决定的观点认为，企业应随着环境和市场的不断变化，对竞争重点做出调整，以适应环境的变化。

随着时间的推移以及竞争环境的变化，企业也需要审时度势，主动考虑改变竞争策略。从世界经济发展的历史来看，在第二次世界大战结束之后，从20世纪50年代到60年代末70年代初，低成本曾经是市场竞争的主要策略；当越来越多的企业成功地控制了成本之后，新的竞争焦点由低成本向保证产品质量转移，质量成为企业竞争取胜的关键；进一步，随着越来越多的企业能够以合理的价格提供质量有保证的产品以后，企业之间的竞争转向了时间——以更快的速度、更准确的时间向顾客提供产品。有一段时期，人们一致认为：如果企业不能满足质量、可靠性、交付速度等要求，就很难在市场中生存。有数据表明，20世纪90年代以来，低价格和新产品推出的速度两个竞争要素变得越来越重要，尤其是曾经的竞争武器——低价格。这表明单凭质量因素已经不能满足顾客的需要。今天，竞争的方式和种类繁多，更多的花色品种、更快的新产品开发、个性化的产品和服务、更加周到的售后服务，等等，都已成为企业选择的竞争重点。企业从过去注重于低成本的竞争手段，到如今的多种多样的竞争策略可供选择，既为企业带来了发展压力，也为其创造了强大的发展动力。

2.2.4 订单资格要素和订单赢得要素

近年来公司的竞争行为将表2-4的竞争要素分成了两大类，特里·希尔称之为订单资格要素与订单赢得要素。订单资格要素是指即使只是让人考虑或只是运转起来也必须具有的那些产品或服务的特性。换句话说，它是进入市场的前提。订单赢得要素是指那些能够赢得投标或购买的特性。订单资格要素与订单赢得要素会因战略而异。

在低成本（或产品模仿型）业务战略中，订单赢得要素就是要求顾客支付的价格，这意味着在生产运作、营销、财务等企业不同职能领域都需要降低成本。而其他要素如柔性、质量和时间等都可被视为订单资格要素，也就是说企业必须在这三个方面达到可接受水平才能成功获得订单。假如订单资格要素不达标则会失去订单，但订单资格要素合格率高并不能直接赢得订单，只有价格或成本低才能赢得订单。

在产品差异化（或产品创新型）业务战略中，订单赢得要素是能够柔性地、快速有效地引入品质卓越的新产品；订单资格要素是成本、时间和质量。因此，订单赢得要素必须依赖于所选定的战略，组织所有的职能部门都必须在赢得订单方面追求卓越品质，而同时在订单资格方面达到客户可接受的水准。例如，永辉超市股份有限公司的订单赢得要素是什么？低成本是其订单赢得要素，而一致性的质量、适度的柔性和时间等则是订单资格要素。但是对以高档物品和卓越客户服务参与竞争的福州东街口百货大楼股份有限公司来说，其订单赢得要素是高质量的商品，而成本、时间和柔性则是订单资格要素。由于两者的订单赢得要素不同，所以他们的运作战略也必然不同。

2.3 生产运作组织方式选择

当经营战略决定了系统的产出是什么，并确定了其竞争重点之后，下一步还必须决定选择生产运作组织方式。所谓生产运作组织方式，是指以什么样的基本形式来组织生产运作资源、设计生产运作系统。它包括两方面的含义：生产运作系统的结构及其运行方式。而无论是系统结构还是运行方式，其选择主要取决于产品特点、运作技术、生产批量以及产品的标准化程度等因素。

2.3.1 生产类型的划分及其特点

从事产品生产的行业相当广泛，产品品种非常多，制造产品所采用的工艺技术也多种多样，因此，生产过程及其生产系统千差万别，分别也可以采用多种方法。以下是三种主要的分类及其特点分析。

1. 按基本工艺特征分类

按照产品的基本工艺特征分类，产品的生产类型可以分成两大类：流程型和离散型，后者又称为加工装配型。这种划分是工业生产组织方式中最基本的一种划分，两大类型需要用到截然不同的生产技术、生产系统设计及生产管理方法。这两种类型的基本特点如表 2-5 所示。

表 2-5 产品生产的流程型与离散型

流程型	离散型
工艺过程连续性、串型、顺序固定不变； 自动化程度高、设备（资本）密集； 例：化工、炼油、水泥、制药、造纸	各零件加工过程独立，可并行； 可多种技术组合使用，劳动密集与设备密集兼有； 例：汽车、家电、机床

（1）流程型生产的工艺过程往往是一种化学变换过程，从而是连续进行的，不能中断，且工艺过程的顺序固定不变。生产设施按工艺流程布置，原材料按照固定的工艺流程连续不

断地通过一系列设备装置被加工处理成产品。化工、炼油、造纸、制糖、水泥等，是流程型生产的典型。这种生产方式所需的生产设施地理位置集中，生产过程的自动化程度较高，且由于主要是化学变换过程，具有高温高压、易燃易爆等特点，因此生产管理的重点之一是保证生产系统地可靠性和安全性，另外要保证连续供料并确保每一环节的正常运行。因为任何一个环节出现故障，都会引起整个生产过程的瘫痪。流程型生产由于产品和生产过程相对稳定，有条件采用各种自动装置实现对生产过程的实时监控。

（2）离散型（加工装配型）生产的工艺过程通常是物理变换过程，是对原材料结构、形状的改变。产品通常是由许多零部件构成的，各零件的加工过程可以彼此独立，所以整个产品的生产工艺是离散的，生产设施的地理位置可以相对分散（在今天经济全球化的背景下，生产设施甚至可以分布在不同国家），制成的零件通过部件装配和总装配最后成为产品。机械制造、电子设备制造的生产过程都属于这一类型。这种生产类型的管理重点是控制零部件的生产进度，保证生产的配套性。因为显而易见，如果在各种零件的生产数量、品种和时间上不成套，只要缺一个零件就无法装配出成品来。与流程型生产相比，这种生产类型的管理更加复杂，因此，在生产管理学中对其有更多的研究，也有更多的方法。

2. 按产品或服务的生产批量和标准化程度分类

现代化大生产的一个基本特点是批量大，标准化程度高，可最大限度地满足社会需求。但是，不同产品的社会需求量是不尽相同的，从而要求用不同的生产批量来组织生产。此外，产品本身的标准化程度也影响批量的大小。因此，可以进一步将生产类型分成大量生产、单件小批生产和成批生产三种基本类型。

（1）大量生产类型的特点是产品品种少，每一品种的社会需求量大，从而产量也大，生产可以稳定地、不断重复地进行。例如，螺钉螺母、轴承等标准零件、家电产品、小轿车等。大量生产的产品通常是通用产品。

（2）单件小批生产的产品通常结构复杂，社会总需求量比较少，且往往根据用户的特定需求专门设计和生产。单件小批生产还可以进一步细分为项目型生产和小批生产。

（3）成批生产类型介于大量生产和单件小批量生产之间，其特点是生产的品种较多，每种产品虽然都有一定的产量，但都不足以大到维持常年连续生产，所以在生产中形成多种产品轮番生产的局面。

在现实社会中，严格意义上的单件生产、不重复制造的企业十分少见，即使是航天航空工业、远洋巨轮制造业，产品也有标准型号，仅仅是重复生产的周期比较长，如一年或更长时间。所以，后两种生产类型也被通称为周期性生产类型。其实大量生产也是重复性生产，也有周期，只不过周期很短，短至几分钟，甚至几十秒，因此，把它看成连续性生产更合理些。

知识拓展 2-1

服务系统的生产类型

服务性生产可以划分成与制造性生产类似的生产类型。医生看病，可以看作是单件小批生产，因为每个病人的病情不同，处理方法也不同，而学生体检，由于每个学生体检的内容都一致，可以看作是大量生产。表2-6列举了制造系统和服务系统不同生产类型的例子。

表 2-6　制造系统和服务系统不同生产类型划分的例子

生产类型	制造系统	服务系统
单件小批	模具、电站锅炉、大型船舶等	特快专递、出租车服务、包机服务等
大量	汽车、轴承、紧固件	公共交通、快餐服务、普通邮件
成批生产	化工、炼油、面粉、造纸	教育培训、健康体检等

不同的生产类型有不同的生产流程特性，将在产品开发与流程设计中加以讨论。

3. 按产品需求特征分类

按照产品的需求特征划分，可将产品的生产方式分为两大类。

(1) 备货生产（Make to Stock，MTS），其基本特点是在市场需求调查和预测而不是顾客订单的基础上，有计划地组织生产，以满足共性的市场需求。生产的直接目的是维持一定量的成品库存以满足市场需求。备货生产的产品通常是通用产品，社会需求量较大，而对产品的个性化要求较少，例如，生产资料中的轴承、紧固件等标准件，日用消费品中的饮料、洗涤护肤用品等。

(2) 订货生产（Make to Order，MTO），其基本特点是根据用户订单提出的具体订货要求来组织生产，以满足用户需求的特殊性。用户订单的要求可能包括产品的性能、规格、数量、交货期等不同内容，因此，生产组织是在订单的基础上进行的。通常的订货生产是指接到订单以后从原材料采购、零部件加工直至产品组装全部按照订单来组织，但是根据订单个性化程度的不同，订货生产还可以分为组装生产（Assemble to Order，ATO）和设计生产（Engineer to Order，ETO）。

① 组装生产是指在加工装配型生产中，虽然不同用户所要的产品不同，但是构成这些不同产品的零部件很多是通用的，可在接到订单之前就预先生产出来，以缩短订单交货期。因此，零部件加工是按预测组织生产，而产品组装是按订单组织生产，又称“两段式”生产。PC 机等很多电子产品都可以归为这种生产类型。在一些生产组织水平比较高的汽车企业，也可以做到组装生产。

② 设计生产又称“专项生产”，是指需要根据用户的要求从头设计，某种程度上还需从头开发工艺。与组装生产相比，这是一种更彻底的订货生产方式，因此需要更长的生产周期、柔性更强的生产资源和更灵活的生产组织能力。

还需要进一步指出的是，同一种产品，有可能采用这种分类下的不同方式来生产。例如，个人计算机、服装、家具等，既可以采用备货生产方式，又可以采用订货生产方式，还可以具体采用组装生产方式（例如，个人计算机）或设计生产方式（例如，定制家具）。早期的工业生产方式以备货生产为主，因为在当时供不应求的环境下，市场需求的多样化程度较低，工业企业的基本任务是大批量地生产标准化产品。标准化程度越高，批量就可以越大，生产成本就有可能越低，从而满足日益增长的需求。但在今天，各行各业的生产能力有了极大的增长，市场需求的多样化程度甚至个性化程度在不断提高，要求工业企业采用更灵活的生产方式来满足市场需求，因此，订货生产方式在越来越多的行业得到了应用。在今天竞争日益激烈的环境下，企业更有必要采用多种生产组织方式来满足不同市场细分的需求。

2.3.2　生产运作组织方式的选择

生产与运作组织方式的选择根据组织所需资源的形式，可分为两种基本形式。

1. 工艺专业化形式

工艺专业化又称工艺原则。这种组织方式是以工艺为中心组织设备、人员等生产运作资源，为每一工序提供一个工作场地。这里所谓的“工序”，是指能完成某一特定功能的一个工作单位。在这种组织方式下，每一个工序担当制造产品（或提供服务）的某一特定功能，为完成该功能所需的同类设备、同类型工种的人员集中在该场地，从事工艺方法相同或相似的工作。因此，一个被加工产品（或一个顾客）必须通过位于不同工作场地的不同工序才能完成其全部加工，而不是为每一种产品（或顾客）各提供一个可执行完成该产品所需全部功能的专用场地。对于制造系统来说，一个工序可以由一台或一组设备，或一个工段、一个车间组成，以机械制造为例，在这种形式下所建立的生产单位是铸造、锻造、机加工、热处理、装配等不同单位（分厂或车间）；机加工工厂内部，还可再分为车工组、铣工组、钳工组等不同单位；对于服务系统来说，可以是一个窗口、一个柜台或一个办公室。

工艺专业化形式的主要优点是：① 产品制造顺序可以有一定弹性，从而对品种变换有较好的适应性；② 个别设备故障不会影响整个生产系统；③ 系统采用通用设备，设备投资费用较低，维修较为方便；④ 便于进行工艺和人员管理，有利于同类技术交流和技术支援，有利于工人技术水平的提高。其主要不利之处是：① 在某些工序，不同产品（或顾客）有时会同时争夺有限的资源；② 大批在制品从一个生产单位转到另一个生产单位，生产过程的连续性较差，交叉运输和迂回运输较多，使加工路线延长，运输时间和费用也相应增高；③ 在制品库存量大，停放时间长，致使产品生产周期延长，流动资金占用量大；④ 不同生产单位之间的生产联系较为复杂，从而管理工作（计划管理、在制品管理、质量管理等）较复杂。

2. 产品（或对象）专业化形式

产品专业化形式又称产品原则。这种组织方式是以产品（或顾客）为中心组织生产运作资源，按照不同产品对象分别建立不同的工作场地，作为一个生产单位。在同一个生产单位中，集中为加工某一产品所需的不同设备和不同工种的人员，完成一个产品（或某一类顾客服务）所需的工序在该生产单位中按产品加工顺序分别排列，使该产品的大部分或全部加工步骤都能够在该生产单位完成。这种组织方式的最大特点是不同产品各自独占其所需要的资源。这种组织方式避免了不同产品同时在某一个工序争夺资源，产品在加工过程中的流向比较简单、直接，但某些工序必须重复设置。在机械制造中，产品对象化、专业化的生产单位不再是铸、锻、机加工、装配等，而是箱体车间、齿轮车间、A产品分厂、B产品分厂等。

这种形式的主要优缺点与工艺对象专业化形式正好相反。

以上所描述的是两种不同的组织方式。实际上，存在许多介于两者之间的中间形式，即混合组织形式。大多数企业的生产运作组织方式实际上都属于混合形式。到底应该采用什么组织方式实际上是由产品产量和加工路线特性决定的。

最典型的大量生产方式的产品——汽车、家电等，通常都采用产品对象专业化的组织形式，例如，流水线。但应该注意的是，并不一定必须是单一品种大批量生产，才可以使用这种方式。在多种产品具有类似生产过程的情况下，也可以利用流水线的优势。例如，一条罐装生产线可以装多种饮料，一条汽车装配线也可以装配不同的汽车。大多数进行成批生产的企业都以混合组织方式为主，它们既可以生产标准产品，也可以按顾客订货要求组织生产。

加工路线在某种程度上仍较杂乱，但能够有一条主线。在工厂的某些部分，可适度为某种产品或某类零件集中资源。使用这种组织方式的企业有重型机械厂、服装厂、食品厂、汽车修理厂等。而制作多种小批量机械零件的中小企业，往往采用生产工艺专业化的组织形式。

知识拓展 2-2

机械制造企业车间布置

现实中的机械制造企业中，有的铸造车间内按工艺专业化原则设置了熔化工部、浇铸工部、配砂工部等，而造型部分又按对象专业化原则建立了床身造型工段、箱体造型工段和杂件造型工段等。又如，按对象专业化原则建立的齿轮车间内，又按工艺专业化原则设置了粗车组、精车组、滚齿机组、插齿机组和磨齿组等。

以上所述主要是针对制造系统的组织方式而言的，但在许多情况下，服务系统的运作组织方式也可类比。例如，综合医院的组织方式可看做工艺专业化形式，而牙科诊所则是比较典型的产品专业化形式。汽车加油站的洗车作业，也是一种典型的产品专业化组织形式。服务系统组织方式的特殊性在于与顾客的接触，这是服务系统设计组织方式时必须考虑的另一因素。有些服务设施与顾客有更多的面对面接触，当服务的复杂性较高而顾客的知识水平较低时，服务必须考虑每位顾客的需要，其结果导致顾客化、小批量，因此更适合工艺专业化的组织方式。但是，当前台（面对面）服务和后台工作各占一定比例时，混合形式就更好。例如，在银行的营业柜台，顾客和职员有频繁的接触，而反过来，在后台则没有接触，因此，后台可增加工作的批量处理和提高自动化。其他服务系统，如总部办公室、配送中心、电厂，没有与顾客的直接接触，可以考虑采用标准化服务和大批量。

本章小结

本章介绍企业战略、生产运作战略的基本概念，分析了生产运作战略在企业战略体系中的地位；较为充分地阐述了生产运作战略模型的构成要素：使命、独特的竞争力、运作目标和运作策略；介绍了企业独特竞争力的含义，充分阐述了获得独特竞争力的要素、如何选择竞争重点要素，介绍了竞争资格要素和竞争赢得要素；分析了企业不同生产类型的特点，阐述了两种基本的生产运作组织方式的优缺点及其选择。

同步测试

一、单项选择题

1. 在企业的基本职能中，日益成为企业竞争优势的重心和支撑点的是（　　）。
   A. 生产运作职能　B. 人力资源管理职能　C. 财务职能　D. 营销职能
   E. 技术职能
2. 生产运作战略属于（　　）。
   A. 公司层战略　B. 业务单位战略　C. 职能层战略　D. 事业部战略
3. 从根本上影响一个组织的生存和未来发展道路的是（　　）。
   A. 公司层战略　B. 业务单位战略　C. 职能层战略　D. 以上都不是
4. 以不断追求生产系统规模经济性为实质的竞争策略是（　　）。

A. 成本领先 B. 时间领先 C. 质量领先 D. 柔性领先

5. 在产品创新型业务战略中，订单赢得要素是（ ）。

A. 低成本 B. 卓越产品的快速引入 C. 快速交付 D. 准确交付

二、多项选择题

1. 企业战略由（ ）等构成。

A. 低成本战略 B. 公司层战略

C. 业务单位战略 D. 职能战略

E. 差异化战略

2. 柔性竞争要素包括（ ）两个方面。

A. 客户化、多样化产品 B. 灵活的交付时间

C. 快速地提高或降低产品的生产率 D. 不同的质量要求

3. 企业独特的竞争力一般具有（ ）等特性。

A. 不可模仿性 B. 不能从市场中购买获得

C. 市场迁移能力 D. 生产差异化的产品

4. 与时间有关的竞争要素包括（ ）。

A. 交付速度 B. 交付可靠性

C. 新产品引入或开发速度 D. 生产周期

5. 企业运作战略的目标有（ ）。

A. 质量 B. 成本 C. 柔性 D. 时间

E. 产能

6. 运作战略包括（ ）等要素。

A. 运作使命 B. 独特的竞争力 C. 运作目标 D. 运作策略

E. 竞争要素

7. 离散型生产管理的重点是（ ）。

A. 保证生产的可靠性 B. 保证生产的安全性

C. 控制零部件的生产进度 D. 保证生产的配套性

8. 在订货生产中，组装生产具有（ ）等特点。

A. 零部件的生产是以预测为依据 B. 零部件分散在不同地点生产

C. 产品组装是以订单为依据 D. 产品组装在流水线上进行

三、思考题

1. 请用你自己的话来定义以下术语：运作使命、独特的竞争力、订单资格要素和订单赢得要素。

2. 如何理解生产运作战略目标之间的相悖与兼容关系？

3. 描述一个符合下列商业情境的运作使命及相应战略。

（1）120 急救服务。

（2）标准汽车电池的生产。

（3）产品生命周期较短的电子产品的生产。

4. 根据使命（订单赢得要素）是强调成本或质量，分析杂货店运作的战略决策。

5. 你认为以下公司的独特的竞争力体现在哪里？

（1）星巴克咖啡公司。
（2）国美电器。
（3）用友软件股份有限公司。

6. 请就运作的四个目标：成本、质量、时间及柔性来评估你在读的学校。所有部门是否都关注同一目标？订单资格要素是什么？订单赢得要素是什么？

7. 为什么说独特的竞争力是公司竞争的基础？

8. 如何选择生产运作组织方式？

9. 请分析不同生产类型的特点。

四、综合案例

BSB 有限公司，比萨之战进入校园

Renee Kershaw 是东南部一家中等规模私立大学的食品服务经理，正准备在事业上大显身手。由于一年来比萨饼服务的成功，她认为到了在校园扩大比萨制作运营的时候了。但是，就在昨天，大学的校长宣布了在校园内开始建设学生中心的计划，该计划将在其他设施之间设置一个新的食品区。与大学以往的政策不同，这一新设施将允许来自三个私营组织的食品服务。这三个组织是：Dunkin Donuts、Taco Bell 和必胜客（Pizza Hut）。在此之前，校园内所有的食品服务都承包给了 BSB 有限公司。

校园食品服务

BSB 有限公司是一家为客户组织提供服务的大型国营食品服务公司。提供的服务水平因所服务的市场类型以及专门的合同条款而有所不同。公司组织成三个面向市场的事业部，即公司事业部、航空公司事业部以及大学或学院事业部。当然，Kershaw 就职于大学或学院事业部。

根据合同，在这所特定的大学里，BSB 有限公司要为整个校园的 6 000 名学生以及 3 000 名教师、职员和支持人员提供食品服务。校园坐落于一个近 20 万人口的城市之中，是在一个富有的实业家捐赠的土地上建造的。由于校园与城市中的其他地方有点隔绝，想要在校园外购物或就餐的学生就不得不开车到城里去。

校园本身是一个“步行”校园，有宿舍、教室以及支持设施，如书店、杂货店、理发店、分支银行以及食品服务机构——所有机构都靠得很近。开车进校园是受到限制的，在校园周围提供一些停车位。大学还以极低廉的租金向三家食品服务机构提供场地。其中的主要设施是行政主楼底层的一家大型自助餐厅，位于校园的中心。这家自助餐厅每天供应早中晚餐。第二个地点称为 Dogwood Room，位于行政楼的第二层，只在工作日供应高档自助午餐。第三个设施是一家小型烤肉店，位于宿舍区附近一座娱乐大楼的拐角上。烤肉店的营业时间平时为每天上午 11 点到晚 10 点，在周五和周六晚则一直到午夜。Kershaw 负责所有这三个地方的运营。

比萨决策

过去 10 年以来 BSB 有限公司一直在校园经营着食品服务——自从大学决定其使命和核心能力应该集中在教育而不是食品上开始。Kershaw 已在这所大学待了 18 个月。以前，她曾经是东北部一所小型大学的食品服务经理助理。在新岗位呆了 3~4 个月后，她开始进行调查以确定顾客需求以及市场趋势。

对调查数据的分析指出，学生并非像 Kershaw 所希望的那样对食品服务感到满意。学生消费的大量食物并不是在BSB的设施中购买的，分为以下三种情况：

在宿舍中制作食物的百分比	20%
从校园外送进食物的百分比	36%
在校园外消费食物的百分比	44%

学生所给出的最常见的理由是：① 食品供应的品种少；② 紧张、不稳定的学习安排往往与自助餐厅服务时间不一致。从调查中得到的另外三点发现也是Kershaw所关心的：① 大多数学生有汽车；② 大多数学生的房间里有冰箱和微波炉；③ 学生从校园外订购食物的次数。

在校园里有车的学生的百分比	84%
房间里有冰箱和微波炉的学生的百分比	62%
在BSB有限公司以外地方消费食物的学生的百分比	43%

作为对市场调查结果的响应，Kershaw决定在烤肉店的食谱中增加比萨。在扩充食谱的同时，她还开始了对整个校园的送餐服务。现在学生不仅有更多品种，而且还拥有食品快速送到房间的便利条件。为了适应这些变化，烤肉店里装了一个比萨炉，并分配了存放比萨配料的空间，用以制作盒装切块比萨，以及准备一些事先制作好以供随时进行最后烹制的比萨。对现有员工进行了制作比萨的培训，另外又聘用了一些人用自行车送货。为尽量保持低成本和快速送货，Kershaw限定了可用的比萨浇头种类。这样，可以预选配备好有限品种的"标准比萨"，以便在收到订单时以尽可能快的速度烹制。

成功

Kershaw认为，在烤肉店提供比萨服务的决策是正确的。过去10个月的销售量和利润稳定提高。随后的顾客调查指出，对合理定价和快速送货的比萨有很高的满意率。但Kershaw认识到成功也带来了另外的挑战。

对比萨的需求给烤肉店的设施带来了压力。最初，为了放置比萨炉，提供制作和准备的地方，占用了烤肉店其他活动空间。随着比萨需求量的增长，对空间和设备的需求也在增加。分配给制作和烹饪比萨的现有设备和空间能力已无法满足需要，并且送货也开始延迟。更糟糕的是各种团体也开始为各种校园活动成批订购比萨，使能力不足问题变得更为突出。

最后，对销售数据的仔细研究表明，比萨的销量开始稳定。Kershaw想知道生产能力问题以及由此引起的交货延迟问题是否是销售停止增长的原因。但是，另外有一些事情一直在困扰着她。在最近的一次谈话中，烤肉店的主管告诉她，最近两个月以来，对食谱中没有列出的比萨浇头及组合的需求稳步增长。她想知道校园市场是否受到了校外"比萨之战"以及特制比萨出现的影响。

新挑战

当Kershaw坐在办公室时，她想到了昨天关于新食品区的公告。这将会增加来自其他小吃和快餐的竞争。更令人担心的是必胜客正打算投入设施，通过"现场订餐"的方式供应有限品种的比萨。必胜客不接受电话订单，也不提供送货服务。

Kershaw仔细考虑了几个关键问题：对比萨的需求为什么不再增加？新食品区对她的运营会有什么影响？她是否应该扩展比萨的运作？如果是，怎样扩展？

1. BSB有限公司是否拥有核心竞争能力？
2. 一开始，Kershaw选择怎样用她的比萨运作与校外餐馆竞争？她的竞争重点是什么？

3. 新食品区将对 Kershaw 的比萨运作有什么影响？她现在可能选择哪种竞争要素为重点？

4. 如果她想改变比萨运作的竞争重点，那么在她的流程中竞争重点要素与竞争能力之间的差距是什么？这会对她的流程运行和能力决策产生怎样的影响？

5. 对 Kershaw 在校园里的运作来说，应对食品区竞争的好的服务战略是什么？

实践与训练

一、实训目的

1. 课程知识的进一步拓展学习。

2. 深化对企业战略、生产运作战略和竞争策略的感性认识。

二、实训要求

1. 实训通过建立 3~5 人的小组来完成。

2. 学生可以通过选择一些比较有代表性的或者自己身边的小企业进行调查，了解这些企业运作系统的重点竞争要素及其优势，并分析这些竞争优势来源于运作系统的哪些方面。

3. 归纳出具有普适性的一些做法。

三、成果与考核

成果与考核主要依据小组的实训报告以及小组长对小组成员参与度的鉴定评定成绩。

第3章

产品开发与流程设计

知识目标

1. 了解产品开发对企业竞争力的重要性。
2. 领会产品开发的程序及影响服务设计的主要因素。
3. 阐述产品、服务设计的方式、步骤及其意义。
4. 理解流程的概念及流程设计的基本问题。
5. 分析制造、服务流程的基本类型及其特点。
6. 领会“产品—流程”和“顾客—接触度”矩阵的内在含义。

技能目标

1. 运用服务设计的理论知识进行简单的服务套餐设计。
2. 运用流程设计的理论和方法为中小企业进行简单的流程设计。

先导案例

技术领先：安凯客车的DNA

全承载车身作为特有的车身结构，于20世纪50年代，由德国凯斯鲍尔公司的设计师受飞机骨架设计启发而发明。这种车身结构因能大大提高整车安全性、节油性和使用寿命，逐渐受到中国客车业的重视，目前包括安凯在内，已有多家企业应用全承载车身制造技术。据安凯股份公司副总经理、总工程师熊良平介绍，安凯于1993年引进全承载技术，是在凯斯鲍尔全承载车身技术的基础上自主创新的成果。

在安凯的发展历史中，全承载是支撑安凯客车成长壮大的主导技术。15年前，在国内客车企业普遍使用货车底盘的时候，安凯已引进了凯斯鲍尔的全承载技术，并且通过不断地消化、吸收、创新，形成了自有的、拥有独立知识产权的技术，并最终在2006年7月3日向国家知识产权局提交了“全承载”发明专利申请，并于2008年7月23日获得此项专利。目前，全承载技术已拓展到安凯旅游客车、城市公交车、公路客车和双层客车等全系列客车产品上，并成为国内双层客车为数不多应用全承载技术的制造企业。可以说，安凯的历史就是全承载在中国的发展历史；而安凯一直以来孜孜不倦地推广全承载技术，一定程度上促成了中国客车制造方式的改变，即由以底盘制造为中心转到以整车制造为中心，结束了中国客车早期粗制滥造、底盘套车身的生产模式，改写了中国客车的历史，也带动了客车行业对于乘客安全的关注。

据安凯股份公司董事长王江安介绍，安凯今年已获得了 20 项专利，其中最重要的是全承载车身发明专利，并多次获得中国汽车工业科技进步奖、安徽省科技进步奖、中国公路客车金奖、“最佳安全装备奖”和“最佳豪华客车奖”等殊荣。据了解，在客车结构强度认证方面，2005 年，安凯作为国内第一家客车企业，率先根据 ECE-R66 法规在 9 米的客车上做了安全认证；2006 年，根据 ECE-R66 法规，对 13.7 米的客车做了安全认证。在发动机冷却实验方面，安凯与康明斯中国合作在国内第一次实施了发动机冷却试验和实验室检测。在车内噪声试验方面，安凯把客车产品的舒适性和豪华度列为重要的指标，某些产品的车内噪声仅 66 分贝，低于国内 72 分贝的标准。

对全承载技术的尊重和引进、消化、吸收，让安凯客车在今年收到了硕果。王江安表示，2008 年是安凯公司成长比较迅速的一年，在客车行业承受较大压力的情况下，安凯客车已实现销售 2 185 辆，同比增长 57.6%，高于客车行业平均增长率将近 46%。

据悉，安凯还将举办“寻访全承载应用”客户证言活动，向用户更直观地呈现全承载车身的安全、节油、耐用。“我们希望通过努力，推动全承载技术在中国的发展，推动行业关注自主研发和全承载车身制造技术，带动中国客车行业进一步前进。”王江安如是说。

随着人类跨入 21 世纪，以信息技术为核心的新技术革命和经济全球化的发展，市场竞争变得越来越剧烈，企业的生存环境充满了更多的机遇和挑战。企业如何更加敏锐地识别快速变化的市场需求，如何更有效地利用先进的科学技术来推动企业新产品的开发，改善生产流程，争取以最短的时间为市场开发具有竞争力的产品，已经成为全球化市场背景下企业之间竞争与合作的焦点。

扫一扫：变

3.1　产品开发

3.1.1　产品开发的重要性

正如在市场中所感受到的那样，任何组织存在的基础是它向社会提供的产品和服务。那些能够以低成本向社会及时提供令人兴奋、有使用价值的高质量产品或服务，来满足消费者需求的公司将能赢得顾客。那些做不到这一点的企业将不能在市场上长久地生存。这是因为顾客对一个企业的评价主要是基于他们在享用产品与服务过程中所获得的主观体验。因此，选择何种产品进行开发就成为公司经理的一项非常重要的决策。

但是，不同的企业关注产品开发的原因可能是不同的。一个明显的原因可能是为了通过产品和服务的创新来加强企业的市场竞争力。由于市场需求的变化越来越快，消费者总是青睐具有高性价比的独特的产品或服务，因此，如果一个企业能够率先洞察顾客需求的变化，及时地推出高附加值的产品或服务，就能够得到消费者的欢迎。第二个明显的原因可能是通过提供新产品和新服务，能够增加企业的营业额和利润。率先推出新产品意味着企业在一段时间获得了该产品和服务的市场垄断地位，从而获得经济利润（额外利润）。第三个原因可能是率先对产品进行创新的企业可以享有制定本行业技术标准的特权。这等于为竞争对手设置了进入壁垒，从而推迟了行业内竞争的到来。安凯客车通过发明专利限制了其他企业使用全承载技术，从而为自己创造了有利的市场环境。又比如，微软的早期 DOS 操作系统凭借其先入为主的优势，长期统治着个人计算机操作系统软件市场，后来的 Windows 操作系统也借率先进入市场的优势，已经成功地成为新一代操作系统的行业标准。最后，一些企业组织之所以重视这项工作，可能是由于顾客对老产品的抱怨、产品发生质量事故或产品的保修成本太高等，从而要求改进产品的原设计。

总之，引发企业进行产品开发的原因多种多样，只要企业希望继续参与市场的竞争，就必须将产品开发作为一件长期的、持续性的工作来抓，而不是作为某个阶段性的工作。

3.1.2 新产品的分类

与现有产品相比，新产品按创新程度分可以为：改进新产品、换代新产品和创新产品。每一类新产品的开发与市场导入对企业都有不同的要求，创新程度越高的新产品需要投入更多的资源。但是，每一类新产品对企业长期的成长都起着重要的作用。

1. 改进新产品

改进新产品，基本上是对现有产品功能的综合与改进，是一种创新程度最低的新产品。改进新产品通常是对现有产品进行改进以降低成本，或对现有产品的一些特征或功能进行简化或完善。例如，收音机和录音机经过重新设计，改进为收录两用机，将手机的通信功能和照相机的照相功能合并在一起，形成改进型新款手机。

与创新产品相比，改进新产品需要投入的资源少，能够确保企业近期现金流。通过不断改进和延伸现有产品线，为消费者提供了更多的选择，企业也可以在短期内保持市场份额。因此，改进新产品对企业短期的发展可以发挥非常重要的作用。

2. 换代新产品

换代新产品一般需要带给顾客更新的解决方案，从而能够拓宽产品线，既能够保持市场的活力，又能够延长产品线的生命周期。例如，英特尔通过不断更新的产品保证了持续增长的利润，从 286、386、486、奔腾、奔腾 2、奔腾 3 到奔腾 4 微处理器，每一代换代产品似乎都在向消费者表明“英特尔的技术在不断前进”的经营理念。

换代产品能够使企业的利润保持持续的增长，而利润又为换代产品的开发和市场运作提供了必要的投入，从而保证了顾客对企业产品的持续忠诚度。

3. 创新产品

创新程度最高的一类新产品就是创新产品，也称为革命性新产品。创新产品的开发，需要对产品设计或流程进行根本的革新。如果创新产品能够成功地进入市场，它将逐步取代现有的产品，成为企业的核心业务，使得企业能够成为创新产品的市场先入者，从而获得先入为主的优势。例如，美国摩托罗拉公司于1973年推出的第一部手机，美国IBM公司于1981年推出了世界上第一台个人计算机（IBM5150）以及日本东芝公司于1985年推出了世界第一台笔记本电脑；MP3的出现，使得随身听市场逐步萎缩。这些创新型新产品的出现深刻地改变了人们的生活和工作方式。

创新产品的开发一般需要企业具备较强的技术开发能力，因为它不仅需要对产品的工作原理进行根本性的变革，而且还需要对产品的生产流程进行重大改变。同时，一种全新产品的市场推广也是一项艰巨的任务。因此，与其他两种新产品相比，创新产品的开发可能存在较大的风险。但是，如果能够成功地推出一种全新产品，企业就可能成为产品技术标准的制定者，这会给企业带来长远的竞争优势。

3.1.3 新产品引进策略

新产品引进有三种不同的方法，它们分别是市场拉动式、技术推动式和互动式。

1. 市场拉动式

按照这种方式，市场是确定一个企业应生产什么产品的基本依据，而同现存技术没有多大关系。一个企业应该制造可以销售出去的产品。因此，企业首先必须明确顾客的需求是什么，然后再组织各种资源和流程生产产品或提供服务来满足顾客的需求。市场在这个过程当中发挥着明显的“拉动”作用。

2. 技术推动式

在这种方式下，技术是企业确定应生产什么产品时要考虑的主要因素，而与市场的关系不大。企业应该开发高技术含量的产品，追求基于技术的竞争优势，然后将产品推向市场。市场营销活动是为这些高级产品创造需求。因为这些产品的技术含量高，所以它们在市场上有天然的竞争优势。

3. 互动式

在这种方式下，产品不仅应该满足市场需求，还应该有一定的技术优势。为实现这样的目标，企业的所有职能，包括市场营销、工程技术、生产运作和财务等，应该联合起来设计企业所需要的新产品。通常情况下，要成立交叉职能工作小组来负责新产品的开发。这种方式是三种方式中最吸引人的，但也是最难实现的。因为传统的职能部门之间的冲突和摩擦必须得到克服，并且要实现成功的互动，从而达到产品开发所需要的合作程度。如果可以实现，这种方式达到的效果将是最佳的。

3.1.4 产品/服务开发流程

新产品开发流程从新产品创意的产生开始，以新产品导入市场结束。新产品开发流程的四个阶段：概念开发、产品设计、工艺设计与流程选择、市场导入如图3-1所示。

1. 概念开发

概念开发阶段的主要任务是识别客户需求，产生并评估一个或一系列“概念产品”。这个阶段一般由产品创意和可行性研究两个阶段构成。产品创意是一个创造性的过程，也是一个学习的过程。产品创意可能来源于不同的方面：企业的研究开发部门的研究成果、市场营

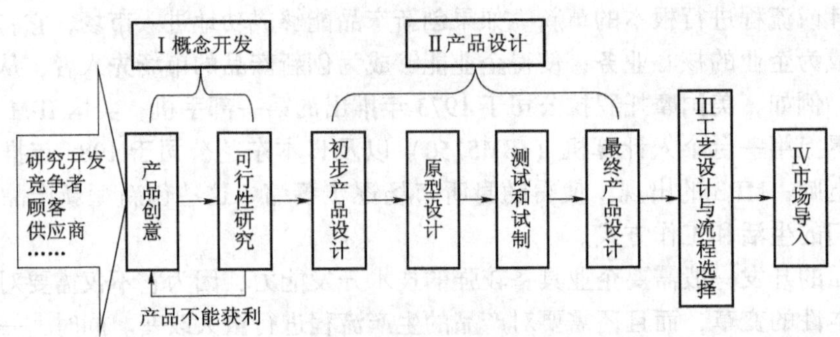

图 3-1 产品/服务开发流程

销部门的市场调研、竞争对手的产品（拆装研究）、顾客对企业产品的抱怨或改进建议、供应商以及生产运作人员的建议等。

通过产品创意，构思出“产品概念”，即对产品外观、功能和特性进行描述。对服务来说，这些创意说明了顾客如何与服务的提供者进行连接，详述了为顾客提供的利益、结果和价值，以及说明服务的交付方式。对制造产品来说，新的创意包括产品结构说明。产品结构有两种基本类型：模块化结构和集成化结构。

为避免市场风险和过高的开发成本，企业需要对这些创意的可行性和市场价值进行评价。首先，可以通过筛选，将最有希望的创意挑选出来，将“产品概念”转化为“概念产品”。对服务来说，根据最佳的思路形成特定的服务套餐，将竞争重点要素（或称竞争优先级）融入流程中，提出服务套餐的交付方式。对制造产品来说，要为其绘制产品装配图、提供产品的性能说明、研究新产品的可制造性和成本。然后，需要对新产品/服务的市场潜力和生产成本进行严格的审查，以确保与公司战略相适应、与法律制度相一致，确保市场风险在可接受的范围并且使目标顾客满意。必须从企业核心能力以及能够获取的其他资源或与其他企业形成战略联盟的角度对新产品所需资源进行审查。如果分析结果显示新产品具有良好的市场潜力而且企业拥有所需的能力（或者可以获得这种能力），概念产品就会被批准进入产品开发流程的下一阶段。

2. 产品设计

产品概念开发的结果仅仅是对产品进行粗线条的勾勒，下一步是要进入初步的产品设计阶段，必须对概念产品进行全面的定义，初步确定产品的性能指标、总体结构，并确定产品设计的基本原则。为了适应动态变化的竞争环境，设计出具有市场竞争力的产品，企业应遵循以下产品设计的基本原则。

（1）顾客满意原则——设计出顾客需要的产品/服务。

（2）可制造性原则——设计出生产效率高、生产成本低的产品/服务。

（3）可靠性原则——设计出质量稳定、交付可靠的产品/服务。

（4）社会责任原则——设计出低资源消耗的、可回收再利用的产品。

产品初步设计经过严格审核批准后，就可以进行产品的原型设计了。对其中关键技术要进行原型设计、测试和试制。据统计，100项新产品构思中只有6项进入样品原型设计。汽车制造、机械电子、模具以及连锁经营模式等领域经常采用原型设计来开发新产品。例如，1994年美国福特汽车公司通过原型（黏土原型）设计推出全新第二代 Range Rover，发动机设计成可选装4.0升、4.6升或2.5升六缸涡轮增压柴油发动机，车内空间布局得更加宽敞，车身造型也做了重新设计，并将多功能电子空气悬架（EAS）与电子牵引力控制（ETC）和 H 型导槽式自动变速器都进行了标准化设计。新型车投入市场后获得巨大成功，1995 年被《What Car》杂志评为“最佳越野车”。在服务业，著名的餐饮连锁企业麦当劳的创始人瑞（Ray Kroc）开始就是在加利福尼亚的圣巴拿蒂诺建立了一家餐馆——非常干净的门面、独特的红白两色的装饰、标准的菜单、时尚的附赠玩具、丰富的亲子项目等，获得了成功后，瑞以这家餐馆为原型进行了连锁扩张，成功地复制了这些服务设施和服务理念。

随着科学技术的发展，人们可以借助于计算机技术与互联网，在虚拟的环境下进行产品与服务的原型设计、测试。例如，波音飞机公司采用虚拟原型技术在计算机上建立了波音 777 飞机的最终模型，从整机设计、部件测试、整机装配乃至各种环境下的试飞均是在计算机上完成的，使产品开发周期从过去的 8 年缩短到 5 年。

3. 工艺设计与流程选择

产品最终设计的成果是一整套的产品加工、装配图纸和详细的产品性能说明书。在这一阶段，产品设计已经完成，因此，接着就要进行工艺设计与流程选择。产品设计解决的是“What”的问题，即顾客需要什么样的产品/服务；工艺设计与流程选择解决的是“How”的问题，即如何生产出顾客需要的产品以及如何提供顾客需要的服务。然后才能开始试生产或试运作。在由设计过渡到生产的过程中，不要忽略了对生产人员开展关于新产品/服务的知识和技能培训工作，否则，对新产品缺乏了解可能成为未来商业化运作的瓶颈。

4. 市场导入

最后一个阶段是全面推出阶段，包括要做好对企业许多流程的协调工作。在这一阶段，企业必须启动对新产品/服务的促销活动、向销售人员下达销售任务、启动分销渠道以及取消新产品所要替代的老产品/服务。在新产品由设计转换到商业化生产的初期，可能会有一段磨合期，此时的产品质量可能非常不稳定，原先的设计也会需要进一步的修改。生产部门在应对这些问题的同时，还必须逐步提高批量以满足需求。生产流程的竞争优先级（竞争重点要素）可能会随着时间的推进而发生改变。一般来说，对于一种标准化的大众产品，在磨合期的早期阶段，由于产品刚刚进入大众化市场，对制造流程的要求是一致性质量、交付速度和批量柔性。而在磨合期的后期，这时的需求量很大，低成本运营、一致性质量和准时交付可能更能够赢得顾客的订单。在新产品投放市场一段时间后，企业应该通过市场调查，检查流程能力能否支持竞争优先级（竞争重点要素），重新审查产品创意和产品设计工作。

新产品/服务的开发流程对许多企业来说是一个持续性的活动。在任何时候，只要提出了对企业新产品/服务或生产这些产品/服务的流程进行改变的建议，开发流程就开始了。

案例 3-1

惠普成功推出新打印机

惠普公司（HP）急需一个能引起市场轰动的新产品。研究表明，个人电脑使用者希望能在市场上买到一种新的打印机。这种打印机的速度可以相对慢一点，但它必须像激光打印机那样打印清晰，价格只是激光类型打印机的一半。公司成立了一个由研究人员、工程师和市场专家组成的小组来研究该产品的可行性。

首先，该小组对顾客的需求作了准确的定义，并且研究了一些像日本爱普生（Epson）那样的低价位打印机的缺点。爱普生打印机当时在市场上占主导地位。还在酝酿阶段的时候，惠普公司就请产品工程师来确认惠普公司是否有能力生产打印机和打印头。然后，该小组提交了一个行动方案，管理层很快就签字批准。

下一步，小组必须设计一个测试的原型。它必须达到性能、可靠性、成本和可制造性等要求。惠普公司开始准备一系列零件，把它们装到印刷电路板上，这就代表打印机的技术核心。原型产品一经证实可行，且即将推向市场，该项目小组就扩大规模，即增加机械设计、控制软件和零件供应等方面的专家，以帮助生产几个模型。这些模型被装配成机，并且装上机壳、软件控制板和夹纸器，并交给顾客试用。经过这样的试验，发现打印质量还有待提高，但是，这种桌面喷墨打印机可以进行生产了。

在惠普首次探索这一设想之后的26个月，桌面喷墨打印机走向市场，立即获得成功，惠普的彩色喷墨打印机也获得成功。该公司在美国打印机市场所占的份额从1984年的2%升至1993年的35%。

分析提示：这个案例简要地描述了新产品开发的过程，从产品创意（来源：消费者、竞争者、生产工程师等）、产品设计（原型设计、测试、样品试制、使用）、工艺和流程设计到市场导入。

3.1.5 产品设计方式

1. 产品生命周期

从需求的角度来说，绝大多数产品会经历一个产品生命周期。当一种产品刚进入市场时，由于潜在购买者对它并不了解，加上产品的设计还不太完善，此时它的需求量通常很低。随着时间的推移，生产和设计的改善使产品的质量更稳定，成本也随着批量的增加而降低，此时需求量迅速增加。在产品生命周期的下一阶段，产品进入成熟期，此时设计很少变化，需求停止增长。最后，市场达到饱和，需求呈现下降态势。产品生命周期的四个阶段如图3–2所示。

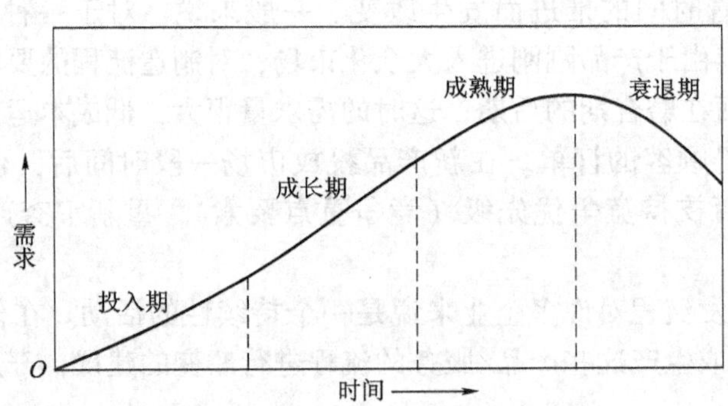

图3–2 产品生命周期的四个阶段

企业需要在产品生命周期的不同阶段对产品进行不同的设计。例如，在产品生命周期的投入期，企业往往需要设计高质量和外观非常能抓住消费者眼球的产品，但是在产品生命周期的最后阶段，有些公司采取防守性策略，它们试图通过提高产品或服务的可靠性、降低生产成本（并影响价格）、重新设计或更换包装来延长产品的生命周期。

产品经历生命周期的特定阶段所花的时间存在很大差别：有些产品经历各阶段的时间很短，其他产品则要花更长的时间。时间的长短经常与产品的基本需求和技术变化的速度有关。有些玩具、小说及流行服饰的生命周期不超过一年；而另外一些产品，如电视机、洗衣机、汽车等，可能会持续许多年，直至出现技术变化。这也对产品设计提出了不同的要求。

2. 并行工程

为达到从产品设计到生产的迅速转换并缩短产品开发周期，以适应快速多变的市场需求，许多公司改变传统的产品开发过程的组织形式，开始采用并行工程的方法。

美国防御分析研究所 1987 年在其 R338 报告中指出："并行工程是对产品设计及其相关过程（包括制造过程和支持过程）进行并行、一体化设计的一种系统化的工作模式。这种工作模式力图使开发者从一开始就考虑到产品全生命周期中的所有因素，包括质量、成本、进度与用户需求。"

并行工程与传统的产品开发模式不同，在产品设计阶段的早期就将设计、制造、市场营销、采购等不同职能的人员召集起来，以团队的组织形式，同时进行产品工艺流程的开发。此外，顾客和供应商也经常是咨询的对象。其目的是让产品设计既能反映顾客需求又能与制造能力相匹配。而传统的产品开发是以"串行工程"的方法进行的，设计者在没有从制造方面获得任何信息的情况下就开发一种新产品，然后将该设计传送到制造部门，接着制造部门不得不为这种新产品开发生产流程。这种各个职能之间相互隔离的方式给制造部门带来了巨大的挑战，也使设计和制造两部门之间经常发生冲突，并大量增加了成功开发一种产品所需的时间。采用并行工程能够缓解在产品开发过程中可能产生的职能部门之间的矛盾。

与串行工程相比，并行工程的开发模式具有明显的优点。

（1）可以缩短产品开发的周期。由于并行工程在产品开发的早期阶段就考虑了后续阶段的所有因素（包括可制造性、可装配性和可维护性），避免到了后期阶段由于修改方案造成开发过程的反复和资源浪费，同时也因减少修改循环而缩短了产品开发的周期。并行工程还能给关键工具、设备和材料采购留出较为充足时间，这也能够缩短产品由设计到投产的时间。例如，2000 年，海尔"美高美"彩电的设计开发，由于实施了并行工程，产品开发周期由 6 个月（当时国际上最快的产品开发周期也需要 3 个月）缩短为 2 个月。

（2）降低产品生命周期成本（Life Cycle Cost，LCC）。根据美国波音公司和福特汽车公司的研究报告，产品开发的早期设计阶段决定了 LCC 的 70%～85%，而设计本身所占 LCC 的实际费用只有 5%～7%。产品设计规定了产品使用的材料、生产流程、产品使用及维护，从而对产品的 LCC 产生直接影响。在并行工程环境下，采购人员、制造工程人员、产品维护人员、营销人员等能够在生产流程与材料选择、产品性能与结构等方面提供建设性的意见。

（3）产品质量更加适合于消费者的需要。美国质量管理专家朱兰（J. M. Juran）指出："质量就是适用性。在并行工程的产品开发模式下，能够使所开发的产品的性能、使用的方便性以及价格等方面更加适合于顾客的需求。"

串行工程与并行工程之间的区别如图 3-3 所示。

因此，并行工程能够在质量、价格和交货速度等方面给企业带来竞争优势。但是，这种开发方式也存在很多难点，主要有：各职能之间长期存在的界限很难克服，把一帮人召集在一起，就认为他们就能高效合作是不切实际的；要使并行开发流程发挥作用，必须有充分的沟通和灵活性；更重要的是需要对企业文化进行改革，建立起能促进技术创新的学习型组织。

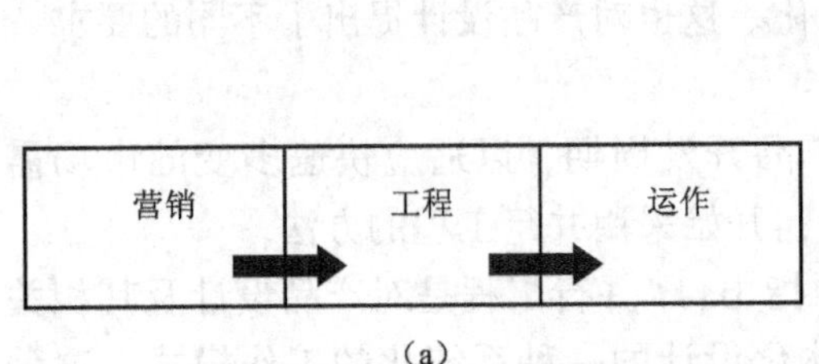

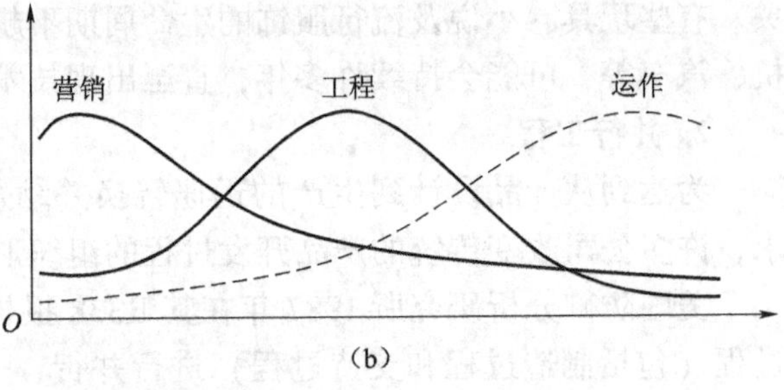

图 3-3　串行工程和并行工程

(a) 串行工程；(b) 并行工程

3. 其他设计方式

（1）制造设计（DFM）表示适合于组织的生产能力的产品设计。DFM 的基本含义：把产品设计作为产品制造工艺设计的第一步，产品设计必须服从“易于制造”“经济地制造”的要求。与之相关的制造方面的概念是装配设计（DFA），它强调减少所采用的装配方法和顺序，也强调减少装配中的零件数量。例如，IBM 在印刷设备产品的设计中运用这种方式，使产品零部件的数量减少了 65%，并且使产品装配时间比其日本的竞争对手缩短了 90%。

（2）再循环设计（DFR）强调所设计的产品能容许用旧后拆卸，以便于修复零件及材料的再回收利用。这是一种基于对环境关注的设计理念。

（3）与环境有关的另一个概念是再制造产品。再制造表示拆下旧产品中的某些部件，在新产品中再使用。与再循环设计不同，这项工作一般由原制造商来完成。再制造的原因主要有：一件再制造的产品的售价仅为一件新产品成本的 50%；再制造流程通常需要的大多是非熟练工人（降低劳动力成本）。欧洲有越来越多的国家要求制造商回收旧产品，以减少人类对自然资源的耗用及旧产品填埋的数量。

（4）拆装设计（DFD）包括使用更少的零件和材料，并尽可能使用楔形咬合方法替代螺旋、螺杠和螺帽。这个概念也给产品设计提出了一个要求，即旧产品的零部件要更加容易拆卸。例如，75% 的美国汽车是再制造或再循环的，几乎一辆车所有的金属零件是再利用过的。欧盟在 2002 年，每辆车多达 85% 的零件及材料是可以再循环利用或再制造的，2015 年，这一比例上升到 95%。

（5）稳健设计指的是那些在生产或装配时的小变化不会严重影响产品质量的设计。有些产品只有在严格条件下才能按设计发挥功能，而其他产品则能在更宽松的条件下实现其设计功能。例如，在多年以前，家庭所使用的冰箱必须在 220V 的电压下才能正常运转，而海尔率先为我国广大的农村家庭开发了一种能在 160V 的电压条件下工作的冰箱。显然，后者拥有稳健设计元素。因此，一种产品或服务的稳健性越好，它由于使用环境的变化发生故障的可能性就越低。设计者在产品或服务中引入的稳健性越多，顾客的满意度就越高。

案例 3-2　AT&T 的集成电路开发

AT&T 开发了一种集成电路，这种集成电路用于许多产品，它可以扩大声音信号。按照原来的设计，这种电路制造时精确度要求很高，这样精确制造出来的产品才能避免信号强度的波动。由于在制造过程中质量控制非常严格，这种电路制造成本很高。但 AT&T 的工程师们经过对该设计的试验和分析，认识到如果电路的电阻减少——只做小的改动而成本没有增加——该电路制造时对波动的敏感性就大大降低，结果是质量提高了40%。

分析提示：稳健性设计不仅可以提高顾客的满意度，也可以直接降低企业的生产成本。

(6) 计算机辅助设计（CAD）是运用电脑图表进行产品设计。设计者可以用一支笔、一个键盘、一个鼠标等设备在电脑屏幕上修改已有的设计或创造新的设计。一旦设计被输入电脑后，设计者就能在电脑屏幕上调用它：它能够旋转以提供给设计者不同角度的图像；它能够拆解开来使设计者看到内部结构，还能够将图像扩大以便进一步检查。设计者可以得到全部设计的复印版本，也能作为电子文件，供公司需要该信息的人员共享。

有越来越多的公司利用CAD设计软件来开发新产品。CAD的主要优点是提高了设计者的工作效率。他们不用再为产品或零件的机械图费神，也不再为修改错误或吸收新观点而重复地修改机械图。据估计，CAD使设计者的工作效率提高了3~10倍。第二个优点是它所建立的数据库能为制造部门提供包括产品几何图形、尺寸、材料规格等必要信息。

(7) 模块化设计是标准化的另一种形式。模块是指将一组零件组合为组件，直到各单个零件失去它们的特性为止。通过对不同规格组件的排列组合，人们就可以得到性能不同的产品。例如，电脑、电视机、空调之类电子产品以及家庭住房装修等都是这种设计的范例。模块化设计还应用于服务产品的设计上。例如，旅游产品、教育培训项目等产品开发也已经普遍地应用了这种设计方法。

与非模块化设计相比，模块化设计的第一个优点是由于需要检查的零件减少，设备故障更容易诊断和排除；在维修上，有缺陷的组件能够很方便地拆卸和更换；产品的装配更为简洁，能够缩短生产周期和交货期；需要采购的组件品种更少，简化了库存材料管理；由于生产更加标准化，员工培训成本更少了。其缺点主要是产品品种减少；组件通常比零件的成本高，这会增加故障时更换材料的成本。

下面的例子很好地说明了模块化设计的一些优点。一家床垫供应商原先生产2 000多种床垫组合，其中大约有50%的床垫组合的销量只占总销售量的3%。这种多品种并不能提供市场竞争优势，却带来不必要的成本上升。后来该供应商利用模块化设计方法，一条生产线被设计成只生产4种基本型号的床垫：常规型、双人型、皇后型和帝王型。床垫的填充物限定在几种弹簧结构和几种厚度的泡沫填充料之内。还用一个中等数量的床垫来满足顾客对颜色、式样的特别喜好。这些改变极大地减少了床垫部件，并向顾客提供了品种足够多的产品。比如，用4种床垫型号、3种弹簧结构、3种泡沫填充物、8种床垫套可以得到288种床垫组合。另一个例子是戴尔公司用模块化设计方法来设计电脑。戴尔公司手册中显示了多种选择：12种处理器、4种内存、6种硬盘、6种媒体播放设备、5种无线卡、5种电池、5种显示器、9种显卡、6种软件。戴尔公司手册上共有58种不同的组合部件供其使用。理论上可以达到11 664 000种电脑组合，戴尔公司可以用有限的零部件来满足数量巨大的、差异化的客户需求。

3.1.6 服务设计

随着我国经济的持续高速发展，服务业在我们的生活中将发挥越来越重要的作用。全球化、技术进步以及顾客需求的变化更加提高了对企业在更多服务创新基础上竞争的要求。无论是对于制造业企业还是服务业企业，服务设计都已成为一项非常重要的活动。对于制造业企业来说，顾客购买的并不是产品本身，而是产品所能提供的功能。而这些功能的取得和享用除了离不开产品外，还需要一些附带的服务来支持。在当今产品的技术知识含量越来越高的情况下，这种附带服务变得更加重要。例如，现代的家用电器产品，如果没有提供产品使用说明书、送货、安装调试、维修等服务，很难想象这种产品能够销售出去。而对于服务业企业来说，顾客所接受的服务过程包含了对产品的消费，也就是说，产品是任何形式的服务的一个组成部分。例如，为汽车润滑包括了服务（接待、油液检查、清洁、更换过滤器、排干机油、检查差速和给传动系统加上润滑油）和产品（润滑油以及其他物质设施的耗损）。即使是顾客所接受的比较单纯的服务，如理发、修剪草地等，产品和服务也是如影随形般地相互掺杂在一起的。

1. 服务设计的影响因素

服务设计的两个关键因素是服务需求的变化程度与顾客接触并参与服务过程的程度。纵轴度量服务需求变化程度，横轴度量与顾客的接触程度，它们会影响服务的标准化或定制化的程度，如图3-4所示。顾客接触程度和服务要求的变化程度越低，服务能达到的标准化程度就越高，如图3-4中左下角部分。这种服务提供的例子，如通过网络购买书籍以及其他标准化的产品。没有或很少顾客接触或没有流程变化的服务设计与产品设计极其相似。如电话月资费查询系统，其流程是高度标准化的，顾客只需要按照语音提示进行操作就可以完成。但是，顾客接触的程度越高，服务设计与产品设计的差异就越大，服务设计也越复杂。相反，高可变性及高顾客接触程度通常意味着服务是高度定制的，如图3-4中右上角的部分。其典型例子，如在定制的服装、病人到医院就诊、美容院为客人提供的服务等。图3-4中沿对角线排列的方格表示几种较为典型的服务传递系统。

服务设计还必须考虑不同的服务传递系统的销售机会，销售机会大意味着销售收入越多。一般来说，销售机会与顾客接触程度有关。顾客接触的程度越大，销售的机会就越大。同样的商品，通过零售商店销售的机会明显高于通过网络或电话或电视销售。

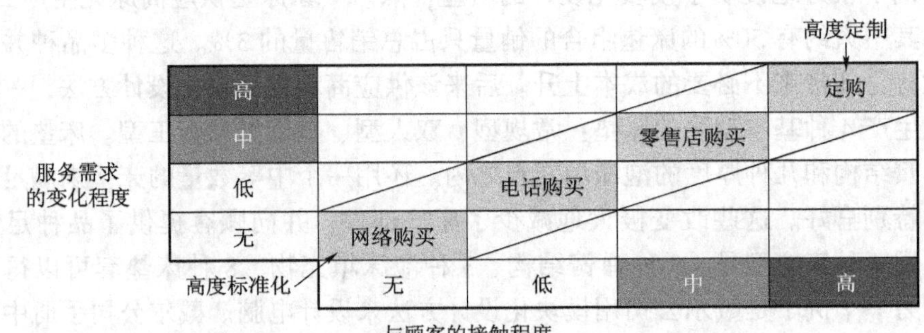

图3-4　服务变化及顾客接触对服务设计的影响

2. 服务—产品组合

在第一章的学习中对服务有了初步的了解。与制造业企业的产出不同，服务产品最重要的特点是无形性，与之相伴随的其他特性有服务的生产与消费同时进行、服务是不可储存和运输的、消费者购买前服务是不存在的。服务的提供过程实际上是服务提供者与客户之间的交互活动。由于服务的特征变化范围很大，而且服务提供者和消费者之间的交互程度差别很大，所以，很难对服务产品做出一个一般性的描述。

服务—产品组合包括三个要素：一是有形服务（显性服务）；二是服务带来的心理享受（隐性服务）；三是有形产品（伴随产品）。

大部分服务都伴随着有形服务、心理享受和伴随产品。在服务设计中不能过分强调服务—产品组合的某一个要素而忽视其他要素。例如，当顾客走进星级酒店时，他们不仅得到食品，而且得到了所希望的快捷而准确的服务。这种非常专业的服务就是显性服务，而食品则是服务的伴随产品。同时在点菜及用餐过程中与人的交互活动以及优雅舒适的环境所带来的愉悦感就是顾客所获得的心理享受。其他一些服务的伴随产品在服务过程中是不被消费的，如酒店柔和的灯光照明、漂亮餐具以及其他设备等。其他的例子如出租车服务，其显性服务是顾客从一个地点转移到了另一个地点，也包括由声音、微笑、气味等给顾客带来的感受和体验；隐性服务是一种满足感和安全感，这是乘出租车时期望得到的。而出租车则是服务过程中的伴随产品。又比如比萨外买服务，显性服务就是外送服务的可得性和及时性；隐性服务和产品外观以及外送人员的友好态度相关（服务人员是否带给顾客很专业的感觉）；伴随产品就是及时送到顾客手中的刚出炉的比萨。各种服务—产品组合比较的实例如图 3-5 所示。

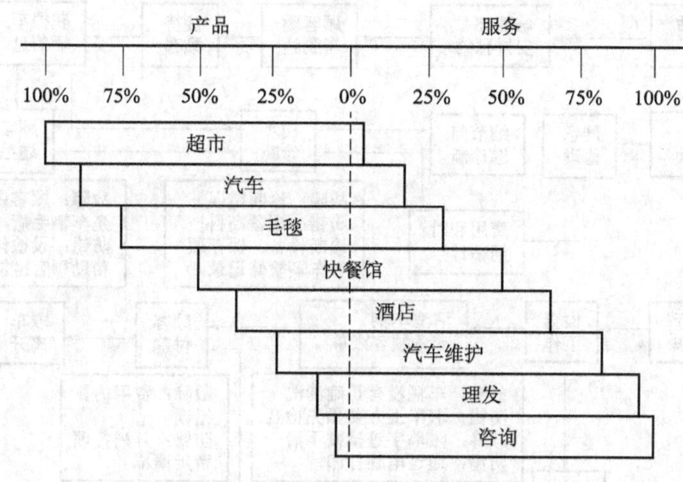

图 3-5　各种服务—产品组合比较

3. 绘制服务蓝图

服务设计中一个经常被使用的工具就是服务蓝图。服务蓝图描述并分析了顾客和服务提供者在服务提供流程中每一步是怎样相互作用的。服务蓝图的关键要素是服务流程图。在许多情况下，服务流程就是服务产品，所以不可能把服务产品设计从流程设计中分离出来。下面是绘制服务蓝图的主要步骤：

（1）划分各道程序的分界线。

（2）确定各道程序所包括的步骤并描绘它们。如果这道程序已经存在，从已实践的部门或人员那里借鉴输入该程序。

（3）准备主要程序步骤的流程图。

（4）指出可能出现故障的环节。

（5）制订执行服务的时间计划，估计程序所需时间的可变性。在服务业中，时间往往是成本的首要决定因素，也是影响系统收入的决定因素。在有些服务系统中，顾客可能认为服务时间越短，服务就越好，如银行储蓄所里等待服务的顾客。而另外一些服务系统，如医院里的病人、咖啡厅里悠闲地边喝咖啡边与朋友聊天的顾客，他们可能认为服务时间越长，服务就越好。当然，在服务过程中，可能会有一些因素会使服务时间延长。在服务设计过程中，应充分估计到这些干扰因素。

（6）分析利润率。从积极和消极两个方面确定哪些因素会影响到利润率。例如，在服务系统中，顾客等待时间通常是关键因素。如果顾客等待时间太长，会造成顾客离开服务系统从而损失销售机会。不同的服务产品，其影响利润的关键因素会有差异。但无论如何，服务设计的重点都应集中在所确定的那些关键因素上，建立能防止消极影响并使积极影响最大化的那些因素上。

例如，汽车修理厂的汽车修理服务蓝图，如图 3-6 所示。该图指出了可能出现故障的环节。

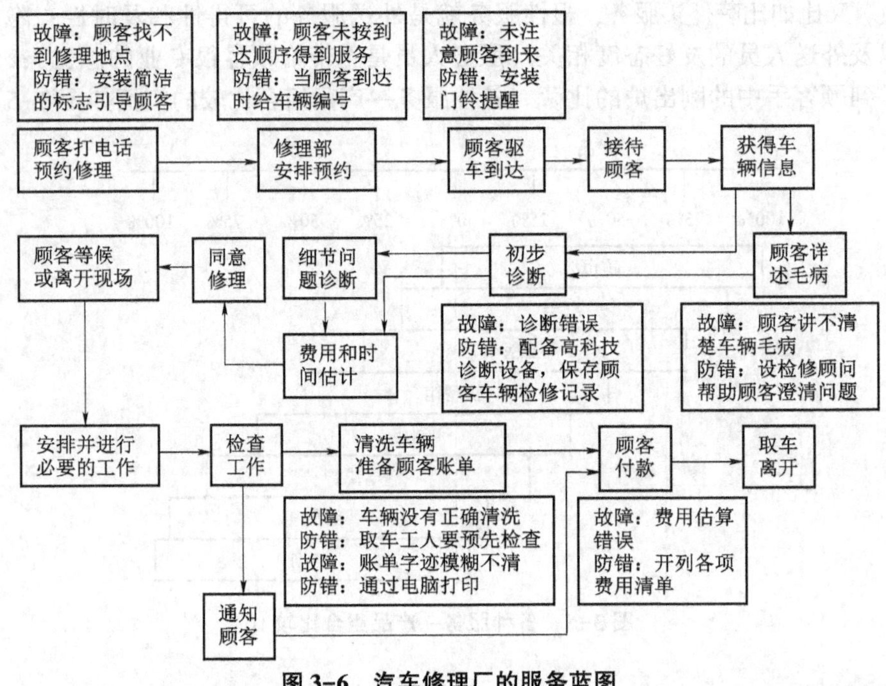

图 3-6　汽车修理厂的服务蓝图

3.2 流程设计

流程设计的一个基本问题是决定生产产品或提供服务的方法，其目的是寻找在一定的成本及其他管理约束条件下，生产或提供满足顾客要求和符合产品规格的产品或服务的方法。流程设计在本质上属于战略性决策，这些决策对一个企业或组织的生产能力计划、设施、设备布置以及工作系统设计都有着重要影响，并且将长期影响一个企业或组织的灵活性、成本、质量和效率（及效益）。

3.2.1 流程的概念

关于流程至今没有一个准确的定义。Lee. J. Krajewski 和 Larry. P. Ritzman 将流程定义为“一种或一组活动，这些活动利用一个或多个输入要素，对其进行转换并使其增值，向顾客提供一种或多种产出”。流程有两个重要特征：一是面向顾客，包括组织外部和组织内部的顾客；二是跨越职能部门、分支机构或子单位的边界。在这里，我们可以把运作流程定义为“一系列将组织运作和顾客需要连接起来的活动”。

假设一个简单的“顾客去酒店吃饭”的场景，认真分析这个“走进酒店—服务生招呼客人坐下—客人点菜—酒店厨师制作菜肴—服务生为客人上菜和酒水—服务生为客人享用美味菜肴提供服务—客人买单—服务生护送客人离开酒店”的活动，就可以很好地理解什么是流程。这个流程的起点是顾客走进酒店在预订位置坐下，终点是顾客用完餐拿着收据（或发票）离开酒店。整个流程的主体由持有货币的食物需求者和酒店及员工——供应者组成，他们共同完成这个过程。

事实上，无论是买食品、买衣服、买汽车、买房子，还是购买和享受服务；无论是在百货商场、超级市场、街头小贩那里购买，还是通过电话购买或网络途径购买；无论是消费、购买，还是生产、销售，流程无所不在。具体而言，企业的运作流程是涉及顾客和企业内部的营销、会计和生产运作等职能部门，是将输入要素转换为输出的价值增值过程。

3.2.2　流程设计的基本问题

流程设计就是对将投入转化为产出所需的输入要素、资源、工作流及方法的选择。对输入要素进行选择就是要决定哪些流程由自己内部承担，哪些流程由外部承担并作为原材料和服务来购买。流程设计还涉及人员技能和设备的合理组合，以及人员和设备各完成流程中的哪一部分任务。

一个企业的流程设计涉及以下四个关键方面。

（1）顾客参与：一个企业通过什么途径吸收顾客成为流程的一部分以及顾客参与的程度。

（2）纵向整合：也称“纵向一体化”，一个企业依靠自己的运作系统处理（承担）整个价值链上的各个阶段活动的程度。价值链上各个阶段的活动由企业内部运作系统完成得越多，而由供应商或顾客来完成得越少，则纵向整合度就越高，企业流程也越复杂。

（3）资本密集度：企业用于加工产品或提供服务的机器设备和劳动力的组合。设备成本相对较高，则资本密集度越高。

（4）流程柔性：员工和设备可以处理多种产品、产出水平、作业以及职能的难易程度。

进行流程设计时还要考虑的因素包括：产品数量；产品是标准化的还是定制的。一般来说，标准化的大量产品在装配线上加工制造，而少量的定制产品则以批量作业方式加工制造。

3.2.3　制造流程设计

管理者在进行流程设计时，首先要做的决策之一就是选择流程的类型，使其与所要赋予该流程在质量、时间、成本和柔性等方面的相对重要性形成最佳匹配。

1. 流程类型

对于制造系统的产品生产流程组织方式，当前国内外都没有统一的划分。许多教材把制造系统的生产按其一次投入出产的批量以及各个工作中心的专业化程度，分为单件小批、成批轮番和大批量三种基本的生产类型。也有根据是否按照订单进行生产而把生产分为订货型生产和备货型生产。这里主要在第一种划分的基础上，进一步深化地分为五大流程类型：项目流程（单件）、工作间流程、批量生产流程、线性（流水）流程和连续流程。

(1) 项目流程。项目流程的特征是产品的客户化程度高，每种产品仅此一件，并且是专门按顾客的规格标准要求来设计的。项目的例子有：音乐会组织、大楼建设、大型设备的生产等。例如，某设备制造公司专门为长江三峡水电站生产发电设备，该设备在产出率(每年发电量)、消耗的燃料种类（油、煤、气或核燃料）以及环保装置等方面的设计要满足三峡水电站的特定要求。这种流程既复杂又具有多样性，是专门为生产特定的客户化产品或产品中的一个部件来设计各项作业的实施步骤及顺序。企业要为每一个新项目确定流程的流向。项目流程大多时间长、任务重，必须完成许多相互关联的任务，各项任务之间需要密切协调。企业围绕着特定项目来配置使用资源，项目完成后，这些资源又要围绕下一个新的项目进行重新的配置。每一个项目所需要的资源种类及其结构都是不一样的。

(2) 工作间流程。这种流程一般是根据订单生产产品，而且从不提前生产。劳动力和设备具有很大的柔性，所完成的步骤具有相当大的复杂程度和多样性，以便应对不同顾客订单的需要。产品的客户化程度相对较高且任何一种产品的批量都很小。这种流程不是围绕特定的产品来组织设备和人员，而是将能够胜任某些类型作业的设备和人员集中在一起。这些资源对所有需要这类操作的产品进行加工。由于产品的客户化程度高且不同产品的加工步骤及顺序都不一样，因此，这种流程的工作流向不是线性而是混杂的。家电和汽车修理、医疗服务、工具模具制造以及塑料部件、机械组件、电子元件和金属板材的制造等是单件小批生产流程的典型例子。

(3) 批量生产流程。这种流程主要用于企业需要生产中等批量规模的相似产品。其与单件小批生产流程的主要区别：一是批量要大些；二是所提供产品的品种要少些。对一种产品的（或组成该产品或其他产品的零部件）的一个批次进行加工，然后生产转向下一种产品，依次把所有品种的产品都生产一遍，最后又再次从第一种产品开始依次生产。由于只有中等批量规模，不足以专门为每种产品组织设备和人员，所以流程的流向不是标准化的步骤顺序。但与工作间流程相比，批量流程具有更多的主导路径，而且流程中的某些部分（用量比较大的零部件、原料等）存在线性流向。这种流程的例子有：冰激凌（香草冰激凌、牛奶冰激凌、草莓冰激凌等）、罐头（蔬菜罐头、胡萝卜罐头、玉米罐头、绿豆罐头等）。不同品种的冰激凌的生产工艺要求和设备基本上是相同的，但是前后批在某些原料成分上有一些差别。批量生产可以是标准化的（如冰激凌、罐头等），也可以是订货型的（如杂志、报刊、教科书等）。

(4) 线性流程。线性流程也称流水装配线流程。由线性流程生产的产品有计算机、汽车、家电、手机和玩具的组装等。线性流程生产的是批量大且标准化的大众产品，因而可以围绕特定的产品来组织设备和人员（这些设备和人员按照产品的加工顺序排列）。这种流程生产的产品品种非常少，而且在加工工序之间也很少持有库存，每道工序都是一次又一次地完成相同的加工，所制造的产品几乎是不变的。与项目流程和工作间生产流程相比，线性流程的生产任务不直接来自顾客的订单。而是通过预测，提前把标准化的产品生产出来存入仓库，以便在顾客下达订单时迅速交货。

(5) 连续流程。连续流程通常用于高度一致的产品或服务的生产中，石油提炼、化工原料、钢铁、软饮料、水泥、胶卷等产品的加工就是连续流程的例子。连续流程的工业通常称为加工工业，这种流程的作业通常是 24 小时不间断地生产，以避免停机和开机而造成的高成本增加。连续流程具有固定的线性流向。

2. 产品—流程矩阵

产品—流程矩阵（Product-Process Matrix，PPM），由海斯（Robert H. Hayes）和惠尔莱特（Steven C. Wheelwright）于 1979 年作为一个战略分析工具提出来的。如图 3-7 所示，PPM 是一个二维的结构，横坐标表示产品结构，纵坐标表示流程结构。该图将批量、产品结构和流程三种要素结合在一起。通过这个矩阵，可以帮助企业分析产品结构和批量，选择与之匹配的生产流程。

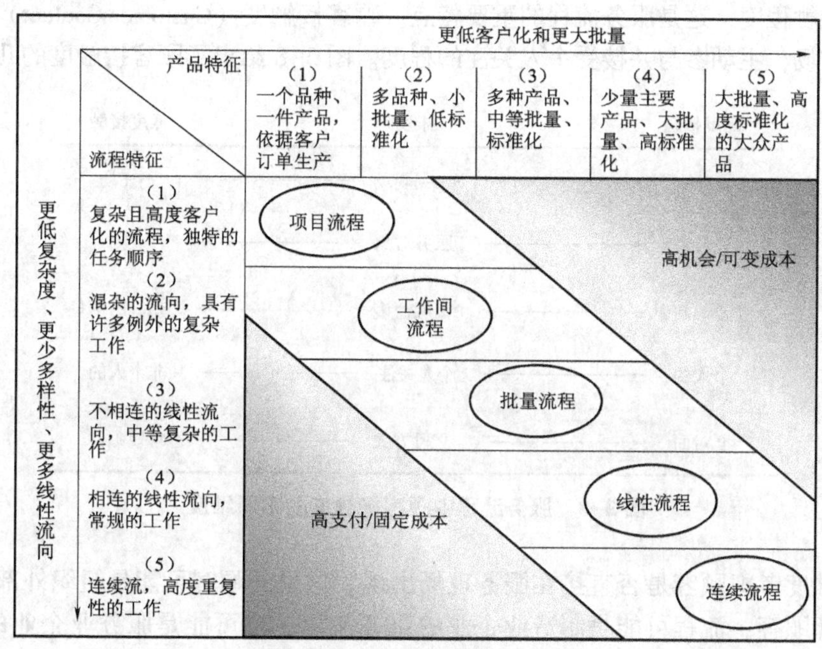

图 3-7　产品—流程矩阵

矩阵的横坐标表示产品的批量大小和客户化程度（竞争重点要素）。靠左表示高客户化、小批量生产的产品。顾客对产品提出特殊的要求，竞争的重点要求具有更高的客户化和顶级质量的产品。靠右表示低客户化、大量生产的大众化产品，其竞争的重点是低价格和一致性的质量。纵坐标表示流程复杂度、多样性及流向。流程复杂度指的是流程所需步骤的数量和复杂程度。复杂程度部分取决于流程中的步骤是否由同一部门完成，如果流程虽然需要完成许多步骤，但其中许多步骤是在一个部门或小组内完成，这个流程的复杂度就会降低。流程多样性指的是因为高度客户化而在相当大的范围内影响流程完成方式的程度。如果流程随着每一个顾客需求而改变的话，则每一个产品的生产实际上都是独一无二的。相反，具有低客户化产品的流程是可重复且标准化的，流程对所有产品完成的工作是完全相同的。流程流向指的是工作在流程各步骤所形成的序列中前进的方式，可以从高度多样性到线性，分成多种类型。线性流向指物料按照固定的顺序从一道工序线性地移向下一道工序。当多样性程度较高时，工作流向呈现出混杂的状态，一个产品制造（或加工）的路径常常与下一个产品的路径相互交叉。而在线性流向的情况下，对每一个产品或作业来说，工作总是不变地以相同的顺序从一个工作站向下一个工作站移动。

从理论上分析，沿着 PPM 对角线选择和配置生产流程可达到最佳的效果。对角线下方损失了柔性和对市场的响应速度，对角线上方失去了一定的效率和成本优势。极端的情况是左下角和右上角的选择，此时的流程选择和产品结构是极端不匹配的。图 3-7 所提供的基本信息就是：制造流程的最佳选择取决于流程的批量及所要求的客户化程度。

3.2.4 服务流程设计

1. 顾客接触度分析

正如上述分析，制造流程设计首先且最重要的是取决于批量。服务流程设计最重要的考虑因素是顾客接触程度，这是服务流程的重要特点。顾客接触度（Customer Contact）是指在服务流程中顾客在场，主动参与并接受个人关注的程度。图 3-8 给出了顾客接触度的几个维度。

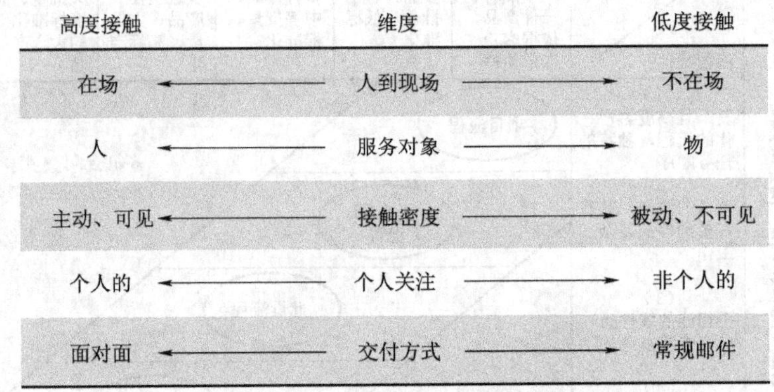

图 3-8 服务流程中顾客接触度的不同维度

第一个维度考虑顾客是否直接在服务现场出现。这里的顾客可能是组织外部顾客，也可能是组织内部顾客，流程可能是制造业企业的服务流程，也可能是服务业企业的服务流程。接触量可近似地表示为顾客在流程中的总时间占完成服务的总时间的百分比。顾客出现在现场的时间比例越高，说明顾客接触度就越高。当要求顾客人在现场时，可以是顾客来到服务现场，也可以是服务提供者或设备到顾客那里。要求顾客人在现场的流程的例子应该是很多的，如顾客在商场购物、美容理发、客运、餐厅用餐等。要求顾客人在现场也可以在制造商的服务流程中找到，如企业人力资源绩效考核人员为了对员工作出全面客观的评价，不仅要从该员工的部门、上司以及相关部门获得信息，还有必要直接与员工面对面交谈，以期获得全面评价一个员工的完整信息。要求服务提供者到顾客那里的，例如，上门维修、上门推销、挨家挨户做问卷调查、上门诊断等。

第二个维度考虑服务的对象。第一种是对人进行处理的服务，涉及为顾客本人进行的显性活动。其服务是直接向人提供的，而不是为人而提供的，因此，要求顾客本人出现在现场。此时顾客成为流程的一部分，服务的提供与消费同步进行。上面所举的一些例子可以作为对此的说明。第二种是对物进行处理的服务，涉及对那些为顾客带来价值的物质对象进行的显性活动。这种物质对象必须在流程中出现，但顾客却不必在场。这类服务的消费在流程之后，而不是在服务提供的同时进行，如航空货运，包裹邮寄，设备安装、维护及维修，仓储，洗衣等。

第三个维度是顾客接触密度，是在考虑了顾客是否人在现场以及服务中以人为处理对象的基础上向前迈进了一步。它涉及流程接纳顾客的程度、相互作用和服务的客户化程度。主动接触指的是顾客本身就是服务产生过程的组成部分，并且对服务流程产生影响。顾客可以使服务个性化以适应其特殊的需求，甚至可以部分地决定流程的运行方式，如病人到医院就诊，主动与医生咨询、讨论病情及治疗方案；理发、美容、购物、心理咨询、在餐厅用餐等都是典型例子。被动接触指顾客不参与为满足特殊需要而对流程进行的调整，也不影响流程的运行方式，如顾客到剧院看电影、听歌剧，乘坐公交车等，虽然顾客也在现场出现，但并不是主动接触的流程。

第四个维度是流程所提供的对个人关注的程度。高接触度的流程对个人的关注更多，表现出服务提供者与接受者之间的相互信任，并且在两者之间进行了大量的信息交流。当接触更为个人化时，顾客通常是在享受服务而不是接受服务。非个人接触位于接触度连续体的另一端，如顾客在窗口前排队买票、失业者排队领取救济金、在收银处排队买单等。在一个对个人不那么关注的流程中，顾客只是沿着标准化的工作流移动。

顾客接触的最后一个维度是在接触中所使用的方法。高接触度的流程可能会使用面对面接触或电话，以确保更加清楚地确定顾客的需求和服务的交付方式。低接触度的流程则可能采用普通的手段来交付服务。例如，常规邮件、标准化电子邮件等信息交换方式。随着科技的发展，尤其是互联网的出现以及电子配送渠道的拓宽，使得传统上具有高接触度的流程可以转换为低接触度的流程。例如，资金支付业务，过去一定要到银行窗口去办理，现在可以选择通过在线来处理。这些进步不仅降低了企业运作的成本，而且顾客的满意度也提高了。

蔡斯（Chase）和坦斯克（Tansik）认为必须把流程设计同顾客接触联系起来。如果顾客接触程度低，就可以把顾客需求缓存在服务流程之外。把顾客从服务的生产系统中分离出来，可使流程更高效和更标准化，如订单处理和自助取款机服务。另一方面，如果接触程度高，那么顾客就会参与到服务的生产系统中，如牙病治疗、理发、咨询等。在这些系统中，顾客就会把不确定性带进流程中，导致服务流程低效率。他们主张把接触程度高和接触程度低的服务系统分开，这种分离就是指前台（接触程度高）和后台（接触程度低）的分离。前台运作需要高度的顾客接触，而后台运作则更像是传统的工厂。

2. 服务流程的类型

关于服务流程的划分，人们的分歧更大。根据与顾客的接触度，可以将服务流程形象地划分为三种：前台办公室、混合办公室、后台办公室。这种分类比较形象，并且与企业服务的作业场所分类基本吻合。图 3-9 用一个金融服务行业的实例来说明每一类服务流程的结构。

前台办公室	混合办公室	后台办公室
金融服务的销售	产生季度员工绩效报告	编制月度客户资金结算报表
•研究顾客财务状况 •与顾客交流以了解顾客需求 •根据顾客的特殊需要，向顾客做客户化产品介绍 •为顾客安排专业服务人员 •继续与顾客保持联系，及时了解顾客需求的变化	•利用电子方式获取员工绩效数据 •使用标准化的程序计算报表 •使用统一的指标体系审核报表 •根据每一名员工的绩效，管理者提供书面的分析报告 •管理者与员工会面，讨论改进绩效的途径	•用电子方式获取数据 •使用标准化的程序制作报表 •运用政策、制度审核报表的合法性 •提交纸质报表和电子文档，以作分析决策依据 •每月基本不变地重复一次

图 3-9　金融服务企业的服务流程结构

（1）前台办公室。前台办公室（Front-Office）流程具有很高的顾客接触度，服务提供者在这里与内部顾客或外部顾客直接进行面对面互动。由于服务的客户化和服务选择的多样性，流程较为复杂，而且其中许多步骤对每个顾客都不相同，呈现出很大程度的多样性。流程的步骤和顺序设计允许有较大的灵活性。服务品种更多且更加客户化，但也有许多标准化的服务模块。这种流程趋向于为每一个顾客量身定制，顾客对流程中的步骤及每一步骤的实施方式，有时甚至是服务场所都有更多的选择。图 3-9 中所示的前台办公室的例子是向顾客销售金融服务的流程。为满足特定客户的需求，这一流程是高度客户化的，其顾客接触度、复杂度和多样性都非常高。流程的流向是混杂的，其具体流向取决于顾客的需求。

（2）混合办公室。混合办公室（Hybrid-Office）流程具有中等程度的顾客接触度和标准化服务，提供一些可供顾客选择的服务方式。工作流沿着一些明显的主导路径从一个工作站向下一个工作站移动。工作的复杂程度适中，对流程的实施存在一些客户化的方式。图 3-9 中所示的混合办公室的例子是按季度评价员工绩效的流程。这种评价工作是按照标准化的程序年复一年地在使用，流程的这一部分不是很复杂，并且绩效分析的某些工作是通过计算机完成的。但还必须从多种渠道获取员工绩效信息，既有定量的，也有定性的，而且管理者的书面分析和与员工的会面是高度客户化的，必须与每位员工的实际状况相吻合。

（3）后台办公室。后台办公室（Back-Office）流程具有很低的顾客接触度，服务也很少客户化。工作是常规和程序化的，具有从一个服务提供者流向下一个服务提供者直到服务完成的线性流向。图 3-9 中所示的后台办公室流程的例子是每月制作的客户基金结算报表的流程。该流程是十分标准化的，每月重复一次，并且很少有变化。当报表编制完成并进行认真地审核后，就会被送往有关人员作为分析、决策的依据。流程的顾客接触度很低，其复杂性和多样性也同样很低。

3. 顾客—接触度矩阵

顾客—接触度矩阵，如图 3-10 所示。与产品—流程矩阵相似，矩阵的横坐标表示顾客接触和服务产品的客户化程度（竞争重点要素）。纵坐标表示流程复杂度、多样性及流向。

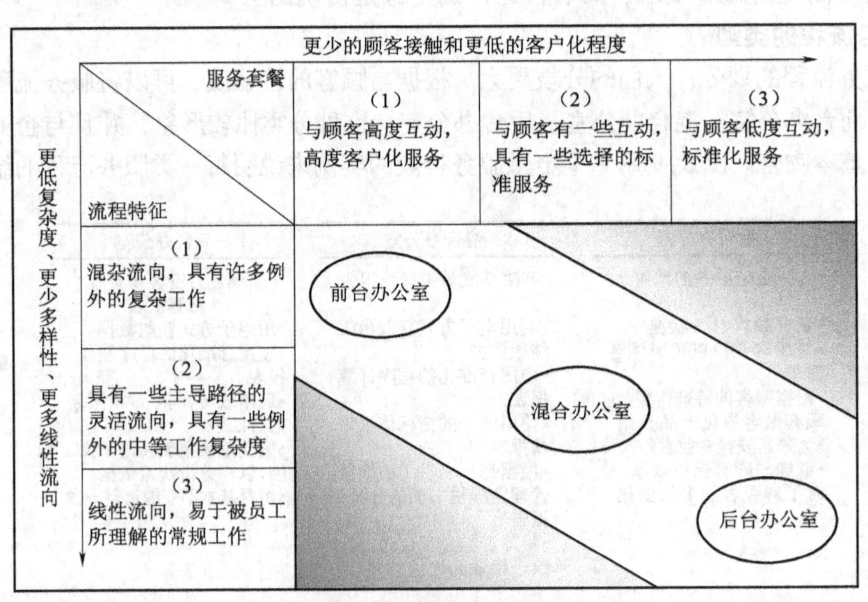

图 3-10　流程的顾客—接触度矩阵

该图将顾客接触度、服务套餐及流程三个要素结合在一起，使所要提供的服务与服务的交付流程相匹配。该矩阵是进行流程评价和流程改进的基本工具。

与产品—流程矩阵的分析相似，沿着对角线选择配置服务流程能够获得最佳效果。如果流程与这些对角线位置距离太远，在矩阵中占据由左下角和右上角所表示的极端位置的话，是不太可能获得令人满意的效果，它们代表了服务设计与流程选择之间的严重脱节。一种较为可能的选择是位于沿对角线两侧形成的非阴影区域的某个位置，这一区域从前台办公室位置向后台办公室位置延伸。考虑到市场细分的模糊性，所选择的流程存在一些偏差是正常的。

本章小结

产品开发与流程设计对于设施选址、布置以及生产能力等都有极其重要的影响，对于企业今后相当长的一段时间内的运作成本、质量、交付速度和柔性有深刻的影响。本章的第一节介绍了产品/服务开发对于企业的重要性，介绍了新产品的类型、新产品引进策略及其对企业的意义；分析了新产品开发的步骤，阐述了产品设计的方式及其意义；分析了服务设计的影响因素、服务—产品组合，介绍了绘制服务蓝图的方法。本章的第二节介绍了流程的概念，分析制造流程的类型及其特点，阐述了产品—流程矩阵图的含义；分析了服务流程的类型及其特点，阐述了顾客—接触度矩阵图的含义。

同步测试

一、单项选择题

1. 并行工程的目的是使产品设计既能反映顾客需求又能与（　　）相匹配。
   A. 制造能力　　B. 原材料价格　　C. 生产成本　　D. 销售渠道
2. 与串行工程相比，并行工程可以降低产品的（　　）。
   A. 生产成本　　B. 设计成本　　C. 材料成本　　D. 生命周期成本
3. 再循环设计和拆装设计都是基于人类对（　　）的考虑所形成的设计方式。
   A. 社会公平　　B. 缩小贫富差距　　C. 环境保护　　D. 市场竞争
4. 包含有更多（　　）的产品可以在较为宽松的条件下发挥设计功能。
   A. 制造设计　　B. 模块化设计　　C. 稳健设计　　D. 再循环设计
5. 制造流程设计考虑的最关键因素是（　　）。
   A. 顾客接触度　　B. 顾客需求变化程度
   C. 批量　　D. 流程多样性
6. 请设想某一滑雪胜地的产品—服务组合，属于隐性服务的可能是（　　）。
   A. 顾客在山中小屋、商店、滑雪比赛中获得的五官享受
   B. 顾客在滑雪中玩得很开心
   C. 滑雪胜地的高空缆车、特色建筑、山峦景色
   D. 皑皑白雪的视觉享受
7. 在产品开发的早期阶段，（　　）发挥主导性作用。
   A. 产品设计等工程活动　　B. 市场营销
   C. 生产运作　　D. 物料采购

二、多项选择题

1. 按照产品创新程度，一般可以将新产品分为（　　）。
   A. 改进新产品　B. 创新产品　C. 领先型产品　D. 换代新产品
   E. 追随新产品
2. 概念开发阶段一般由（　　）构成。
   A. 学习　B. 创意　C. 可行性研究　D. 设计
   E. 市场导入
3. 产品创意可能来源于（　　）。
   A. 市场营销　B. 顾客的抱怨　C. 研发部门　D. 生产制造
   E. 供应商
4. 在新产品开发过程中，产品设计解决的是（　　），而工艺设计与流程选择解决的是（　　）。
   A. why　B. who　C. what　D. how
   E. where
5. 产品生命周期一般可以分为（　　）。
   A. 投入期　B. 适应期　C. 成长期　D. 成熟期
   E. 衰退期
6. 服务设计的主要影响因素有（　　）。
   A. 服务需求的变化程度　B. 服务系统的销售机会
   C. 服务产品的生命周期阶段　D. 与顾客的接触程度
   E. 服务价格
7. 顾客对一个服务系统的评价，很大程度是基于服务时间的长短。服务时间越短意味着服务质量越好的系统可能有（　　）。
   A. 医生为病人诊断病情　B. 在五星级酒店吃饭
   C. 在超市收银口等待买单　D. 在银行储蓄所窗口等待服务
   E. 在美容院接受面部皮肤按摩
8. 流程一般有（　　）特征。
   A. 强调职能责任　B. 跨越部门界线
   C. 面向顾客　D. 以生产制造为中心
   E. 以提高产品质量为根本

三、思考题

1. 服务设计有哪些主要影响因素？它们对服务设计可能产生什么影响？
2. 请描述产品/服务设计的程序。
3. 请比较分析项目流程、工作间流程、批量流程、线性流成和连续流程的特点。
4. 请分析顾客接触度对服务流程有什么影响？
5. 请比较分析三种服务流程的特点。
6. 如何进行制造流程与服务流程的选择？

四、综合案例

定制模具有限公司

成立于1997年的定制模具有限公司生产用户定制设计的塑料零部件用的模具和电子行业用的塑料连接器。公司最初是向电子连接器的生产商提供高质量的用户定制设计的用于生产塑料零部件的模具。其市场主要由那些生产商的产品设计和开发部门构成。定制模具公司与每一位客户密切合作，以设计和制作用于客户的产品开发流程的模具。因此，实际上每一个模具都必须要精确地满足标准并在某种程度上可以说是独一无二的。当客户从其开发的设计和试验阶段转向新部件的大规模生产阶段时，定制模具公司就会收到多个模具的订单。

随着时间的推移，定制模具公司逐步建立了精密模具的设计和制造商的声誉，公司经理决定扩展业务范围，进行少量的塑料零部件生产。添置了配料和混合设施及注模设备，到21世纪初，定制模具公司又树立起高质量塑料零部件供应商的声誉。由于生产能力的限制，公司将其力量集中在供应用于研发和前期试验的少量的零部件上。

(1) 生产流程。到2007年，定制模具公司的运营涉及两个不同的流程：一个用于制造模具，另一个用于生产塑料零部件。虽然这两种流程截然不同，但是在许多情况下却是相互联系的。当顾客想要定制模具时，公司既制造模具，又提供必要的零部件以支持客户的研发活动。所有的制造和生产运营都在一个单一的工厂内进行。其布局具有其自身的特点，即将相近的流程和相似的设备分类集中摆放在工厂中的各个地点。图3-11是该工厂的平面布局示意图。包括碾磨机、车削装置、切割机和钻孔设备在内的各种高精度机器被放置在模具制造区中。

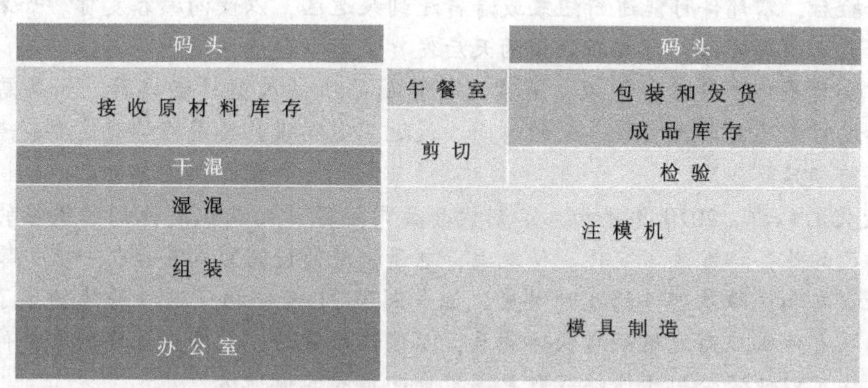

图3-11 模具工厂布局

制造模具是一种面向技能的工匠式的流程。收到一份订单以后，由一名设计工程师和13名熟练技工中的一人组成的设计小组要对设计规格进行审查。该小组与顾客密切合作，制定模具的最终规格并将其交给熟练技工进行制造（一般由分配到设计小组中的这名技工进行制造）。与此同时，也交给采购部门一份这样的设计规格说明，据此订购适当的原材料以及专用刀具。收到订购的原材料所需时间通常为3~4周。当收到某一个特定模具的原材料时，工厂的主调度核准指定熟练技工的工作负荷并安排模具生产进度。

根据被指定的技工手头已安排的任务量多少，制造一套模具需要2~4周的时间，其中制造流程本身只需要3~5天。一旦生产完成，模具被送到测试试验区，在那里，该模具被用来在一台注模机上生产少量的零部件。如果生产出来的零部件符合设计小组制定的技术标准，模具就会被送去清洁和抛光。然后进行包装并发货给顾客。检查测试模具要花一天时间，清洁、抛光、包装和向顾客发货也要用去一天的时间。如果用该模具生产的零部件不能达到设计规格的要求，模具就会被返还给技工重新加工，流程重新开始。目前，定制模具公司向外界公布的交付定制模具的提前期为9周。

制造塑料零部件的流程与制造模具的流程有一些不同。一份零部件订单可能与一份模具订单同时到达。在定制模具公司已经事先制造了模具并将其保存在仓库中的情况下，则订单可能是专门为零部件而下达的。如果已有模具可用，则由一名设计工程师对订单进行审查，以核实零部件和原材料规格。如果设计工程师对规格有任何疑问，就会与顾客进行联系并由双方共同进行修改并取得一致。

一旦接受了零部件和原材料的规格，就会订购原材料并安排订单的生产。用于制造塑料零部件的化合物一般在订单发出一周内到达。当订购的化合物到达后，对其用干混的方法进行混合以构成合适的成分。然后对混合物进行湿混以达到注模机所要求的浓度（称为浆体）。当一切准备就绪后，浆体从一个头顶的管道送往注模区并装入一个靠近注模机的储存罐中。整个混合流程只需要一天的时间。

当浆体准备好以后，就会选取适当的模具——从仓库中选用，或者如果模具是为了订单而专门制造的，则从清洁和抛光操作工序上选用——并生产零部件。虽然不同的零部件需要设置不同的温度和压力，但生产一个零部件所用的时间却是相对固定的。定制模具公司的注模拥有每天生产5 000个零部件的生产能力，但在历史上，该部门处理订单的提前期平均为一周。当注模工序完成后，零部件被送往剪切操作工序。在那里，零部件被切开并去掉残留部分。经检验后，零部件可能进行组装或者传送到装运区，以便向顾客发货。如果不要求对零部件进行最后组装的话，可以在注模两天后发货。

有时需要对最终产品进行组装，通常是将金属导线插入塑料连接器。如果需要组装的话，在订单发货前还需要再多等3天的时间。最近，定制模具公司声称对需要制造模具的零部件，其提前期只要3周。

（2）变化的环境。2013年年初，定制模具公司经理开始认识到他们所供应的电子行业以及他们自己的业务都发生了变化。传统上，电子制造商使用纵向整合，一直到零部件的生产，以降低成本和保障零部件的及时供应。但是到了21世纪初，这种趋势发生了变化。制造商正在与零部件供应商发展战略伙伴关系，以保证质量好、成本效益高的零部件的及时供应。这种方法可以使资金用于能够获取更高投资回报的其他地方。

以上变化对定制模具公司的影响可以从过去3年的销售数据中看出。销售组合有所变化。虽然每年模具订单的数量实际上维持不变，但多模具的订单在减少，如表3-1所示。

表3-1 模具的订单变化

订单大小/种	订单数量/份		
	模具（2010年）	模具（2011年）	模具（2012年）
1	80	74	72
2	60	70	75
3	40	51	55
4	5	6	5

续表

订单大小/种	订单数量/份		
	模具（2010年）	模具（2011年）	模具（2012年）
5	3	5	4
6	4	8	5
7	2	0	1
8	10	6	4
9	11	8	5
10	15	10	5
订单总量/份	230	238	231

塑料零部件则相反，每年的订单数量在减少，但订单的批量却增大了，见表3-2。

表3-2 塑料零部件的订单变化

订单大小/件	订单数量/份		
	零部件（2010年）	零部件（2011年）	零部件（2012年）
50	100	93	70
100	70	72	65
150	40	30	36
200	36	34	38
250	25	27	25
500	10	12	14
750	1	3	5
1 000	2	2	8
3 000	1	4	9
5 000	1	3	8
订单总量/份	286	280	277

同一时期，定制模具公司开始出现交货方面的问题。顾客开始投诉零部件订单要拖上4~5周时间，而不是所声称的3周时间，这种延误打乱了生产进度计划。当被问及这种情况时，主调度说要确定一个特定订单可以承诺的交货时间是十分困难的。瓶颈出现在生产过程中，但是可能在何时何处出现却无法预知，看起来总像是从一个运营流程转移到另一个运营流程。

公司经理认为，工厂在模具制造区有富余的劳动力能力。因此，为了向前推进那些落后于进度的订单，他指定一名熟练技工识别并加快处理这些延迟的订单。但是这种措施看来起不了作用。仍然还会收到有关交货延迟的投诉。更加糟糕的是，最近有两份订单由于零部件的次品数量过多而被退货。经理知道必须要有所作为，但问题是该做些“什么”？

1. 定制模具公司经理面临的主要问题是什么？

2. 定制模具公司流程的竞争优先级以及行业变化的特点是什么？

3. 定制模具公司经理可以选择什么流程？当他们进行选择时，应该考虑的关键因素是什么？

实践与训练

一、实训目的

1. 深化对产品开发与流程设计的理论知识、方法的理解。

2. 提高学生理论知识的应用能力。

二、实训要求

1. 实训以3~5人的小组来完成。

2. 学生可以通过选择一些比较有代表性的服务业企业进行访问调查，了解这些企业提供的主要服务，分析产品的构成要素，形成产品的整体概念。

3. 通过观察与交谈，了解这些企业服务产品的处理流程。

4. 完成服务套餐及其流程设计的实训报告。

三、成果与考核

成果与考核主要依据小组的实训报告以及小组长对小组成员参与度的鉴定评定成绩。

第4章

设施选址与布置

知识目标

1. 领会影响选址的环境因素。
2. 掌握企业选址的一般程序和选址方案的评估方法。
3. 领会设施布置的基本问题和基本类型。
4. 掌握设施布置的方法。

技能目标

运用选址决策、设施布局决策的理论知识评价某个组织设施选址及设施布局的合理性。

先导案例

家乐福配送中心选址案例

根据经典的零售学理论，一个大卖场的选址需要进行几个方面的测算：第一，商圈里的人口特征及其消费能力。在选址的时候，往往需要确定商圈大小，对商圈所覆盖的片区进行细化，确定这片区域内各个小区的人口特征，计算不同区域人口的数量和密度、年龄分布、文化水平、职业分布、人均可支配收入等指标。家乐福的做法还会更细致一些，根据这些小区的远近程度和居民可支配的收入，划定重要的销售区域和普通的销售区域。第二，需要研究这片区域内的城市交通和周边商圈的竞争情况。对于那些交通不太方便（公交线路不多）的地区，家乐福上海大卖场的做法非常聪明，例如，家乐福古北店周围的公交线路不多，家乐福就自己租用公交车在一些固定的小区穿行，方便那些交通不太方便的小区居民上门一次购买一周的生活用品。在其他零售企业，包括沃尔玛等在内的巨头普遍都这样做，例如，沃尔玛福州五四北卖场，由于位置较为偏远，沃尔玛自己开通了中巴免费公共汽车在多个区域穿行。另外，未来潜在的销售区域会受到很多竞争对手的挤压，所以家乐福也会将未来所有的竞争对手考虑进来。

家乐福内部的一份资料显示，有60%的顾客在34岁以下，70%是女性，有28%的人步行而来，45%通过乘坐公交车而来。家乐福各个大卖场就是根据目标顾客的这些信息来微调各个分店的商品线。能体现家乐福独具匠心的是，家乐福在上海的每家店都有小小的不同，在虹桥店，因为周围的高收入群体和外国侨民比较多，其中外国侨民占到了家乐福消费群体的40%，所以，虹桥店里的外国商品特别多。南方商场的家乐福因为周围的居住小区比较分散，在商场里开了一家电影院和麦当劳，以增加自己吸引较远人群的力度。青岛的家乐福做得更到位，因为有15%的顾客是韩国人，所以干脆做了许多的韩文招牌。

4.1 选址规划

设施选址是企业运作系统启动的第一步，它对企业战略的实施具有直接的影响，对企业以后的经营结果具有先天性的决定意义。对于制造企业来说，选址是其控制成本的主要决定因素；对于服务业企业来说，选址是获取收益的主要决定因素；对于跨国企业来说，公司各部门的选址是其全球价值链的重要组成部分。

4.1.1 设施选址的基本问题

所谓设施，是指生产运作过程得以进行的硬件手段，通常由工厂或商店、办公楼、车间、设备、仓库等物质实体构成。所谓设施选址，是指运用科学的方法决定设施的地理位置，使之与企业的整体经营系统有机结合，以便有效、经济地达到企业的经营目的。

设施选址包括两个层面的问题：

（1）选位，即选择什么地区（区域）设置设施，沿海还是内地、南方还是北方，等等。在当今全球经济一体化的大趋势下，或许还要考虑是国内还是国外。

（2）定址。地区选定之后，具体选择在该地区的什么位置设置设施，也就是说，在已选定的地区内选定一片土地作为设施的具体位置。

设施选址的重要性首先在于一个设施的位置对设施建成后的设施布置以及投产后的生产经营费用、产品和服务质量以及成本都有极大而长久的影响；一旦选择不当，它所带来的不良后果不是通过建成后的加强管理、完善管理等其他措施可以补救的。因此，在进行设施选址时，必须充分考虑多方面因素的影响，慎重决策。其次，除新建企业的设施选址问题以外，近二三十年以来，随着经济的发展、城市规模的扩大以及地区之间的发展差异，很多企业面临重新迁址的问题。比如欧美、日本等经济发达国家为了利用廉价的劳动力资源、土地资源以及其他有利条件，纷纷把公司总部、工厂由城市迁往郊区、农村以及经济还处于发展中的国家。在中国，由于城市土地价格的急剧上涨、城市规划建设的调整以及空气质量的恶化，类似的趋势也在发生。因此，很多企业都面临着设施选址的问题。

4.1.2 生产设施选址的影响因素

设施选址的影响因素可以分为两个层面：选择地区时的影响因素和选择具体位置时的影响因素。

1. 区域影响因素

（1）市场所在地。在选址决策中，使企业坐落靠近企业产品和服务出售的市场是头等重要的事情。

（2）原材料所在地。对许多企业来说，原材料所在地是企业选址决策的一大考虑因素。原材料因素对选址决策影响最大的莫过于采掘工业，因为这些产业要依靠来自海洋、农场、森林和矿山的原料。

（3）便捷的物流设施。便捷的物流设施对生产运作系统卓有成效的运转至关重要。

（4）协作企业的相对位置。与协作企业的相对位置已成为企业选址考虑的一个越来越重要的因素。

（5）劳动力供应。人力是生产运作系统主要投入要素之一。与企业选址有关的劳动力问题包括：有多少潜在的劳动力可供雇佣？他们的技术和受教育程度如何？这些劳动力的生产率水平又怎样？劳动力费用及有关的福利待遇的高低，以及缺勤和流动情况又怎样？同劳动力费用有关的生活费用水平又是怎样的？有时，潜在的劳动力数量不足以表明劳动力供应本身的充裕性。

（6）气候。企业对气候有着明显的要求。不过，由于控制温度、尘埃、烟雾和湿度的技术的开发，现在有可能在全国任何地方于厂内建立所需要的气候条件。

（7）政策、法规条件。在某些国家或地区设置设施，可能会得到一些政策上的优惠待遇，例如我国过去实施过的经济特区、经济开发区、某些低税率国家或地区等。这也是当今跨国企业在全球范围内选址时要考虑的重要因素之一。

2. 地点影响因素

（1）可扩展性。选址的新趋势：场所面积要大，以便日后的扩展。

（2）排水和土壤条件。

（3）供水条件。一定数量洁净而又无害的水源是一切生产运作所不可缺少的。有些行业不但需要大量的水资源，而且还规定生产用水要含有某些化学、温度和细菌学上的特性。食品加工企业的地址须有丰富的净水供应；某些酿造企业的供水须有某种特定的酿造特性。

（4）废料处理和环境保护。废料处理已经成为生产作业的一项例行工作，但也可能成为选址决策的一个重要问题。人们和社区对待污染所持的反对态度连同生产废料的处理问题，给选址决策带来了一个十分重要的趋势，即企业在选择厂址时应仔细考虑厂址的环境影响。

（5）土地及开发的费用。

此外，还有其他一些因素，诸如政府的社会经济发展规划、人口构成及收入水平、融资条件等。值得说明的是，在具体选址过程中，应该具体问题具体分析。不同性质、不同类型的企业在不同时期的选址决策考虑的重点因素也不同。

案例 4-1

影响呼叫中心选址的因素

由于越来越多的公司决定将接受预订和订单或提供客户服务的流程进行外包，使呼叫中心这一行业在过去 10 年里得到繁荣发展。目前，在美国有 6 万多家呼叫中心。有一项调查发现：呼叫中心每年总开销的 70% 用于支付劳动力成本，而房地产方面的开销却不到 5%。近 10 年来，德克萨斯州的新增呼叫中心数在美国各州中名列第一，其呼叫中心的数量在 10 年的时间里翻了一番。据估计，在 20 世纪 90 年代，有 113 家呼叫中心设在德克萨斯州，而排在第 2 位的佛罗里达州则开设了 81 家。过去，大多数呼叫中心都设在州内的大城市地区，但是现在像大斯普林、McAllen 以及布朗斯维尔这样较小的城市也开始在其中占有一席之地。

导致德克萨斯州内的小城市成为呼叫中心选址有利场所的是两个主要因素：充足的廉价劳动力和为了吸引企业落户而提供的激励政策。总部位于丹弗市的 StarTek 公司在西德克萨斯拥有 2.3 万人口的大斯普林市开设呼叫中心之前，这里的失业率已达到 6%，公司举办的一次招聘会吸引了 1 200 名应聘者。新员工刚开始的薪金为每小时 6.5 美元，大大低于大城市索要支付的工资水平。为了促成这件事情，大斯普林市向 StarTek 提供了 230 万美元的无息贷款。小城市更愿意为这类经济发展提供政府资助，因为更小城市需要更多的就业机会。呼叫中心雇用了好几百名员工，提供了就业岗位和一定的技术培训，为小城镇涉足高新科技产业迈出了第一步。

德克萨斯州的其他一些有利因素还有：它地处中央时区（可以很便利地到达东海岸和西海岸的两个市场）、先进电信设施（例如光纤线路和数字交换系统）以及良好的制度环境。德克萨斯州的法律规定，只要通话的双方中有任何一方同意就可对电话进行录音，这意味着对客户的谈话进行录音时不需要通知他们，因为要得到他们的允许就会使呼叫流程的速度变慢。而且该州也没有像有些州那样对本州以外的长途电话征收消费税和营业税。边境城市还可以提供双语员工——这是为了与讲西班牙语的客户进行交谈。由于有更多的公司将其业务向拉丁美洲扩展，所以这一优势就显得特别重要。

分析提示：不同企业选择营业地址考虑的因素不同，这需要根据企业的产品或服务、成本结构等来分析，其中有些是主要因素，有些是次要因素。

4.1.3 服务业设施选址的主要影响因素

制造业企业选址决策重点在于追求成本最小化，而服务业企业选址决策的目标是实现收入最大化。这是因为制造业成本往往随着地区的不同而有很大差异，而服务业的成本在一个市场范围内变动不大。因此，对于一个服务企业而言，特定的选址更多的是影响其收入，而不是成本，这也就意味着服务业企业选址决策的重点在于确定销售量和收入的多少。

从服务设施的角度出发，服务可分为三类：顾客到服务提供者处、服务提供者到顾客处、服务提供者与顾客在虚拟空间内完成交易。如果顾客必须到服务提供者处，那么服务设施选址就需要考虑与制造业设施截然不同的因素，即必须考虑服务设施对最终市场的接近与分散程度，设施必须靠近顾客群。例如，宾馆、饭店、银行、商场、理发店等，其设施位置对营业收入有直接的影响，该设施周围的人口密集度、收入水平、交通条件、人流方向等，将在很大程度上决定这类企业的营业收入。如果服务的进行需要上门服务，例如电器维修、家庭清洁、搬家、快递等，交通条件和工具成为设施选址时考虑的关键因素。服务提供者与顾客在虚拟空间内完成交易是指顾客和服务提供者通过信件、电话、计算机网络等通信方式完成交易过程，例如网络银行、网络购物、网上订票等，这种类型企业的设施要求比较简单，选址时考虑较多的是网络是否顺畅、物流配送等是否便捷等。

此外，对于制造业企业的设施选址来说，与竞争对手的相对位置并不重要，而在服务业，可能是一个非常重要的因素：在有些情况下，选址时应该有意识地避开竞争对手，但在商店、快餐店的情形下，靠近竞争对手可能是更好的选择。因为在这种情形下，可能会有一种“聚集效应”，即将几个竞争厂商聚集在一个地点会比将同样的店铺分散在不同的地方吸引更多的顾客。认识到这一效应的存在，一些公司在选择新址的时候就采取跟随策略。

与制造业企业的设施选址问题类似，服务业企业的设施选址问题也包括两个层次：一是选择一个地区，二是在该地区内选择一个地点。显而易见，选择地区和选择地点时的考虑因素是不尽相同的。一般来说，服务业企业选择地区时的考虑因素主要有三个：该地区的顾客特点（人口密集度、平均收入水平等）、公用基础设施（道路、水、电等资源的可利用性）、与顾客的接近程度以及可利用的劳动力的素质。但是，对于不同服务行业的企业，仍然会有不同的考虑。有些服务行业的设施选址由于必须考虑接近顾客，因此受到很大的约束，如医院、学校、邮局、洗衣店等，而另外一些行业，如运输、仓储、批发等企业，这方面的约束较少。选择地点时主要考虑因素是周围的可扩展性（包括停车场）、租金以及交通是否方便等。例如，对于大型零售企业，必须考虑有足够的停车场和交通便利，而对租金并不是很敏感。较小的劳动密集型企业通常对低租金更感兴趣，而大公司则需要对周围的可扩展性做更多的考虑。

案例 4-2

肯德基选址

肯德基对快餐店选址是非常重视的，其选址成功率几乎是百分之百，选址是肯德基的核心竞争力之一。其具体做法是：首先，划分商圈类型。以北京为例，有市级商业型（西单、王府井等）、区级商业型、定点（目标）消费型，还有社区型、社区商务两用型、旅游型等。然后，选择商圈。比如政府有关部门说要开某条路，在什么地方设立广场，将来哪里有可能成为成熟商圈等，但肯德基一定要等到商圈成熟稳定后才进入，比如说这家店三年后效益会多好，对现今没有帮助，前三年难道要亏损？肯德基投入一家店要花费好几百万元，当然不冒这种险，一定是遵循比较稳健的原则，保证开一家成功一家。为了规划好商圈，肯德基开发部门投入了巨大的努力。以北京肯德基为例，其开发部门常常跑遍了北京的各个角落，对每条道路的变化和每座建筑的变化都了如指掌。

分析提示：服务企业的选址与制造加工等生产企业的选址考量因素有很大不同，企业产品的辐射半径、销售收入、选址接近市场以及交通便利性是更为重要的因素。

最后还要注意的是，在当今技术进步日新月异的环境下，在很多服务业企业，传统的服务地点的选择模式已经发生变化。例如，传统的银行营业网点布局通常要考虑每一服务半径的人群和要求服务的频率，但现在越来越多的简单服务被 ATM 机、网上银行等所取代，导致银行在营业网点的布局上发生了很大变化。又如，传统的粮油、食品、副食品店的选址历来是靠近居民区，而现在很多大型超市的选址则更看重交通便利、停车方便的位置。因此，企业在考虑服务设施选址问题时，需要思考更多的问题：如果服务不能在一个方便的地方提供，顾客的购买行为是否会改变？服务的可得性和方便性对企业的竞争能力到底有多大影响？能否通过设施地点的改变创新服务，形成竞争优势？如何利用新技术、新系统、新流程来确定最优设施地点？其他企业的设施位置决策是否会对本企业产生影响？等等。

4.1.4 制定选址决策的一般程序

企业设施选址决策通常包括以下四个步骤。

(1) 明确企业设施选址的目标，列出评价选址地点优劣的标准。一般来说，制造业企业设施选址的目标是追求成本最小化；服务业企业设施选址的目标是追求收益最大化。选址的第一步就是要明确企业选址的目标是什么，然后根据具体的目标，列出评价设施选址地点优劣的标准。

（2）识别选址决策所要考虑的重要因素。例如，市场位置、原材料产地、交通条件、劳动力供应等。

（3）找出可供选择的设施选址方案，并列出可供选择的地点。

选址方案：一种方案是扩建现有的系统规模。当选择这种方案时，选址工作就比较简单，需要注意的问题只是现有的地点是否具有扩建余地，不需要考虑重新选择地址的问题。

另一种方案是在保留现有系统设施的基础上，在其他地点增加新的地点。此时，对制造业企业来说，因为两个厂址之间会存在业务联系，新增加的厂址不能距原地点太远，否则会增加不必要的运输费用。对服务业企业来说，新店的选址需要考虑的因素包括交通的便利性、劳动力条件、与供应商的距离、物流配送条件、租金和税金问题以及政府政策等。在通常情况下，增加新的厂址是扩张性战略的一种反映。

第三种方案是选择放弃现有厂址，迁移到新的地点。产生这种选择有以下三种原因。

第一，迫于环保的压力。

第二，原厂址的选择违背科学规律。例如，在20世纪80年代之前，我国的工业企业基本上分布在山区，主要原因是为了预防战争可能造成的破坏。改革开放后，这些工业企业迫于运输成本的压力，纷纷向沿海、城市等交通便利的地区迁移。

第三，由于行业环境、自然条件、政府政策等影响选址的因素发生变化，使得企业不得不做出迁址的选择。例如，原材料供应地的原材料资源已经耗尽，这时企业就不得不寻找新的厂址。

迁址要考虑的因素也很多。例如，企业必须对进行迁址的成本及因此而获得的利润与留在原址的成本和利润进行比较与权衡。此外，市场的转移、运输成本的变化等也是要慎重考虑的重要因素。

可供选择的地点：在企业做出具体的选址决策之后，就要找出几个可供选择的地点。一般按照先选择一般性地区（比如，中国），再选择具体地区（比如，华东地区、华北地区），最后选择具体位置（比如，上海、北京）的顺序。

（4）选择适宜的选址方案评价方法，评估几种选择并做出选址决策。常见的方法包括因素评分法、重心法、运输模型及用于服务业设施选址的直接推断法等。

4.1.5 生产设施选址的评价方法

对待选择的方案进行评估，是选址程序的最后环节。常见的选址方案评估方法有因素评分法、重心法、线性规划法等。

1. 因素评分法

因素评分法作为一种决策技术，在现实中应用广泛。这里介绍因素评分法在企业选址决策时的应用。它的价值在于：对每个备选方案的各种相关因素进行综合评分，从而为评估提供合理的基础，有利于对备选地点进行比较和选择。因素评分法的一个限制就是在决策过程中会或多或少地融入决策者的主观因素，使得根据这种方法做出的评估和决策可能不够客观。

因素评分法的步骤：

（1）列出相关因素（如市场位置、原材料供应、社区态度、运输条件、环保法规等）。

（2）对每个因素赋予一个权重，不同方案的相同因素的权重值一致，每个权重代表每个因素的相对重要性，各权重之和为 1.00。

（3）给所有的因素确定一个统一的评分取值范围（如百分制：1~100），并在这个范围内就每个因素对每个方案进行打分。

（4）将每个因素的得分与其权重值相乘，再把每个方案各因素的乘积数相加，得到各个备选方案的总得分。

（5）比较各方案的总得分，选择总分最高的方案。

【例 4-1】 一家纺织服装企业要新开一家分厂，表 4-1 是三个备选地点的信息。

由表中可以看出，这三个地点的总分差距并不大，但是地点 2 的总分高于其他两个地点，如果没有其他情况，按照因素评分法，将选择地点 2 作为分厂的地址。

2. 重心法

重心法主要用于选择配送中心或中转仓库的情形。为了使分销成本降到最低，它把分销成本看作运输距离和运输数量的线性函数，求得使分销成本最小的位置，作为目的地（重心）。

重心法假设在同一种运输方式下，运输数量不变，运输单价相同。

重心法的步骤如下：

（1）建立坐标体系，确定各地点在坐标体系中的相对位置；

表 4-1　备选地点信息

因素	权重	得分			加权得分		
		地点 1	地点 2	地点 3	地点 1	地点 2	地点 3
(1)	(2)	(3)	(4)	(5)	(2) × (3)	(2) × (4)	(2) × (5)
交通条件	0.15	100	70	80	15	10.5	12
工资水平	0.05	80	80	100	4	4	5
原料供应	0.30	50	90	70	15	27	21
职业教育	0.05	40	80	60	2	4	3
市场	0.20	90	60	80	18	12	16
劳动力	0.15	80	90	60	12	13.5	9
公用设施	0.10	50	80	100	5	8	10
合计	1.00				71	79	76

（2）运用计算公式，计算出重心的横、纵坐标值，并在坐标体系中找到其相应的位置。一般的计算公式如下：

$$C_x = \sum d_{ix} V_i / \sum V_i ;$$

$$C_y = \sum d_{iy} V_i / V_i$$

式中 C_x——重心的横坐标值；

C_y——重心的纵坐标值；

d_{ix}——第 i 地点的横坐标值；

d_{iy}——第 i 地点的纵坐标值；

V_i——第 i 地点运往目的地的运输量；

n——企业现有生产经营设施数量。

若运往各地的产品数量是一样的，公式可以简化为

$$C_x = \sum d_{ix}/n; C_y = \sum d_{iy}/n$$

【例 4-2】 某制造公司要在 A、B、C、D 四个分厂之间设立一个仓库 M，各分厂的分布及其到仓库的物流量如图 4-1 和表 4-2 所示，问 M 应设在何处？

解：用重心法求 M 的坐标值 C_x 及 C_y：

C_x = （200×1 000+450×500+500×1 500+600×2 000）/（1 000+500+1 500+2 000）
= 475

C_y = （40×1 000+60×500+70×1 500+50×2 000）/（1 000+500+1 500+2 000）
= 55

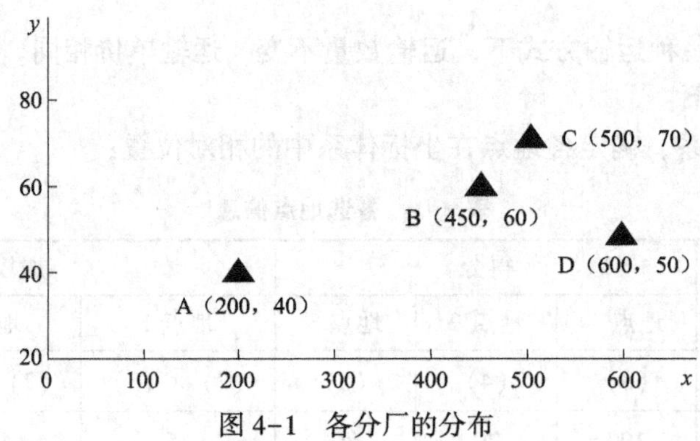

图 4-1　各分厂的分布

表 4-2　各分厂的物流量

位置（x、y 轴的坐标值）	各分店到配送中心的物流量/吨
A（200，40）	1 000
B（450，60）	500
C（500，70）	1 500
D（600，50）	2 000

可见，重心的位置 M 为（475，55），分布如图 4-2 所示。

3. 线性规划法——运输模型

运输成本有时在选址决策中成为非常重要的考虑因素。这是因为原材料运输或成品运输中均会产生运输成本。运输模型是一种用来在 m 个“供应源（产地）”和 n 个“目的地（销售地）”之间决定一个物资分配方案，使得运输成本最小。这是一种可用来进行设施网络选址的优化方法。运输模型有助于解决设施网络中的物料运输问题，其目的是要决定一个

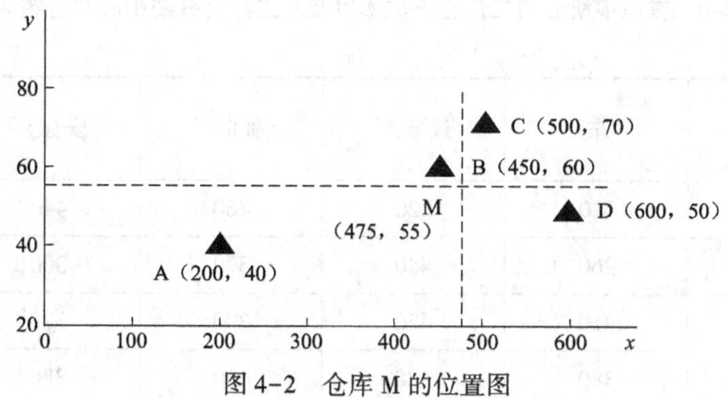

图 4-2　仓库 M 的位置图

最佳运输模式，以便将货物从多个供应地发送到多个需求地，并且实现整个生产、运输成本的最小化。

运输模型基本格式如表 4-3 所示。这里介绍的是一个平衡运输问题，即产地的总产量恰好与销售地的总需求量相等。根据给定的条件，已经知道产地的产量、销售地的需要量，以及物资从产地运到销售地的单位运价，需要求解的是，在不超过产地生产能力、保证销售地需要的前提下，各个产地应该分别运送多少物资到各个销售地去。

表 4-3　运输模型基本格式

物资运量		至销售地				产量
		B_1	B_2	…	B_n	
从产地	A_1	C_{11}	C_{12}	…	C_{1n}	a_1
	A_2	C_{21}	C_{22}	…	C_{2n}	a_2
	…	…	…	…	…	…
	A_m	C_{m1}	C_{m2}	…	C_{mn}	a_m
需求量		b_1	b_2	…	b_n	$\sum_{i=1}^{m} a_i = \sum_{j=1}^{n} b_j$

这里，通过一个具体例子来说明使用这种方法解决设施网络中的选址问题。

【例 4-3】某电视机公司目前在广东和辽宁各有一家整机厂，它们的每周生产能力分别为 27 000 台和 20 000 台。另有五家销售中心：东北区、华北区、华东区、中南区、西北区，产品销往全国。五个分销中心的预测每周需求量分别为：10 000 台、15 000 台、16 000 台、19 000 台和 12 000 台。产品从工厂运到销售中心，再从各中心运往零售店。西北区销售中心是最近新建的，以便于公司进一步开拓西北市场，并为进入中亚和东欧市场做准备。为了扩大市场份额，公司决定新建一个每周生产能力为 25 000 台的整机厂。经过考察，已初步选定三个地点：安徽、陕西和湖北。有关每个工厂的生产成本和分配费用如表 4-4 所示。拟建中的新工厂每周 25 000 台彩电的能力是根据各销售中心预测的平均值确定的。分配费用中包括运费、装卸费、库存费用和销售费用。要决策的问题是：在现有两个工厂和五家销售中心的条件下，新厂建在哪个地区能为公司带来最低成本？

表4-4 某电视机公司工厂生产成本以及从工厂到分销中心的分销成本

万元

至 \ 从	广东厂	辽宁厂	湖北厂	安徽厂	陕西厂
东北区	420	320	460	440	480
中南区	360	440	370	300	450
华北区	410	420	300	370	430
华东区	380	480	420	380	460
西北区	500	490	430	450	270
工厂生产成本	2 700	2 680	2 640	2 690	2 620

求解的思路是在原来的基础上分别考察新建一个工厂后的总成本，取最低者为入选厂址。这样就需要建立三个“运输成本表”。分别作三次表上计算，如表4-5、表4-6、表4-7所示。

表4-5、表4-6、表4-7中各格的右上角数据表示生产及分配成本，左下角方框内的数据表示某厂生产的产品运往某销售中心的数量。因此，每一张计算表给出了一个生产分配计划。

表4-5 在湖北建新工厂决策计算表

台

销售中心 \ 生产厂	广东厂	辽宁厂	湖北厂	需求量
东北区	3 120	3 000 [10 000]	3 100	10 000
中南区	3 060 [8 000]	3 120	3 010 [7 000]	15 000
华北区	3 110	3 100	2 940 [16 000]	16 000
华东区	3 080 [19 000]	3 160	3 060	19 000
西北区	3 200	3 170 [10 000]	3 070 [2 000]	12 000
生产能力	27 000	20 000	25 000	72 000

在湖北设新厂后的总成本：生产成本 = 19 250 万元，分配成本 = 2 645 万元，合计总成本为 21 895 万元。

表 4-6 在安徽建新工厂决策计算表

台

销售中心＼生产厂	广东厂	辽宁厂	安徽厂	需求量
东北区	3 120	3 000 10 000	3 130	10 000
中南区	3 060	3 120	2 990 15 000	15 000
华北区	3 110 8 000	3 100	3 080 8 000	16 000
华东区	3 080 19 000	3 160	3 070	19 000
西北区	3 200	3 170 10 000	3 140 2 000	12 000
生产能力	27 000	20 000	25 000	72 000

在安徽设新厂后的总成本：生产成本 = 19 375 万元，分配成本 = 2 696 万元，合计总成本为 22 071 万元。

表 4-7 在陕西建新工厂决策计算表

台

销售中心＼生产厂	广东厂	辽宁厂	陕西厂	需求量
东北区	3 120	3 000 10 000	3 100	10 000
中南区	3 060 15 000	3 120	3 070	15 000
华北区	3 110	3 100 10 000	3 050 6 000	16 000
华东区	3 080 12 000	3 160	3 080 7 000	19 000
西北区	3 200	3 170	2 890 12 000	12 000
生产能力	27 000	20 000	25 000	72 000

在陕西设新厂后的总成本：生产成本 = 19 200 万元，分配成本 = 2 640 万元，合计总成本为 21 840 万元。

比较上述三个方案的总成本，陕西方案的总成本最低，所以选定陕西方案。

这是一种最优化方法，类似这种用于处理选址问题的方法还有很多。不难发现，这些最优化方法在解决实际问题时，约束条件是相当复杂的，如果要考虑种种的约束条件，建立模型的工作会变得非常困难和难以计算。最好在建立模型以前先作定性分析，去掉一些次要条件，抓住关键因素，通过简化模型，以取得比较满意的结果。在实际的选址决策中，往往是定性的方法比定量的方法更有价值，采取以定性方法为主，定量为辅的态度是比较妥当的。

4.1.6 服务业设施选址的评估方法

1. 直接推断法

这种方法是库马瓦拉（Khumawala）于1972年提出的。下面结合一个实例加以说明。

【例4-4】某医务系统想在一个地区设两个医疗所为四个乡镇提供就诊服务。假定考虑的地点为乡镇中心，每个乡镇的人口分布均匀，又假定各乡镇每年就诊于各医疗所的人数及权重（即反映相对重要性）都已明确，如表4-8所示。要解决的问题是，确定两个医疗所的位置，使其为四个乡镇服务的费用最低（或移动距离最短）。

表4-8 各乡镇就诊于各医疗所的人数及权重

从乡镇	到医疗诊所的距离/千米				乡镇人口数/人	权重
	A	B	C	D		
A	0	11	8	12	10 000	1.1
B	11	0	10	7	8 000	1.4
C	8	10	0	9	20 000	0.7
D	12	7	9	0	12 000	1.0

采用直接推断法的步骤如下：

（1）计算从各乡镇到各医疗所的总移动距离（总移动距离=距离×人口数×权重），并绘制人口—距离表，如表4-9所示。

（2）框出每一行中除零以外的最小数，这个数表示撤销零所在的医疗所后，所增加的最低服务费用。在所增加的服务费用的最小值中选取最小值，用直线划掉该最小值所在行中的零所在的列，表示该列所在的医疗所被取消。表4-9中每一行所增加的最小服务费用分别为：88、78.4、112和84，其中最小值为78.4，因此，去掉医疗所B。

（3）从与去掉的医疗所名称相同的乡镇所在行中，减去（2）中所选取的最小服务费用，然后将经过取消和扣除后的数字排成新的矩阵表。如果剩下的医疗所数已符合目标要求，则决策过程结束。如果尚多，还需重复（2）和（3）。如从表4-9中去掉B列后，再从B行减去78.4，得到第一次改进后的人口—距离表，如表4-10所示。

表4-9 人口—距离表

从乡镇	每万人到医疗诊所的距离/千米			
	A	B	C	D
A	0	121	88	132
B	123.2	0	112	78.4
C	112	140	0	126
D	144	84	108	0

经过第一次改进后，与医疗所目标数相比还多出一个医疗所，重复（2）和（3）。需要注意的是，在进行下一次改进时，不再考虑前一次已经去掉的医疗所对应的行。如在表4-10中，不再考虑B行，仅从A、C、D行中选取最小值为88，去掉医疗所A，并从A行中减去88，由此得到表4-11。

表4-10 第一次改进后的人口—距离表

从乡镇	每万人到医疗诊所的距离/千米		
	A	C	D
A	0	88	132
B	44.8	33.6	0
C	112	0	126
D	144	108	0

表4-11 第二次改进后的人口—距离表

从乡镇	每万人到医疗诊所的距离/千米	
	C	D
A	0	44
B	33.6	0
C	0	126
D	108	0

现在问题解决了，选定在乡镇C、D设医疗所，其中C为乡镇A和C服务，D为乡镇B和D服务。这样，可以保证全年的服务费用最低，其值=88+78.4=166.4。

2. 零售商店选址评估方法

由于零售业90%以上的销售额都是在商店内实现的，因此商店位置选择就自然成了一个关键的战略决策问题。零售界最古老的格言之一"位置，位置，还是位置"揭示了零售企业成败的关键因素。一般来说，如果商店位置好，即使战略组合一般，也容易获得成功。零售商店选址决策包括以下四个步骤。

（1）评价每个地理区域的居民及现有商店的特点——商圈分析；

（2）评价是在一个未规划的商业区内开设孤立商店，还是在该区域内一个规划的购物中心内开设新店——商店位置类型选择；

（3）选择孤立商店、无规划商业区或规划的购物中心的位置——寻找大体位置；

（4）分析在特定的零售区域类型中可供选择的商店位置——选定具体位置。

商店店址选择的第一步是描述和评估可供选择的商圈，然后在此基础上做出最佳选择。商圈是指"经营某种商品和服务的某家或某类企业的顾客分布的地理区域"。商圈一旦选定，就应该定期对其人口特点、经济基础特点、竞争状况与市场饱和度进行考察分析。

零售商在评价可供选择的商圈后，需要选择商店的大体位置以及具体店址。企业应识别三类基本的商店位置的优劣势，并从中选择一种。这三类基本的商店位置类型：孤立商店、无规划商业区以及规划的购物中心。比如，无规划商业区是两家或多家商店坐落在一起或相互邻近的购物区，但商店的组合并非基于长期的计划。无规划商业区的优点有：商品、服务以及价格多种多样，靠近商务和公共设施，客流量大。然而这类位置的缺点限制了其进一步发展，这些缺点有：停车场地紧张，设施陈旧，受顾客欢迎的中心商业区租金高，提供的商品不均衡、交通拥挤等。一旦商店位置类型确定，零售商就必须为其商店确定一个大体的店址。此时企业需要做两方面的决策：第一，必须在孤立商店、无规划商业区或规划的购物中心中确定具体的类型。如果零售商要开一家孤立商店，就需要决定是开在主干道旁还是小街旁。如果选择无规划商业区，则需要确定是开在中心商业区、次级商业区、邻里商业区，还是商业街。试图在规划的购物中心开店的零售商，则需要选定是开在区域购物中心、社区购物中心还是邻里购物中心，或者开在购物中心的衍生形式。第二，零售商必须确定商店的大体位置。对一家孤立商店而言，它意味着选择一条具体的高速公路或者街道。对一个无规划商业区或规划的购物中心来说，则意味着选定一个具体的商业区。最后，要对每个大体区位以及包含其中的具体店址进行评价，表 4-12 归纳了评价商店区位/店址的要素清单。在选择商店地址时，零售商应根据所有标准逐个评价可供选择的位置（和具体店址），并对每一选择做出全面评价。

表 4-12　评价商店区位/店址的清单

评价要素	评 价 内 容
客流	行人的数量、行人的类型
车流	车辆数、车辆类型、交通拥挤程度
停车设施	停车场的数量和质量、停车场到商店的距离、员工停车场的可获得性
交通条件	大规模公交系统的可获得性、靠近主要高速公路、便于送货
商店构成	商店数目和规模、商店之间的互补性、零售的均衡配置
具体店址	可见度、区域内的布局、营业场地的规模和形状、建筑的规模和形状、场地和建筑的状况和使用年限
占用地条件	自有或租用条款、营运和维护费用、税金、区域规划的限制、自愿遵守的规则
全面评价	给出每个位置的总评分、选出最佳位置、选择具体店址

给出总评分并进行比较往往是很困难的，这是因为一个店址在某些方面可能有优势，而在另一些方面可能存在劣势。例如，大体位置可能是一个不错的购物中心，但是在购物中心内的店址可能不理想；或者，某一区域可能有极好的发展潜力，但要花两年才能盖起一座大楼。因此，表 4-12 所列的评价要素还必须加以综合考虑。在进行综合评价时，还必须注意某些不符合零售企业目标要求的因素，例如，租期太短，晚上或周末无客流，承租者与房产所有者的关系欠佳等，从而排除某些店址选择。

4.2 设施布置

设施布置是指在一个给定的设施范围内，对多个经济活动单元进行位置安排，以确保企业内部的工作（材料或作业或顾客）流畅通。由于布局需要投入大量资金和精力，且具有一定的长期性，因此，企业设施布置得合理与否，将会对企业生产运作的成本和效率以及运作战略的实施产生一定的影响。

4.2.1　设施布置的基本问题

设施布置的目的是要将企业内的各种物质设施进行合理安排，使它们组合成一定的空间形式，从而有效地为企业的生产运作服务，以获得更好的经济效果。设施布置在设施位置选定之后进行，它确定组成企业的各个部分的平面或立体位置，并相应地确定物料流程、运输方式和运输路线等。具体地说，设施布置要考虑以下四个问题。

（1）设施应包括哪些经济活动单元？这个问题取决于企业的产品、工艺设计要求、企业规模、企业的生产专业化水平与协作化水平等多种因素。

（2）各个经济活动单元需要多大空间？空间太小可能会影响生产率，影响工作人员的活动，有时甚至容易引起人身事故。空间太大，则是一种浪费，同样会影响生产率，并且使工作人员之间的距离拉长，产生不必要的疏远感。

（3）各个经济活动单元空间的形状如何？每个经济活动单元的空间大小、形状以及结构，这几个问题是紧密相关的。如一个加工单元应包含几台机器，这几台机器应如何排列，占用多大空间等，需要综合考虑。而机器如何排列则需要根据设施空间的形状来决定。根据设施空间的不同形状，机器可以是一字排列，也可以是 U 形或三角形排列。在办公室布置中，办公桌的排列与此相类似。

（4）各个经济活动单元在设施范围内的位置。在设施布置时，要充分分析，综合考虑，合理地确定每个经济活动单元的绝对位置和相对位置。相对位置的重要意义在于它关系到物料流动路线是否合理，是否节约运费与时间，以及通信联络是否便利。同时，还要考虑内部经济活动单位与外部的联系，如将出入口的单元布置在靠近企业设施的主干道边。

4.2.2　设施布置的基本类型

设施布置的三种基本类型是产品原则布置、工艺原则布置和定位布置。产品原则布置最适合于重复性加工，即线性流程和连续流程；工艺原则布置适于间歇性加工，即作业流程；定位布置适用于体积大、重量重的加工对象，即项目流程；最后还有一种由以上三种类型混合而成的布置类型，即混合布置，适合于批量流程。

1. 产品原则布置

产品原则布置的目的在于使大量产品或顾客顺利且迅速地通过生产运作系统。如果企业生产或提供的是一种或少数几种标准化水平极高的产品或服务，采用按产品或服务的技术加工要求来组织和排列设备是很合适的。在这种布置的生产运作系统中，工作被分解成一系列标准化的作业，由专门的按照产品或服务的加工路线或加工顺序排列的人员和设备去完成。由于每一加工对象都是同样的加工顺序，所以可以使用有固定路线的物料运输设备。因此，这种布置往往形成一条线，如图 4-3 所示。在制造业企业，这些线通常被称为生产线或装配线。而在服务业方面，也有将服务运作系统布置成一条线的，图 4-4 给出的是自助快餐馆布置，但这种布置的例子较少，原因是服务需求多变，客户化程度高以至于无法标准化。

产品原则布置的主要优点包括以下七点：

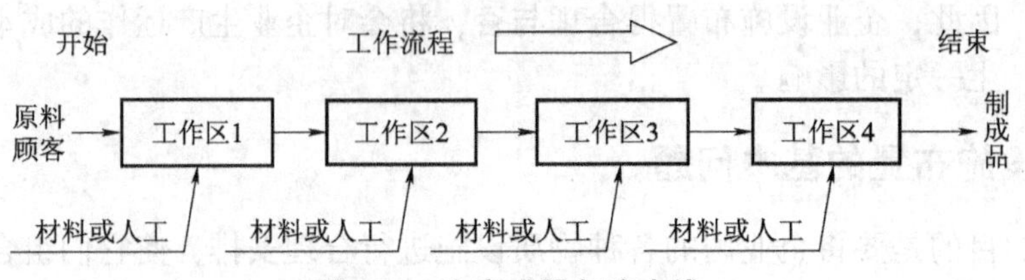

图 4-3 生产或服务流水线

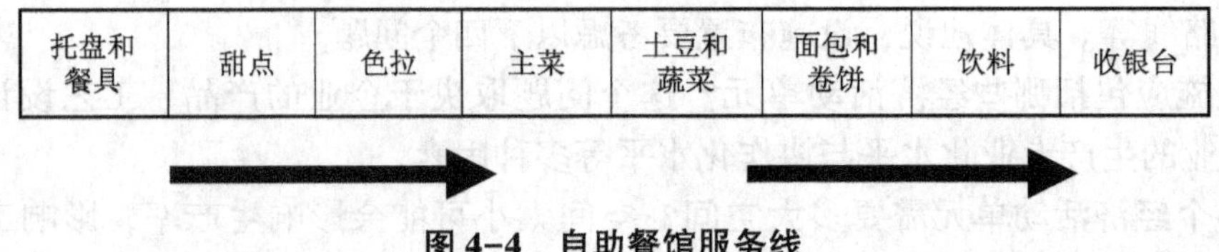

图 4-4 自助餐馆服务线

（1）产量高。

（2）由于产量高，很高的专用设备费用由许多产品来分摊，因此单位费用低。

（3）由于各加工对象都按照相同的加工顺序流动，物料运输大大简化，单位物料运输费用低。

（4）工人和设备的利用率高。

（5）劳动专业化减少了培训费用和时间。

（6）工艺路线选择及进度安排都在系统的初步设计中被确定下来，大大简化了计划工作。

（7）会计、采购及库存控制都相当程序化。

产品原则布置的主要缺点包括以下五点：

（1）分工过细使得工作重复单调，工人几乎没有发展机会，而且可能导致情绪低落和由于连续的过度紧张造成的损伤。

（2）系统对产量变化以及产品或工艺设计变化的适应性差。

（3）个别设备出了故障或工人缺席率高对整个生产运作系统的影响极大。

（4）预防性维修、迅速修理的能力和备用件库存都是必不可少的。

（5）与个人产量相联系的激励计划是不可行的，因为这样会导致各个工人产量不一致，从而对系统中工作流的顺利进行产生不利影响。

在上述缺点中，柔性差的问题，可以通过合理地调整系统内部的布置，提高产品原则布置的生产或服务的柔性。U 形生产线布置就是一个典型的例子，如图 4-5 所示。U 形生产线的优点是明显的，即这种布置使生产线更紧凑，它通常要求的长度是直的生产线的一半；U 形生产线上的工人是在一起的，所以有利于增进工人之间的交流和协同工作；工人不仅可以操作就近的设备，还可以操作对面的设备，因此，工作分派的弹性很大；如果物料进入工厂与制成品离开的是同一个地点，U 形生产线可使物料运输量减至最小限度。

2. 工艺原则布置

工艺原则布置的目的在于使设施系统能够满足多种产品加工或提供多种服务的需求。当企业加工或提供的产品或服务的品种较多，每种产品的产量都不是很大，各种产品的生产只能断断续续地进行时，采用工艺原则布置是有效的。在这种生产运作系统中，设备通常是按

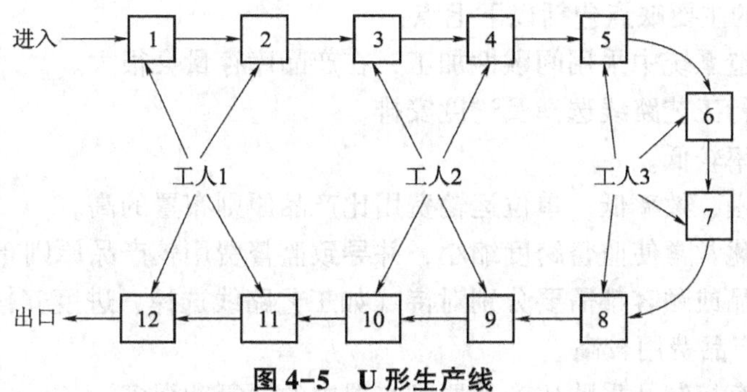

图 4-5　U 形生产线

照其所具有的功能来布置，如制造业企业中的机加工车间，通常布置成钻、车、铣、磨等专门的部门，需要这些设备加工的物品按特定的顺序成批进入这些部门。在这种生产环境下，每种产品或者每组产品都具有不同的作业顺序。按照产品所要求的生产顺序，产品从一个生产部门转移到另一个生产部门，机器设备是根据所要进行的生产工艺类型来进行安排的。图 4-6 展示了电锯和电钻这两种产品的生产工艺。

工艺原则布置的另一个例子是医院或诊所。病人不断地进入诊所，每个人都有自己的诊病要求，要求经过挂号、医生诊断、检查室（血检、尿检、B 超、胃镜、心电图等）、收费、药房、护理室等。

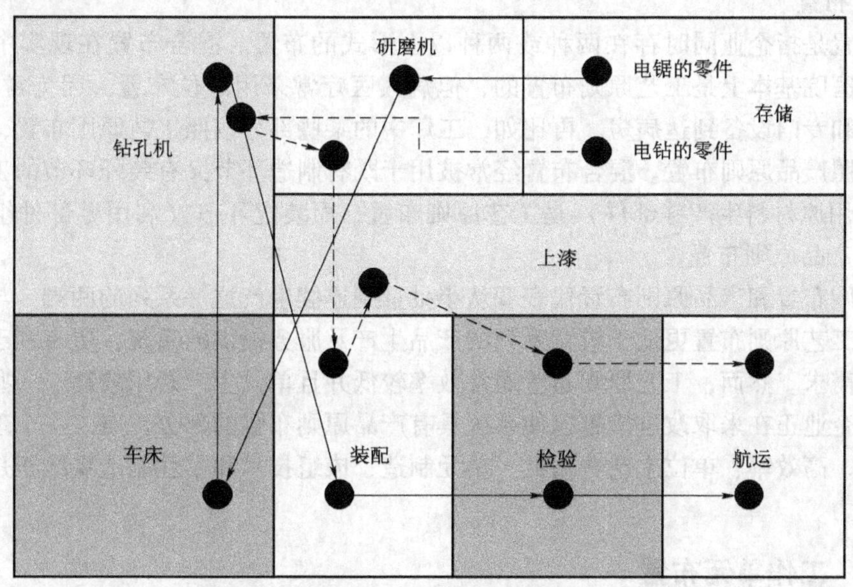

图 4-6　工艺原则布置下两组零件的生产工序

工艺原则布置的主要优点包括以下四点：

（1）系统能满足多样化（不同品种的产品和不同种类的服务）的工艺要求。

（2）系统受个别设备故障的影响不大。

（3）使用通用设备，设备费用较产品原则下的专用设备低，而且维修起来较为方便，费用也较低。

（4）可采用个人激励制度。

工艺原则布置的主要缺点包括以下七点：

（1）如果在制造系统中采用间歇性加工，在产品库存量会很大。

（2）要经常进行工艺路线选择及进度安排。

（3）设备利用率较低。

（4）物料运输慢、效率低，单位运输费用比产品原则布置的高。

（5）工作复杂化常常使监督跨度缩小，并导致监督费用较产品原则布置的高。

（6）对每一产品或顾客都需要分别对待（如工艺路线选择、进度安排、设备调整），而产量低又导致单位产品费用较高。

（7）会计、库存控制及采购比产品原则布置中的要复杂得多。

3. 定位布置

由于重量、体积或其他一些因素使得移动产品不现实或难度极大，产品或加工对象需要停留在某个地方，此时，工人带着材料和设备向其移动并在该位置作业。定位布置广泛应用于耕种，消防，筑路，建房子，修大坝，钻探石油及船舶、飞机的制造等方面。与产品原则布置和工艺原则布置相比，定位布置所处理的是以单件或极小批量生产的产品，且产品是固定不动的。定位布置常常面临空间限制问题，因此，这种布置方式应该把注意力放在对材料和设备运送时间的控制上，以避免堵塞工作场地。在面临空间限制时，可以考虑的一个方法是，将尽量多的工作在远离现场的地方完成。

4. 混合布置

混合布置是指企业同时存在两种或两种以上形式的布置。混合布置在现实中并不难找到，例如，医院基本上是工艺原则布置的，但病人医疗常采用定位布置，因为常需要护士、医生、药品和专门设备到达病房。再比如，工厂中的某些部分按照工艺原则布置，而另外一些部分则按照产品原则布置。混合布置经常被用于既有制造环节又有装配环节的工厂中，制造环节（利用原材料生产零部件）是工艺原则布置，而装配环节（利用零部件组装成最终产品）则是产品原则布置。

工艺原则布置和产品原则布置代表着从小批量到连续生产这一系列的两端。与产品原则布置相比，工艺原则布置更适于较宽系列的产品生产及服务提供的系统，更有利于满足顾客定制产品的需求。然而，工艺原则布置通常效率较低并且单位生产费用较高。一些采用工艺原则布置的企业正在采取改进措施以使系统具有产品原则布置的部分优点。一个理想的系统应富于柔性、高效率、单位生产费用低。单元制造、成组技术和柔性制造系统正是朝这一方向所做的努力。

4.2.3 工作单元布置

工作单元布置是指通过成组技术确定有相似工艺特征的零件并分成零件族，将生产这些零件族所需要的原先分散于各个生产部门的设备和人员组织成一个单元，以便于集中生产这些产品。工作单元布置实际上是产品原则布置的一个缩影。图4-7将工艺原则布置与单元布置做了比较。可以看出，在单元布置中，一组机器完成的是一组（族）相似零件所必需的工艺。因此，同组的所有零件按照相同的路线（尽管可能有一些小的变动）进行加工。

从图4-7的上下两个部分中可以看到，单元布置有许多优点：加工速度快，物料运输量和在制品库存量都较少，并使准备时间缩短。图中A、B、C、D为零件组代码。

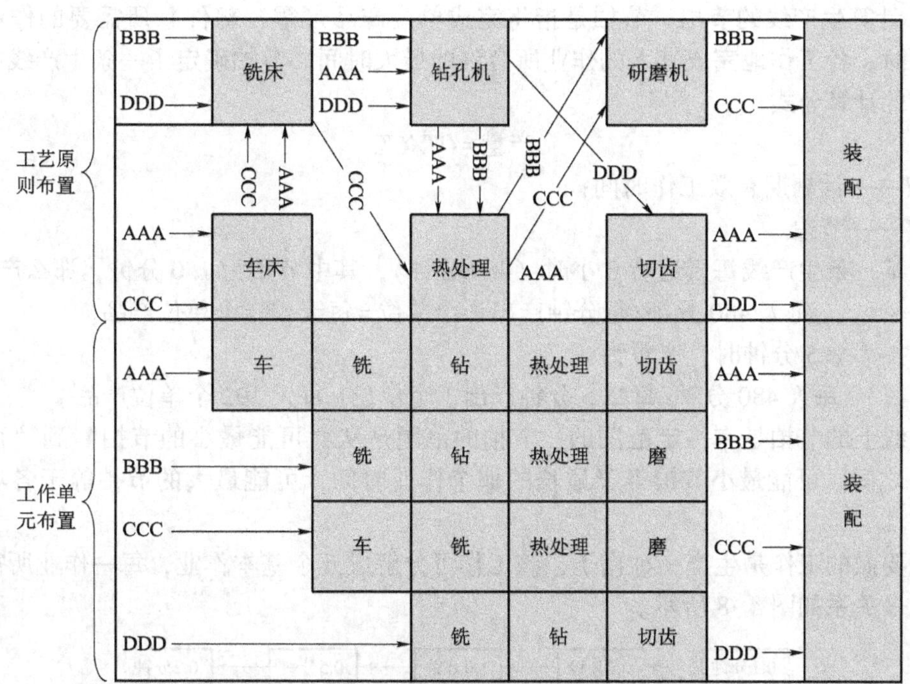

图 4-7 工艺原则布置与单元布置的比较

4.2.4 设施布置的方法

不同类型的设施布置需要采用不同的方法。对于上述四种布置类型，固定布置是不需要考虑布置方法的问题，而需要做的是制定什么样的运作计划可以使作业能够更加顺利地得到实施。混合布置实际也就是产品原则布置与工艺原则布置的结合，因此，这里主要介绍产品原则布置和工艺原则布置的方法。

1. 产品原则的布置方法

在产品原则布置下，设备或工作地之间的相对位置几乎没有其他选择，均按产品的加工顺序或装配顺序排列，产品顺次地从一个工作地流向下一个工作地，直至生产线的最后一个工作地。通常在每个工作地上有一个工人，重复地进行很少的若干种作业，不同的工作地之间很少有库存。在这种布置下，生产线的产出速度等于作业速度最慢的工作地的产出速度。因此，这种方式下的布置方法，主要是使每一个工作地的作业量都大致相等，减少或消除忙闲不均的现象。这就是生产线的平衡问题。

生产线平衡，就是根据生产线节拍的要求，采取各种技术的或组织的措施来调整各个工作地的单件作业时间，使它们大致相等，最理想的状况是等于节拍。组织生产线平衡的基本方法是将整个工作任务细分为许多小的作业元素，然后将有关的作业元素组合成大工序（将基本作业元素打包成可控制的作业包）分配给某个工作地，并使这些大工序的单件作业时间相等或接近于节拍。生产线平衡的目标是分配到各个工作地的作业所需要的时间大致相等，使生产线上的闲置时间最少，提高工人和设备的利用率。

生产线平衡是个复杂的过程，需要解决的问题以及需要确定的因素很多。下面介绍生产线平衡的方法。

（1）计算生产线的节拍。节拍是指将完成单位产品（零、部件）所需要的作业分配到各工作地时，各工作地完成其上的作业所容许的最大时间。节拍确定了一条生产线的产量。

产量的计算公式

$$产量=OT/CT$$

式中 OT——计划期有效工作时间；

CT——节拍。

假定某一条生产线每天运转8小时（480分钟），其中节拍为1.0分钟，那么产量为

每天480分钟/每分钟产出1个单位=每天480个单位产品

当节拍为2.5分钟时，产量为

每天480分钟/每2.5分钟产出1个单位=每天192个单位产品

生产线上的节拍是有一定范围的，节拍的范围是从“可能最小的节拍”到“可能最大的节拍”之间。可能最小节拍等于最长的那个作业时间，可能最大的节拍等于各项作业时间之和。

假定要做的工作是生产一种帽子，该工作可分解成五个基本作业，每一作业所需时间及各作业顺序关系如图4-8所示。

0.1分钟 → 0.7分钟 → 1.0分钟 → 0.5分钟 → 0.2分钟

图4-8 帽子生产的作业顺序

可能最小的节拍等于最长的那个作业时间（1.0分钟），可能最大的节拍等各作业时间之和（0.1+0.7+1.0+0.5+0.2=2.5分钟）。如果利用5个工作地，该节拍就是最小的节拍。如果所有作业都在一个工作地上完成，此时节拍等于可能最大的节拍。

计算最小和最大节拍主要在以下两个方面发挥作用。

第一，确定生产线的产量范围。在本例中，假设每天运转8小时，如果没有平行的作业（如两条生产线），该生产线的产量必定介于每天192~480个单位。

第二，帮助调整计划期产量。一般来说，节拍是由计划产量决定的。就是说，如果计划产量确定后，即可计算出节拍。

节拍的计算公式为

$$CT=OT/D$$

式中 D——计划期的产量。

如果计划期的产量已经确定，根据这个产量计算出的节拍没有处于最大和最小节拍之间，那么就必须对计划期的产量做出调整。

（2）计算生产线所需要的最少工作地数。需要的工作地数量取决于计划期的产量和把基本作业元素分配到工作地的情况。我们可用下面的公式求出工作地数的理论最小值

$$N_{\min}=\left[\frac{\sum t}{CT}\right]$$

式中 $N_{\min}$——工作地数的理论最小值；

$\sum t$——各作业时间之和；

[ ]——表示大于或等于 $\frac{\sum t}{CT}$ 的最小整数。

假设计划期的产量是每天 480 个单位，因此节拍为 480 分钟/480 个单位 = 1.0 分钟，那么为达到这一目标最少所需要的工作地数量为

$$N_{\min} = \text{完成单位产品需要 2.50 分钟/节拍为 1.0 分钟} = 2.5\text{（个工作地）}$$

因为 2.5 个工作地不现实，所以必须取整数为 3 个工作地。因此，实际利用的工作地数将等于或超过 3 个，这取决于把作业组合成作业包的成功程度。

（3）作业分配。生产线平衡涉及如何把作业分配给各个工作地。一般来说，还没有一个方法能保证使作业分配达到最佳效果。管理者多采用启发式的方法，以使作业分配做到尽可能的合理甚至达到最佳。目前用于生产线平衡的启发式方法很多，这里介绍两种启发式方法的分配规则。

第一，先分配后续作业数最多的作业。

第二，先分配位置权重数最大的作业。一个作业的位置权重数等于该作业及其所有后续作业的时间总和。

表 4-13 给出了生产线平衡的一般程序。

表 4-13　生产线平衡程序

（1）确定节拍，求出最少所需工作地数。
（2）从工作地 1 开始，按顺序给工作地分配作业。作业分配按作业先后顺序图由左至右进行。
（3）在每一次分配前，利用下列标准确定哪些作业够资格分配到某个工作地： ① 所有先行作业都已被分配。 ② 待分配作业的作业时间不超过该工作地的剩余时间。 如果没有够资格分配的作业，继续下一个工作地的作业分配。
（4）每当一个作业分配后，计算出该工作地的剩余时间。剩余时间等于节拍减去已分配到该工作地上的作业时间之和。
（5）如果出现两个作业情况都一样时，可采用下列方法之一解决： ① 分配加工时间最长的作业。 ② 分配后续作业数最多的作业。 如果还是一样，可任意选择一个作业。
（6）继续下去直到所有作业都已分配到工作地。
（7）计算反映这一系列分配情况的一些指标（如：闲置时间百分比、效率等）。

下面通过一个例子来说明作业分配的整个过程。

【例 4-5】将图 4-9 中的作业分配到三个工作地。已知节拍为 1.0 分钟。先分配后续作业数最多的作业。

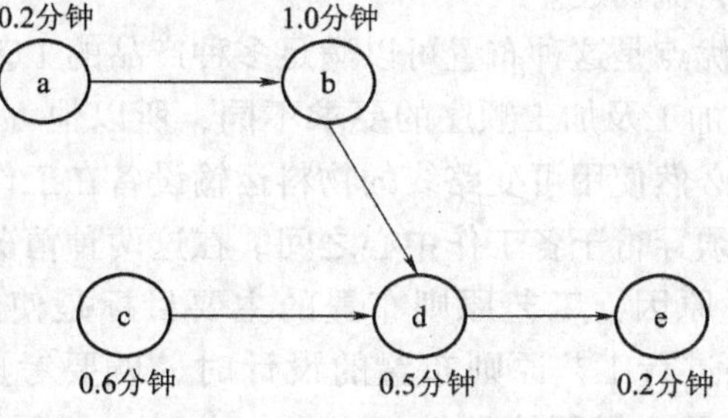

图 4-9　作业顺序图

解：如表 4-14 所示。

表 4-14　作业分配过程

工作地	剩余时间/分钟	够资格分配的作业	分配作业	工作地闲置时间/分钟
1	1.0 0.8 0.2	a、c c 无	a c	 0.2
2	1.0	b	b	0.0
3	1.0 0.5 0.3	d e	d e	 0.3
总　计				0.5

（4）作业分配的效率评价。两个广泛使用的效率评价指标：生产线闲置时间百分比和生产线的效率。

第一，生产线闲置时间百分比，也称生产线闲置率。计算公式如下。

$$闲置时间百分比=所有工作地的总闲置时间/（N_{实际}\times 节拍）\times 100\%$$

式中　$N_{实际}$——实际工作地数；

节拍——实际的节拍。

在本例中，闲置时间百分比=0.5/（3×1.0）×100%=16.7%。

第二，效率。一条生产线的效率可按下列公式计算

$$效率=100\%-闲置时间百分比$$

本例的生产线效率=100%−16.7%=83.3%。

（5）促进生产线平衡的其他一些方法。

第一，培养多面手。交叉培训工人，使工人成为多面手，以便能完成多个作业。当瓶颈出现时，负荷较轻的工人就可以帮助忙碌的工人，从而保证生产线的平衡，使工作流平稳。

第二，设计混流生产线。即设计一条生产线，使之能生产出不同型号的产品。混流生产线有助于提高生产线对品种和产量变化的适应能力，提高生产系统的柔性，从而保证生产线的平衡。

2. 工艺原则的布置方法

工艺原则布置的主要问题是如何安排好各工作部门的相对位置，使布置满足企业生产过程的要求，使各部门的物料流畅通。

工艺原则布置的一个优点是这种布置可以满足多种产品的工艺要求。由于系统中的顾客或产品（或零、部件）对加工及加工顺序的要求不同，所以他（它）们通过系统的路线也不同。侧重于产品的系统必然使用可变路线的物料运输设备在工作中心间运送物料。在侧重于顾客的系统中，人们必须穿行于各工作中心之间。在这两种情况下，运输费用可能很大或运输时间很长。由于这一原因，工艺原则布置的主要目标是使运输的费用最小、距离最短或时间最少。因此，在进行工艺原则布置的设计时，就要考虑相互之间物料流量（或客流量）相对大的工作单元应尽可能地接近布置。此外，还要考虑柔性问题。由于采用

工艺原则布置的企业，其生产过程由于受外部市场需求的影响，经常会出现变化。因此，系统的布置要能够适应外部变化，即生产系统的布置必须是可以随外部市场需求的变化进行调整的。

对于一个生产系统的设计方案会有很多种，什么样的布置才是最有效的，如何进行选择，是对管理者的一个挑战。这里主要介绍两种方法：从至表法和相关图布置法。

(1) 从至表法。所谓“从至表”就是指零件从一个工作地到另一个工作地搬运次数(或搬运量、搬运距离或时间)的汇总表。表的“列”为发出工作地，“行”为到达工作地，对角线右上方数字表示工作地之间顺向的物料流量之和或距离，对角线左下方数字表示工作地之间逆向的物料流量之和或距离。表4-15和表4-16就是两个分别表示每两位置间的距离和两个部门间实际的或预计的工作或物料流量的从至表。例如，该距离“从至表”说明了从位置A至位置B的行程为20米（通常必须通过测量来确定两工作中心之间的距离，为了讨论方便，假定从不同行程方向两位置间的距离相等）。但是，不能假定部门间不同方向工作流量相等——由部门1向部门2移动的工作或物料量与由部门2向部门1移动的工作或物料量相等。同时，假定费用是距离的线性函数。

表4-15 位置间距离从至表

米

至 / 从	位置		
	A	B	C
A	—	20	40
B	20	—	30
C	40	30	—

表4-16 部门间工作流量从至表（每天物料流量）

次

至 / 从	部门		
	1	2	3
1	—	10	80
2	20	—	30
3	90	70	—

【例4-6】 将表4-16中的三个部门分配到表4-15中的三个位置A、B、C上，要求的目标是使运输费用最低。采用启发式方法：先把相互间工作流量最大的两个部门分配至相互最近的两个位置上。

解：为了便于分配，按工作流量最大和距离最近分别对部门和位置进行排序。如果两位置间的距离与流动方向无关，可将两部门间的工作流量加在一起，从而能更进一步看出对接近程度的要求，如表4-17所示。

表 4-17　部门间工作流量和位置间距离排序表

行程	距离/米	部门之间	工作流量/次
A—B	20	3—1	90 } 170
B—A	20	1—3	80
B—C	30	3—2	70 } 100
C—B	30	2—3	30
A—C	40	2—1	20 } 30
C—A	40	1—2	10

从表 4-17 中可以看出部门 1 和 3 之间的工作流量最大。位置 A 和 B 之间的距离最短。因此，考虑将部门 1 和 3 分配到位置 A 和 B 上是合理的，但两部门具体应分配在哪一位置上，还要看两部门与另一部门之间的工作流量。通过对工作流量的进一步考察可以知道部门 2 和 3 的工作流量大于部门 1 和 2 的工作流量，所以部门 2 和 3 也应比部门 1 和 2 的位置接近点。因而，将部门 3 设置在部门 1 和 2 之间是合理的。分配结果如图 4-10 所示。

A ① 170 B30 ③ 100 C ②

图 4-10　部门分配及两部门间相互的工作流量

如果运送单位物料每米的费用是 2 元，就可以用每一部门发出的物料量乘以相应的运输距离，然后再乘以费用 2 元/米，再将这些乘积相加就可以得到总的运输费用，见表 4-18。

表 4-18　物料运输费用计算表

部门	运至的物料/次	位置	两位置间距离/米	物料流量×距离×单位运输费用/元
1	2：10 3：80	A	C：40 B：20	10×40×2＝800 80×20×2＝3 200
2	1：20 3：30	C	A：40 B：30	20×40×2＝1 600 30×30×2＝1 800
3	1：90 2：70	B	A：20 C：30	90×20×2＝3 600 70×30×2＝4 200 合　计：15 200

当单位物料运输费用为 2 元时，这一布置方案每天的费用为 15 200 元。虽然这一布置方案的费用可能是最低的，但当你还没有计算出所有可能布置方案的费用并与之加以比较之前，绝不可以确定这是最低的。由于在本例中，可能的布置方案只有 6 种（3！＝6），可以将每种布置的费用计算出来，然后加以比较。但是，当涉及的部门较多时，布置方案将有很多种，以致要对每一布置进行费用计算是不可能的。在这种情形下，只能采用上述的启发式方法找出一种满意的布置方案。

（2）作业相关图法。虽然从至表法的应用范围很广，但其局限性是考虑的目标太单一，而设施布置在多数情况下涉及的因素多且复杂，要达到的目标往往是多重的。作业相关图法就是通过对一些影响设施布置的因素进行分析，确定出各部门间的关系和接近程度，然后将这一信息汇集到作业相关图中，并据此进行设施布置。下面通过一个例子来说明这种方法的应用。

【例 4-7】图 4-11 是某厂八个生产相关部门之间的作业相关图，下面分析应用作业相关图法进行设施布置的程序。

第一步：绘制作业相关图

图 4-11 比较清楚地表达了各生产相关部门之间的关系性质，在图上可以方便地了解每个部门与其他部门的关系。图中两部门交叉处方块中的英文字母表示这两个部门之间的关系性质（接近程度或重要程度），其中 A 表示绝对重要，X 表示两部门不宜靠近。详细信息请如表4-19所示。方块下方的数字表示两个部门之间关系性质的原因。因此，在该图中把部门 1 和部门 4 靠近布置是“绝对必要的”，因为这两个部门交叉处的符号为 A，下方数字 6 表示这两个部门的相关性质的原因是“工作连续性”。详细信息如表 4-20 所示。

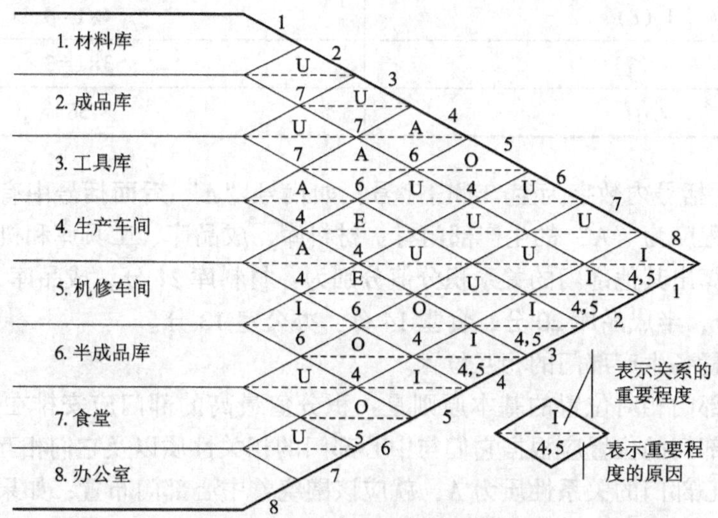

图 4-11 某工厂的生产作业相关图

表 4-19 相关重要程度代码及评分表

重要程度类型	代码	评分标准/分
绝对重要	A	6
特别必要	E	5
重要	I	4
一般	O	3
不重要	U	2
不宜接近	X	1

表 4-20 相关重要程度原因及代号表

相关原因	代号	相关原因	代号
使用公共记录	1	文件联系密切	5
共用人员	2	工作连续性	6
共用场地	3	做类似工作	7
人员联系密切	4	使用共同设备	8

第二步：计算相关程度积分

在确定某一生产单位积分值时，要依照表 4-19 中各种关系性质的评分标准，把表示相关性质的代号量化，并与表示相同关系性质的个数相乘，最后将与该生产部门的各类相关程度评分合计即可。本例计算结果如表 4-21 所示。

表 4-21　生产车间积分计算表

相关程度及原因	相关程度评分/分
A（1，2，3，5）	6×4=24
E（6）	5×1=5
I（8）	4×1=4
O（7）	3×1=3
小计	36

表 4-21 中，括号内数字为生产部门序号，如代号“A”后面括号中有四个数字，表示与生产车间相关程度为“A”的生产部门有：材料库、成品库、工具库和机修库。

同样可以计算出其他部门的关系积分值分别为：材料库 21 分，成品库 20 分，工具库 23 分，机修库 27 分，半成品库 20 分，食堂 14 分，办公室 13 分。

第三步：布置各生产部门的相互位置。

布置各生产部门相对位置的基本原则是：积分值最高的部门应安排在厂区（场所）的中心区域；其他部门的位置应根据它们与中心部门的相关性质以及它们相互之间的关系性质来安排。如与中心部门的关系性质为 A，就应该围绕着中心部门布置；如果两个部门之间的关系性质是 X，那么就必须布置得距离远点。

作业相关图法的优点是当确定部门间相对位置时考虑到多个目标和主观的因素。其局限性是与布置过程中主观因素有关，因而其缺乏准确性，可靠性较低。

4.2.6　服务设施布置

1. 仓库布置

仓库布置是指对承担仓储作业流程的各个部分在仓库空间中的相对位置、物品存放方式及各种设备所作的设计和安排。图 4-12 所示的是一种典型的仓库中的空间需求。仓库布置的目的是在物料处置成本和仓库空间利用之间寻找最优平衡。管理者必须最大限度地利用仓库的空间，也就是使用全部空间而使物料的处置成本较低。物料处置成本包括物料运输入库、验收、分拣、组装、存贮、运输出库的费用，换一种形式就是包括设备、人员、物料、监控、保险和折旧等费用。有效的仓库布置还应减少仓库中物品的损坏和腐烂，管理者应该使保全物料所需费用加上物料本身的损耗达到最低。为此，在仓库布置中必须遵循以下八条被广泛接受的准则。

（1）尽可能采用单层，因为这样不仅造价低，资产的平均利用率也高。

（2）使货物在出入库时直线或直接流动，以避免逆向操作和低效运作，如图 4-13 所示。

（3）在考虑到物料搬运设备大小、类型、转弯半径限制的情况下，尽量减少过道所占

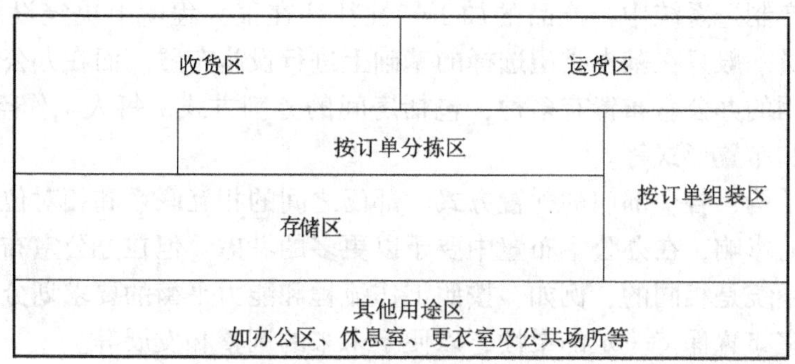

图 4-12　仓库中的空间需求

的空间。

（4）尽量利用仓库的高度，也就是说，有效地利用仓库的容积。

（5）应当将吞吐量大的货物存放在最容易存取它们的地方，即靠近运输区域或不太高也不太低的地方，如存放在仓库过道两旁或靠近仓库门口的位置。

（6）应当将体积大的货物安置在距离运输区域较近的位置以减少搬运时间。

（7）如果货物的装载体积超过其有序存储时的体积，则将这些货物安置在靠近运输区域的地方以减少处理成本。

（8）仓库内物资的存储区域应当按照存储货物的周转速度和产品大小来设计，而不是单纯、片面地设计所有的存储货架和仓储工具，这样可以极大地使用仓库内部空间。

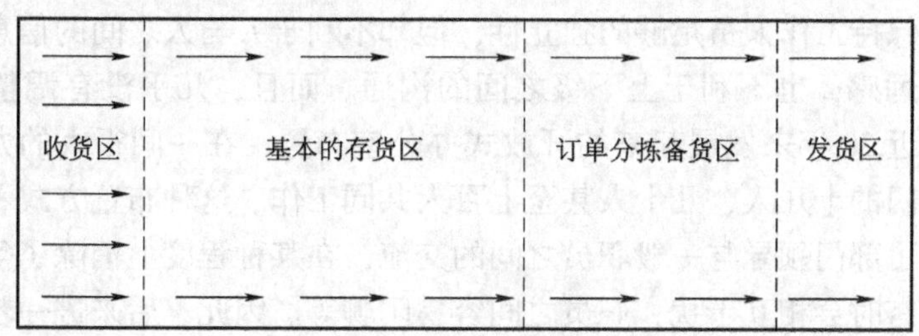

图 4-13　仓库的基本结构

2. 办公室布置

办公室布置对于办公室工作效率的提高、“白领”人员劳动生产率的提高以及改善“职业生涯质量”都具有重要作用。美国的一项针对 1 400 员工进行的调查显示，3/4 的人认为通过改善人们的工作环境可以提高劳动生产率。在今天，办公室工作人员在整个就业人员中所占的比重越来越大，因此办公室布置的问题就显得越重要。

办公室系统与生产系统相比，有许多不同的特点。

首先，生产制造系统加工处理的对象主要是有形产品，因此，物流是进行设施布置的一个主要考虑因素。而办公室工作的处理对象主要是信息以及组织内外的来访者，因此，信息的传递和交流方便与否，来访者办事是否方便、快捷，是主要的考虑因素。

其次，在生产制造系统中，尤其是自动化生产系统中，产出速度往往取决于设备的速度，或者说与设备速度有相当大的关系。而在办公室，工作效率的高低取决于人的工作速度，而办公室布置又会对人的工作速度产生极大的影响。

再次，在生产制造系统中，产品的加工特性往往在很大程度上决定设施布置的基本类型，生产管理人员一般只在基本类型选择的基础上进行设施布置。而在办公室布置中，同一类工作任务可选用的办公室布置有多种，包括房间的分割方式、每人工作空间的分隔方式、办公家具的选择和布置形式等。

此外，组织结构、各个部门的配置方式、部门之间的相互联系和相对位置的要求对办公室布置有更重要的影响，在办公室布置中要予以更多的考虑。但在办公室布置中，也有一些原则与生产制造系统是相同的，例如，按照工作流程和能力平衡的要求划分工作中心和个人工作站，使办公室布置保持一定的柔性，以便于未来的调整和发展等。

办公室布置的主要考虑因素有两个：一是信息传递与交流的迅速、方便。它既包括各种书面文件、电子信息的传递，也包括人与人之间的信息传递和交流。对于需要跨越多个部门才能完成的工作，部门之间的相对位置也是一个重要问题。二是人员的劳动生产率。当办公室人员主要是由高智力、高工资的专业技术人员构成时，劳动生产率的提高就具有更重要的意义。而办公室布置会在很大程度上影响办公室人员的生产率。必须根据工作性质、工作目标的不同来考虑什么样的布置更有利于生产率的提高。例如，在银行营业部、贸易公司、快餐公司的办公总部，开放式的大办公室布置使人们感到交流方便，促进了工作效率的提高；而在出版社、学校，这种开放式的办公室布置可能会使编辑或教师们感到无端的干扰，无法专心致志地工作。

尽管办公室布置根据行业、工作任务的不同有多种，但仍然存在几种基本的模式：一种是传统的封闭式办公室，办公楼被分割成多个小房间，伴之以一堵墙、一扇门和长长的走廊。显然，这种布置可以保持工作人员足够的独立性，但却不利于人与人之间的信息交流和传递，使人与人之间产生疏远感，也不利于上下级之间的沟通。而且，几乎没有调整和改进布局的余地。另一种模式是近 20 年来发展起来的开放式办公室布置，在一间很大的办公室内，可同时容纳一个或几个部门的十几人、几十人甚至上百人共同工作。这种布置方式不仅方便了同事之间的交流，也方便了部门领导与一般职员之间的交流，在某种程度上消除了等级的隔阂。但这种方式的弊病是，有时会相互干扰，职员之间容易闲聊等。因此，后来进一步发展起来的一种布置是带有半截屏风的组合办公模块。这种布置既利用了开放式办公室布置的优点，又在某种程度避免了开放式布置情况下的相互干扰、闲聊等弊病。而且，这种模块式布置有很大的柔性，可随时根据情况的变化重新调整和布置。有人曾估计过，采用这种形式的办公室布置，建筑费用能比传统的封闭式办公室布置节省 40%，改变布置的费用也低得多。20 世纪 80 年代，在西方发达国家又出现了一种被称为“活动中心”的新型办公室布置。在每一活动中心，有会议室、讨论间、电视电话、接待处、打字复印、资料室等进行一项完整工作所需要的各种设备。楼内有若干个这样的活动中心，每一项相对独立的工作集中在这样一个活动中心进行，工作人员根据工作任务的不同在不同的活动中心之间流动。但每人仍然保留一个小小的传统式个人办公室。显而易见，这是一种比较特殊的布置形式，较适用于项目型的工作。

上述的几种办公室布置方式，都是基于传统意义上的办公方式。20 世纪 90 年代以来，随着信息技术的迅猛发展，一种更新型的办公室——“远程”办公，正在从根本上冲击着传统的办公方式。所谓“远程”办公，是指利用信息网络技术，将处于不同地点的人们联系在一起，共同完成工作。例如，人们可以在办公室或家里办公，也可以在异地办公，或在飞机、火车上办公等。可以想象，伴随信息技术的进一步普及，办公方式和办公室布置均会发生很大的变化。

3. 零售商店（超市）布置

零售商店布置的关键是展示商品，方便购物。有研究表明，零售商店的商品展示率越高，销售和投资回报率越高，销售量随展示给顾客的商品的量而不断变化。因此，零售商店的管理者必须认真研究顾客购物习惯，了解顾客的购买特征，通过改善商店布置提供给顾客更多的产品展示。

下述五条建议有助于改善诸如超市等类型零售商店的整体布局安排。

（1）将常购的商品布置在商店的四周。有许多超市将奶制品摆放在超市的一侧，而面包和烘烤食品摆放在另一侧。

（2）将吸引力强和利润高的商品，如家庭用具、装饰物品和香波放置在醒目的位置。

（3）将“能量商品”（能决定购物路径的商品）放置在过道两边。

（4）将即兴购买的商品摆放在靠近出口的收银台附近，例如口香糖之类的商品。

（5）仔细地布置商店出入口处会给商店整体带来意想不到的效果，一些商店将烘烤食品和熟食品放在商店前部以吸引那些想买现成食品而又图方便的顾客。

目前，超市等零售商店布置有两种基本形式可供选择：一是矩阵布置，即将商品货架按矩形排列，店内通道直线布置。这种布置花费较少，并可以得到更大的展示空间，适宜于仓储式超市。二是斜角布置，即将商品货架按菱形、三角形或梯形排列，店内主干道按直线布置，次干道及临时通道按“V”字形排列。这种布置视线开阔，顾客进入超市后在主干道上就可以看清通道上方的标志，查找商品比较方便。

总之，无论采用哪种布置形式，超市等零售商店的布置必须做到两点：一是店面的过道布置不能太拥挤，二是布置必须使顾客进店后能够很容易找到自己想要商品的位置。只有这样，才能使零售商店布置获得单位面积货架最大的利润。

本章小结

本章介绍了设施选址和设施布置的原理和方法。在设施选址方面，定义了设施选址的基本问题，分析了设施选址的影响因素，介绍了设施选址（包括制造业和服务业）决策的程序和方法。在设施布置方面，分析了设施布置的基本问题及其影响因素，讨论了设施布置的四种基本类型及其优缺点，介绍了生产制造系统、零售商店、办公室、仓库等不同类型生产系统的设施布置方法。

同步测试

一、单项选择题

1. 吨公里费用最便宜的运输方式是（　　）。

A. 水运　B. 公路运输　C. 铁路运输　D. 管道运输

E. 航空运输

2. 在企业选址决策中，（　　）被认为是一个越来越重要的考虑因素。

A. 市场接近程度　B. 原材料供应

C. 劳动力供应　D. 与协作企业的相对位置

3. 服务业企业选址决策的目标是（　　）。

A. 追求成本最小化　　B. 实现销售收入的最大化

C. 与竞争对手的距离最近　　D. 实现物料运输距离最近

4. 有研究表明，（　　）越高，销售和投资回报率越高。

A. 灯光照明度　　B. 商品质量　　C. 商品展示率　　D. 商品价格

二、多项选择题

1. 设施选址的基本问题有（　　）。

A. 选位　　B. 选时　　C. 选人　　D. 定址

2. 选址决策中，可供企业选择的方案大概有（　　）。

A. 在原有设施基础上扩建

B. 放弃原有设施迁移到一个新的地方

C. 保留原有设施，到一个新的地方增加一个新设施

D. 在原有设施基础上不变

3. 设施布置的基本问题是（　　）。

A. 设施应包括哪些工作中心

B. 每个工作中心占用多大空间

C. 每个工作中心的形状

D. 每个工作中心在设施范围里的位置

E. 每个工作中心需要多少员工

4. 设施布置的主要影响因素有（　　）。

A. 系统生产的产品　　B. 系统的规模

C. 系统的生产技术　　D. 系统的专业化与协作化水平

E. 系统的流程

5. 办公室布置的主要考虑（　　）。

A. 信息交流是否便捷　　B. 劳动生产率

C. 员工满意度　　D. 员工的职业发展

6. 零售商店布置的基本形式有（　　）两种。

A. 直角布置　　B. 矩阵布置

C. 斜角布置　　D. 圆形布置

三、思考题

1. 请分析设施选址的影响因素。

2. 与制造业生产系统设施选址决策比较，服务业系统设施选址决策有什么特点？

3. 设施布置的基本类型是什么？它们各有什么优点和缺点？

4. 零售商业企业的商品、货架等设施如何布置才能带来更多的销售收入？

5. 办公室布置有什么特点？应如何进行办公室布置，才能获得满意的效果？

四、练习题

1. 某石油公司的总部设在上海，正在为建立一个新的石油加工中心评估三个可能的地址。公司已经选定了六个因素作为评估、比较这三个地址的基础，并且对每个因素设定了权重（0~1.0），每个地址在每个因素上的得分也已确定，分数在1~100。请根据表4-22中提

供的信息，你认为公司最终应选择哪个地点？

表 4-22 评估因素、权重及得分表

相关因素	权重	得分		
		地址 A	地址 B	地址 C
接近港口	0.25	100	80	80
能源来源及成本	0.17	80	70	100
职员工作态度及成本	0.20	30	60	70
距上海的距离	0.10	10	80	60
社区态度	0.10	90	60	80
周围的基础设施	0.18	50	60	90

2. 南茜·哈德零售店决定选择一个地方开设一家新零售商店。现在有三个可供选择的方案：留在原地但扩大商店规模；设在纽伯雷附近的主大道上；或者设在海德公园的新购物大厅里。表 4-23 列出了四个因素作为评估、比较的基础。哈德女士就每个因素按照百分制给每个因素打分，如表 4-23 所示。那么最佳选址应在何处？

表 4-23 评估因素、权重及得分表

相关因素	权重	得分		
		目前地址	纽伯雷附近的主大道	海德公园的新购物大厅
地区平均收入	0.30	40	60	50
商业潜在增长能力	0.15	20	20	80
公共运输供给能力	0.20	30	60	50
劳动力供给能力、态度和成本	0.35	80	50	50

3. 佛罗里达州坦帕市的邮局总部决定改建得更大、更现代化，以处理自 1970 年城市发展以来大量增加的信件。由于所有寄出或收到的信都从七个地区性邮局汇总到坦帕的这个邮局总部里来或分发出去，所以新邮局的不同选址会使整个邮局运送效率大大不同。请利用表 4-24 中的数据，用重心法来求解新邮局应设在哪里是最优的。

表 4-24 各个地区邮局坐标值及每天运量表

地区邮局	地图坐标（X，Y）	每天运量/吨
A	(10，5)	3
B	(3，8)	3
C	(4，7)	2
D	(15，10)	6
E	(13，3)	5
F	(1，12)	3
G	(5，5)	10

4. 表 4–25 是一系列城市的地图坐标和运输量。我们希望能通过一个中心点来将它们联系起来。这个中心点应该处于什么地图坐标位置比较合适？

表 4–25　各个城市的地图坐标值及运输量表

城　市	地图坐标（X, Y）	运输量/吨
A	（5，10）	5
B	（6，8）	10
C	（4，9）	15
D	（9，3）	5
E	（7，9）	15
F	（3，2）	10
G	（2，6）	5

5. 某成衣加工厂有两个生产工厂 A 和 B，并为它的四个主要客户的仓库供货。管理层想要扩大产量，新建一个生产工厂，现有两个厂址 C 和 D 供选择。请用运输模型选择一个厂址，确定为这些客户供货的月成本最小的供货方案。工厂的产量、客户的需求量以及单位产品运输成本如表 4–26 所示。

表 4–26　工厂的生产能力、客户需求及单位产品运输成本表

成本/元　工厂 客户	现有工厂		待选工厂		需求/千套
	A	B	C	D	
客户 1	25	60	35	35	10
客户 2	30	30	40	40	12
客户 3	35	25	80	66	15
客户 4	55	25	95	70	9
生产能力/千套	17	14	15	15	46

6. 某公司现有 A、B、C 三个工厂，它们在三个不同的城市。有两个仓库 P 和 Q，它们位于不同的城市，仓库用来存放产成品，随时供应用户，每个仓库每月需供应市场 2 100 吨产品。为了更好地为顾客服务，该公司决定再建一个新仓库。经过调查研究和评价，确定 X 和 Y 两个地点可建仓库。有关资料如表 4–27 所示，请根据表中数据为该公司做出科学选择。

表 4–27　工厂生产能力、单位产品从 3 个工厂到 4 个仓库的运费表

工厂	生产能力/吨	到仓库单位产品运费/元			
		P	Q	X	Y
A	2 400	15	27	48	51
B	2 400	27	12	24	27
C	1 800	45	24	9	15

7. 某种产品的生产需要在生产线上完成17个作业，作业时间最长的为2.4分钟，所有作业的时间之和为18分钟。该生产线每天运转450分钟。请回答下列问题：

（1）可能的最小和最大的节拍分别是多少？

（2）从理论上看该生产线的产量范围是多少？

（3）如果要求达到最大的产量，最少所需工作地数是多少？

（4）每天保证产量为125个单位产品时的节拍是多少？

8. 管理者希望尽可能有效地将作业分配到各工作地，实现每小时产量为4单位。该部门每小时工作56分钟。请按照下述准则将作业先后顺序图（如图4-14所示）中的作业（时间单位为分钟）分配到各工作地。

（1）先分配后序作业数最多的作业。若出现多个作业的后序作业数相等的情形，先分配位置权数最大的作业。

（2）先分配位置权数最大的作业。

（3）计算该生产线的效率。

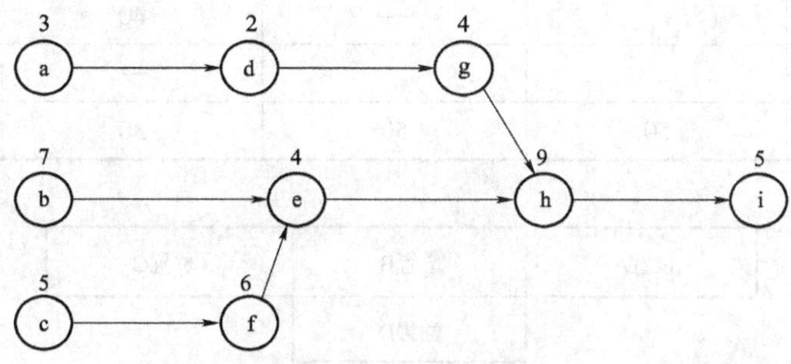

图4-14　作业顺序图

9. 利用下列活动相关图，如图4-15所示，判断给出的部门位置是否恰当。如果不恰当，试做修改使之满足部门间接近程度的要求，相关重要程度代码及评分表如表4-19所示。

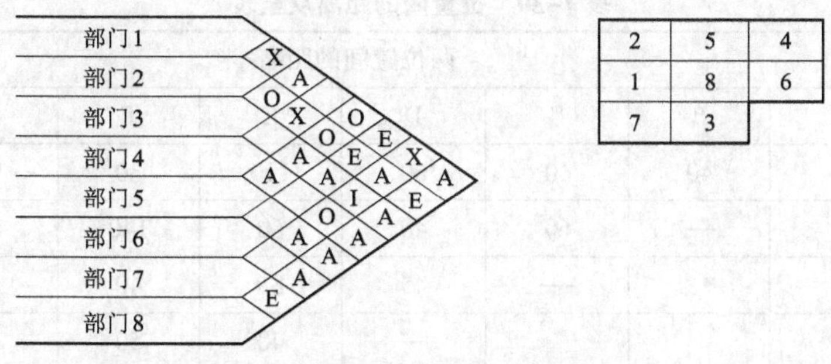

图4-15　活动相关图工作区平面图

10. 试为一最近设计的设施确定各部门的位置，要求的目标是使运输费用最低。具体资料如表4-28和表4-29所示。假定相反方向的距离相等，位置分布如图4-16所示。已知运送费用为0.5元/米。

表 4-28 位置间距离从至表

从 \ 至	两位置间的距离/米			
	A	B	C	D
A	—	40	80	70
B		—	40	50
C			—	60
D				—

表 4-29 部门间物料运送从至表

从 \ 至	两部门间每天运送次数/次			
	1	2	3	4
1	—	10	20	30
2		—	40	40
3			—	25
4	50	50	30	—

位置A	位置B	位置C
	位置D	

图 4-16 工作区平面图

11. 有 8 个工作中心必须安排到 L 形的建筑物中。工作中心 1 和 3 的位置已定，如图 4-17 所示。假定每单位物料每米的运输费用为 1 元，试利用表 4-30 和表 4-31 给出的资料设计出一个使得运输费用最低的布置方案，并计算总费用（假定相反方向的距离是一样的）。

表 4-30 位置间的距离从至表

从 \ 至	两位置间的距离/米							
	A	B	C	D	E	F	G	H
A	—	40	40	60	120	80	100	110
B		—	60	40	60	140	120	130
C			—	45	85	40	70	90
D				—	40	50	40	45
E					—	90	50	40
F						—	40	60
G							—	40
H								—

表 4-31 位置间物料流量从至表

从＼至	两部门间每天物料流量/次							
	1	2	3	4	5	6	7	8
1	—	10	5	90	365	135	125	0
2	0	—	140	10	0	35	0	120
3	0	220	—	110	10	0	0	200
4	0	110	240	—	10	0	40	10
5	5	40	100	180	—	10	40	10
6	0	80	40	70	0	—	10	20
7	0	45	20	50	0	40	—	20
8	0	0	0	20	0	0	0	—

A: 1	B	
C	D	E: 3
F	G	H

图 4-17 L 形建筑物平面图

五、综合案例

海华科技有限公司

当刘建国走进员工午餐区的时候，他在想："简直难以相信，我建立的海华科技有限公司到现在已经有6年时间了。"刘建国不是为午餐而来的，因为那时才上午9：30。他是要检查新买的微机，这是为了改进公司库存和会计工作而刚刚购买的。这台电脑被放在员工午餐区的后面，恰好在咖啡、软饮料和巧克力自动售货机旁边。实在没有其他地方可以放置这台电脑。

海华科技有限公司是一家传感器制造商，这种设备可以将气体或液体压力转换为电信号。另一种型号的设备还能把重力或压力转换为电信号。公司目前租用了一座12 000平方米大小的L形大楼，划分为四个基本区域：办公区、工程技术区、加工车间和装配区。共有80名员工，其中包括：机械师、工程师、装配工、秘书和销售人员。

尽管在公司初建的两年中刘建国关注的重点是财务和营销，但现在他更多地关注生产成本、库存和生产能力。销售额每年增长30%，而且预计这种增长还会持续下去。海华科技有限公司存在的问题症候具体有以下八个方面。

（1）由于空间的限制推迟了数控机床和更高效的检测机器的购买。这两种设备都可以提供更大的产能和更高的生产率，而且成本也十分合理。

（2）加工车间太拥挤，使得一些不连续使用的设备不得不被搬到仓储区。

（3）许多机器要进行第二班和第三班次的轮班作业，生产率和质量都在下降。

（4）大约10%的劳动时间花费在把物料搬入或搬出仓储区，所有生产工序的库存都存放在这里。混乱的材料库存使得在寻找需要的零部件上浪费很多时间。

(5) 必须在外面租用大约1 000平方米的存储空间。

(6) 产能的短缺使得刘建国不得不放弃对几项有吸引力的项目的投标。一名销售人员很不满，因为他为此而损失了一大笔可能的报酬。

(7) 几名办公室人员抱怨拥挤的场地缺少个人空间。员工工作空间的质量也给前来访问的潜在客户留下了不愉快的印象。

(8) 另外聘用了几名办公室辅助人员。为了腾出放办公桌的地方，刘建国只好牺牲掉他喜爱的热带植物，当海华公司成立时，这些植物是从插枝开始种植的，具有情感价值。

选择

为了提高海华公司的产能，刘建国考虑了三种可能选择。第一是将当前设施的租赁合同再续签5年，并租用活动房屋来缓解当前的拥挤局面。他排除了这个选择，因为它不能满足公司成长的需要。第二个选择是买一块地建造一个19 000平方米的厂区。最吸引人的地点仅土地成本就要70万人民币，建筑成本估计为每平方米280元，他的资本成本为15%。第三个选择是将当前设施的租赁合同再续签5年，并租用一个与当前设施仅相隔30米的7 000平方米的建筑物。两个建筑物的租金成本每月一共18 500元。刘建国如果选择这个方案就必须建造一条价值98 000元的走廊来连接这两个建筑。但是，刘建国估计搬迁成本（如移动并安置机器以及正常工作时间生产能力的损失）比第二个方案要少136 000元。

布局

不管刘建国选择哪个方案，他都必须改进现有布局。当前布局的物料搬运成本较高，部门之间的协调不是很方便。当刘建国最初设计这一布局时，他首先定位了办公室，然后尽力把其他部门放置在四周。对其他部门考虑的主要问题是不让加工车间靠近清洁车间。刘建国将新的布局规划所需要的信息集中起来，如表4-32和图4-18所示。预计的面积需求应该足够未来五年使用。两个方案都可以提供19 000平方米的面积。关联度矩阵强调物料搬运和沟通模式。

表4-32 部门间关联度矩阵

部门	部门之间关联度得分/分															所需面积/块
	1	2	3	4	5	6	7	8	9	10	11	12	13	14	15	
1	—	1	6	5		6	5	3	3	3	3	4	5	3		3
2		—														1
3			—	4			3	6	5	5	4	5	5		3	2
4				—		6	6	6	6	6	4	4	5	3	6	1
5					—											2
6						—	6					3	4			1
7							—	6	3	3	3	3				2
8								—	6		4	3			4	6

续表

部门	部门之间关联度得分/分															所需面积/块
	1	2	3	4	5	6	7	8	9	10	11	12	13	14	15	
9									—	6	6	4		4	6	7
10										—	3	3				1
11											—	3				1
12												—	5			1
13													—	3		2
14														—		1
15															—	1
每块约 585 平方米																
注：1—行政部门，2—会议室，3—工程技术与物料管理，4—生产经理，5—午餐室，6—计算机，7—库存，8—机加工车间，9—组装区，10—清洁车间，11—焊接，12—电子，13—销售与会计，14—发货与收货，15—负载测试																

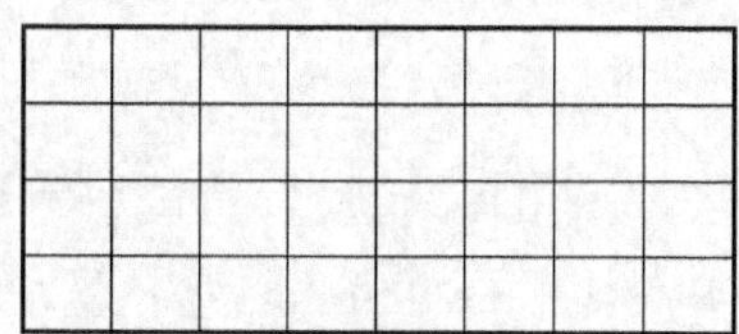

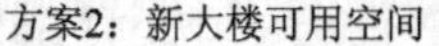

方案2：新大楼可用空间

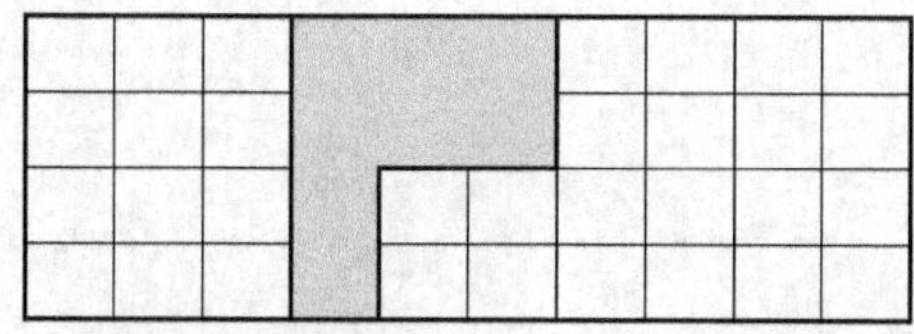

方案3：租赁大楼的可用空间

图 4-18　方案 2 和方案 3 的可用空间

刘建国拿着一杯新冲的热咖啡回到办公室。他不喜欢热巧克力，但是现在喝汤还嫌太早。他正在考虑下一步该做些什么。无论如何选择，他都想为工程技术和物料管理人员提供一个更有吸引力的工作环境，这些员工目前在一个拥挤的、开放的办公室中工作。在这样的地方很难吸引到有创造力的员工，他心想相邻的大楼也是十分简陋的。

案例思考题

1. 你会向刘建国建议哪种扩张方案？说明你的方案的可行性。
2. 设计一个有效的方块图并进行评估。列举你认为使方案具有吸引力的决定因素。

实践与训练

一、实训目的

1. 使学生理论联系实际，进一步加深对设施选址与布置知识的理解。
2. 培养学生运用设施选址与布置的理论和方法，为快餐连锁店或其他类型的小企业制定选址与布置方案。

二、实训要求

1. 实训经由 3~5 人小组完成。

2. 选择某种类型的快餐连锁店或其他小企业进行行业信息调查和收集，了解这些类型企业经营必须具备的资源条件、设施布置特点及其对周围环境的要求。

3. 在此基础上，制定企业的选址与布置方案。

三、成果与考核

主要依据小组的实训报告以及小组长对小组成员参与度的鉴定评定成绩。

第5章

运作能力规划

知识目标

1. 领会生产运作能力的概念和度量方法。
2. 领会规模经济与范围经济、能力瓶颈与约束理论。
3. 领会生产能力规划的基本问题。
4. 掌握生产能力规划的程序和能力方案的评估方法。

技能目标

1. 运用运作能力的知识为某一类型企业选择正确的能力度量标准。
2. 运用运作能力规划理论分析企业能力计划的合理性。

先导案例

LeapFrog 公司的轻触跳跳垫玩具生产能力

对于玩具生产商来说，假日零售市场的风险很大。如果生产能力过高，会造成产品卖不出去而严重积压。如果过低，不能为商店快速供货，热销产品供不应求，从而导致巨额利润损失。由此可见，准确和灵活的生产能力计划是至关重要的。

2003 年 8 月初的一个周末，LeapFrog 公司推出了一种标价 35 美元的婴幼儿教育类玩具：轻触跳跳垫。星期一早晨，分析师发现全美的店铺已经卖出了 360 套这种玩具。根据分析软件的分析，这一不起眼的数字意味着，若没有异常原因的话，他们原来计划的 35 万件的假日供应量偏低，因而需要立即将出货量翻倍。但是，在追加订货之前，他们用 4 个独立的分析软件对销售数据进行了进一步的分析，看看是否有什么异常的因素，如特别的推销广告，能够解释这一出人意料的高数字。但是，没有什么异常因素，这种玩具确实取得了成功。

接下来，LeapFrog 公司联系了其在中国的供应商，以确定要使产量翻番需要做什么。幸运的是，它的供应商是供应链效率和生产能力灵活性方面的专家。在 LeapFrog 的特别授权下，他们迅速设计和制作了高产能的模具，用于倍增塑料的生产，同时也很快找到了其他的厂商供应该玩具的其他组件，如抗婴儿口水的纸张等。进入9月份，该公司不得不求助于空运来满足美国感恩节市场对跳跳垫的需求。但感恩节过后的第二天，还是有30%的零售商卖脱了货。现在，为了保证向零售商充分供货，LeapFrog公司除了空运之外，还增加了快船运输（14天）。

5.1 运作能力规划概述

5.1.1 生产运作能力的概念

企业的生产运作能力从广义上讲，是指人员能力、设备能力和管理能力的总和。人员能力指的是人员的数量、实际工作时间、出勤率、技术熟练水平等诸因素的组合；设备能力是指设备和生产运作面积的数量、水平、开动率等诸因素的组合；管理能力包括管理体制、企业文化、管理系统技术水平、管理人员的管理水平和工作态度等。从狭义上说，生产运作能力主要是指系统的人员能力和设备能力，在资本集约度高的制造业企业里，尤其是指设备能力。这是因为在实际的生产运作实践中，管理能力一般是难以度量的，而人员和设备能力是可以进行定量计算的。例如，人员与设备的开工数量、开工时间等。因此，我们这里所讲的生产运作能力主要是指狭义的能力，即在一定的生产技术和组织条件下，通过对各个作业环节综合平衡后，一个生产系统或流程能够出产或提供一定种类和质量的产品或服务的最大数量（上限），或能够加工处理一定原材料的最大数量。它是反映企业产出可能性的一种指标。

5.1.2 生产运作能力的度量

1. 产出量与投入量

生产运作能力指的是某个系统或流程的最大产出率。尽管这个定义看似很简单，但是，在某些情况下，度量生产运作能力却存在一定的困难，这些困难的产生来自于对生产运作能力的不同解释以及较难确定在特定情况下采用何种度量手段。

当一个企业仅生产一种标准化程度高的产品或服务时，能力可以用其产品的产量来表示。当企业生产或提供多样化的产品或服务时，用一种产品的产量来表示企业生产能力可能是不准确的。例如，一家既生产冰箱又生产洗衣机的企业，由于两种产品的产出率是不同的，如果用一种简单的产出单位（如：台）而不指出是冰箱还是洗衣机是没有意义的。如果企业生产的产品更多的话，情况将变得更为复杂。一种可能的解决方法是列出每一种产品的产出量来表明其生产能力，如1 000台冰箱和500台洗衣机。但是，如果企业生产的产品种类非常多的话，列出每种产品的产出量是不现实的。在这种情况下，以投入量度量生产运作能力是更好的选择。比如，一家医院，可以用它所拥有的床位数量，航空公司可以用它所拥有的飞机数量和每月所能够提供的座位里程数量，一家餐馆可以每小时容纳100名外卖顾客或50名坐下就餐的顾客，一个车间可以用机器工作小时数来度量生产运作能力。

没有一种生产运作能力的度量方法是放之四海而皆准的，相反，生产运作能力的度量应根据不同情况而定。表5-1提供了通常的运作能力度量方法的一些例子。一般来说，选择用投入还是产出来度量，其基本考虑是：在以产品对象原则布置的生产系统中，通常以产出为度量单位。在这种情况下，产出的品种比较少，产出有明确的度量。而在工艺原则布置的生产系统中，由于生产品种多且变化快，在这种情况下，用投入进行度量更方便。

表 5-1　生产运作能力的度量方法

行业	投　入	产　出
汽车制造	人工小时、机器工时	每班生产的汽车数
钢铁工厂	炉膛尺寸	每天生产钢铁的吨数
石油精炼	精炼炉尺寸	每天生产燃油的升数
农业	农田面积、母牛数量	每年每亩生产谷物的数量，每天生产牛奶的数量
饭馆	餐桌数	每天招待的客人数
剧院	座位数	每场演出售出的票数
零售店	店铺面积	每天实现的收入

案例 5-1

北京九龙制药的生产运作能力

北京九龙制药现有五种剂型的生产线，即滴丸剂、片剂（薄膜衣）、颗粒剂、口服液（10~200 ml）、胶囊。2015 年单班年产量：口服液为 800 万~3 000 万瓶，滴丸剂为 8 亿粒，胶囊为 2 亿粒，颗粒剂为 2 000 万袋，片剂（薄膜衣）为 3 亿片。

以上各种剂型的生产设备先进，自动化程度高，车间预留空间大，可根据市场情况随时增加设备，使生产能力在现有基础上增加 2~3 倍。

分析提示：不同类型企业由于产品不同，其生产能力的表示方法会有很大不同。

2. 设计能力和有效能力

（1）设计能力：即在理想状况下在一定时期内一个系统的最大产出。

（2）有效能力：一个系统在一定的产品组合、现实的员工工作计划、设备维修计划和质量标准的条件下，可以合理地维持一个较长时期的系统最大产出水平。

设计能力是理想情况下最大的可能产出；有效能力是考虑由于产品组合改变的现实性、设备定期维修的需要、午餐或休息时间，以及生产规划和平衡等情况出现问题时的运作能力，是系统在现有技术和组织条件下可能达到的最大产出，它通常要小于设计能力（不可能超过设计能力）。而实际产出由于机器故障、缺勤、材料短缺、质量以及其他管理者所不能控制的因素，通常要小于有效能力。

我们可以运用这两种不同运作能力来度量系统的生产效率和生产利用率。生产效率指的是实际产出与有效能力的比值，而生产能力利用率指的是实际产出与设计能力的比值。即

生产效率＝实际产出/有效能力

能力利用率＝实际产出/设计能力

通常，企业运作经理更多的时候会关注生产效率，但是许多情况下这种强调是不准确的，特别是当有效能力与设计能力差距很大时，高的生产效率所表明的资源有效使用并不表明资源真正得到有效使用。比如，某电视机装配车间的设计生产能力为每天 500 台，有效生

产能力为每天400台，实际产出是每天360台。通过简单的计算可得：该车间的生产效率为90%，似乎还是不错的，然而与每天500台的设计能力相比，生产能力利用率只有72%就不那么理想了。

这两个指标有不同的用途。生产效率可以用来衡量系统在生产过程中各项活动的组织管理状况，如果生产效率水平太低，意味着设备维修、劳动组织、质量管理以及供应等环节可能存在严重问题，需要管理部门密切加以改进。能力利用率主要用以衡量企业资源的利用状况，管理者可以根据利用率水平来决定是否需要扩张系统的规模。

因为有效能力决定了实际产出的可能性，因此，提高能力利用率的关键是通过改进产品质量、保持设备良好运行、充分培训员工和高效利用瓶颈设备以提高有效能力水平。但是，如果一个系统使其以实际产出接近（或者甚至超过）其最大生产能力来运行可能会降低系统对需求变化的适应性，从而导致低的顾客满意度（如交货延长、质量下降等）和利润减少。虽然销售额水平上升了，但是，由于运作效率下降，使运行成本增加，从而导致系统整体亏损。案例5-2“能力不足的烦恼”就是这种情况。在这种情形下，管理者应考虑如何提高系统的生产能力，以降低生产能力利用率水平，增加能力缓冲水平。

案例5-2 **能力不足的烦恼**

制造业在20世纪80年代末经历了能力不足的烦恼。全世界各航空公司都重新装备了它们的机队以便能用现有的飞机容纳更多的乘客，并争先购买了创纪录的大量新商用客机。波音公司、空中客车公司和麦道公司收到的订单飙升到了2 600多架飞机。仅麦道公司一家就积压了订购MD-80和新MD-11宽体客机的价值180亿美元的订单，这足以使它的工厂在三年多的时间里满负荷运行。尽管有这么多的订单数量，但麦道公司的商用飞机事业部却令人吃惊地宣布亏损。空客公司艰难地保持不亏本，甚至是强大的波音公司也在拼命地提高低于平均水平的边际利润。麦道公司的能力短缺引发了许多问题：供应商跟不上步伐，翻倍的劳动力缺少经验且生产率低，必须将大量工作外包给其他工厂。结果是成本大幅度上扬而利润急剧下滑。1997年，麦道公司被波音公司收购了。

分析提示：能力不足与能力过剩都会导致企业运营的成本上升。当能力低于市场需求时，企业要么放弃销售机会，要么让系统超负荷运转。后者会导致工人过度疲劳、精神过度紧张，或者增加使用非熟练工人，使系统的生产效率下降，最终的结果是成本上升。

5.1.3 规模经济与范围经济

1. 规模经济与规模不经济

规模经济的基本含义是指在生产能力扩张的初期阶段，企业的产品或服务的单位成本可以通过扩大产出规模而降低。案例5-3说明了规模经济对中国南方航空公司的重要性。规模经济之所以可以在产出率增加的情况下降低成本，主要有四个方面的原因：一是有更多的产品或服务来分摊固定成本。在短期内，某些成本不会随着产出率的变化而变化。这些固定成本包括厂房和设备的折旧、租金、债务利息及管理人员和销售人员的工资等。当产出率增加而使设施利用率提高时，由于固定成本在更多的产品或服务之间分摊，使平均单位成本下降。二是产品的研究开发、市场分销等费用在更多的产品或服务上分摊。三是降低物料购买成本。较大批量可以降低购买物料的成本。这给了购买者更有利的讨价还价的地位和利用数量折扣的机会。像国美和苏宁等大型家电零售商，因为它们在国内对每一种家电商品的巨大销售量而获得巨大的规模经济效益。四是发挥流程优势。大批量生产提供了许多降低成本的机会。由于较大的产出批量使生产设施能够由工艺原则布置转换为产品原则布置，采用先进的自动化生产线专门用于单一的产品或服务。企业通过为单一产品或服务配备专用设施而得到的利益包括：加快学习效应、降低库存、改进物流、减少转换次数等。

系统的规模扩张到一定程度时就会出现规模不经济，也就是说，随着系统规模的增大，平均单位产品或服务的成本会不降反升。其中原因主要是过大的规模会带来复杂性、更多的管理层级和官僚主义，管理层与员工和顾客的联系变得困难，组织变得不够敏捷，失去了快速响应需求变化所需的灵活性，组织僵化而缺乏创新。因此，我们可以看到在许多行业，小型企业有比大型企业更高的利润率和成长性。图 5-1 表明了从规模经济到规模不经济的转变。

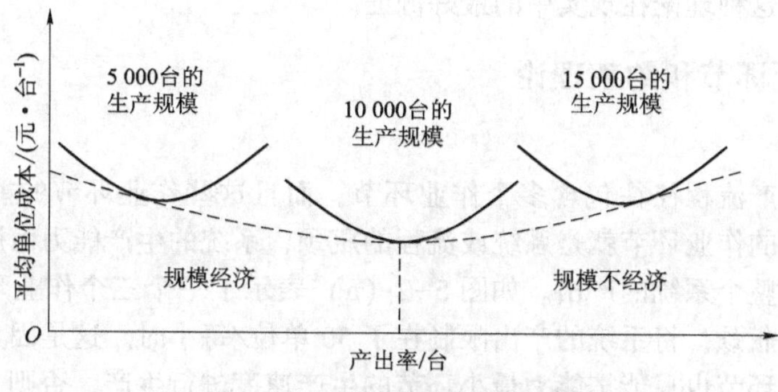

图 5-1　规模经济和规模不经济

从图 5-1 种可以看到，10 000 台生产规模的平均单位成本低于 5 000 台的生产规模，且处于最佳运营水平。故当产出从 5 000 台增加到 10 000 台时，表现出规模经济性。但是，当产出进一步增加到 15 000 台时，导致了更高的单位平均成本和规模不经济性。

案例 5-3　规模经济在中国南方航空公司发挥作用

针对中国航空市场中残酷的市场份额之争，中国南方航空公司（www.cs-air.com/en）有一个远大的目标：成为中国最强大的航空公司。用公司总经理王昌顺的话来说，实现这一目标的关键就是利用规模经济。随着中国在 20 世纪 80 年代初期的改革开放，由许多小型航空公司组成的中国民用航空工业迅速成长，这些小航空公司承受着很大的运营成本。所有航空公司的盈利能力下降，而且服务也恶化。在这样一种背景下，中国南方航空公司（CSA）利用了规模经济。1998 年，CSA 收购了贵州航空公司，并将其转变为公司在中国西南部的一个航空基地。2000 年，兼并了中原航空公司，使 CSA 在郑州的市场份额跃升到了 64% 以上。在同一年，CSA 开始获得利润。而且，公司的总资产翻了一番，运载的乘客数量上升了 26%。在 2002 年年底，CSA 控制了将近 25% 的国内市场，并且正在进行与中国北方航空公司和新疆航空公司的合并，组建成新的中国南方航空集团公司。据估计，在重组后，CSA 将拥有 180 架飞机的机队，提供 600 多条航线。这次重组将有助于降低 CSA 的运营成本，并使营销力量集中在主要航线上。这还将为 CSA 提供坚实的基础，以扩展其区域航线和国际航线，并加强与其他航空公司的多边代码共享协议。新的CSA将不仅是拥有40%以上国内市场份额的中国最大的航空公司，也是亚洲最大的航空公司之一。

分析提示：规模经济不仅适用于制造业，也适用于服务业。中国南方航空公司通过兼并等途径扩大经营规模，可以降低单位里程的管理成本、营销成本和地面服务成本，扭转了被动的经营局面。

2. 范围经济

范围经济是一个与规模经济相并列的概念，它与许多先进的柔性技术的应用有关，如编程的自动化技术等。其含义是指经济性不仅能够从规模获得，也可以从多品种所提供的柔性而获得。然而，柔性无法解释所得到的成本节约。范围经济性的真正原因来自与规模经济相同的原因——固定成本分摊到了更多的产品与服务上——但现在的规模来自许多的小批量的多品种输出（产品或服务），而非大批量的少数标准化输出（产品或服务）。比如，大规模定制就是范围经济这种理论在现实中的最好例证。

5.1.4 瓶颈环节和约束理论

1. 瓶颈环节

一个系统的生产流程往往包含多个作业环节，而且这些作业环节的能力通常是不相等的。其中能力最小的作业环节就是系统或流程的瓶颈，系统的生产能力由瓶颈环节的生产能力决定，它限制了整个系统的产出。如图5-2（a）表示了一个三个作业环节的流程，其中第2个作业环节是瓶颈，将系统的产出限制在了50单位/每小时。这是因为系统或流程中生产速度较快的作业环节也只能按能力最小环节的生产速度进行生产，否则，瓶颈作业环节就会形成不必要的在制品库存。如第1个环节生产的半成品在第2个作业环节形成库存。图5-2（b）表示了一个能力经过平衡后的流程，此时所有环节的产出率相等，三个环节都是瓶颈。要提高一个系统的生产能力，只有将瓶颈能力提高后才能实现。图5-2（a）中，最初在第2个作业环节增加能力就可以提高整个系统的能力。但是，当第2个作业环节的能力达到如图5-2（b）所示的每小时200单位后，要想进一步提高产出率，就必须同时扩大3个作业环节的能力。

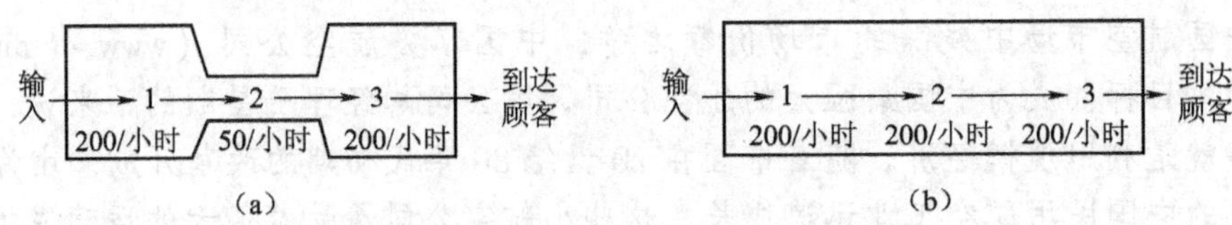

图5-2 流程中的能力瓶颈

（a）第2个作业环节是瓶颈；（b）所有环节都是瓶颈

扩大瓶颈能力的途径有长期和短期两种选择。长期能力扩张可以通过投资来增加设备设施的生产能力；也可以延长每周的工作时间来增加产出，比如从单班制改为两班制，或从每周5个工作日改为6个工作日（如果考虑劳动保护法的限制，其选择较为有限）；管理者还可以对流程进行再设计来解除瓶颈。管理者还可以通过一些短期措施来扩大瓶颈环节的生产能力，诸如加班、临时性或非全日制员工以及高峰期的临时性外包等都是可供利用的短期选择。但这些短期选择不是解决问题的根本性选择。一方面，这些措施在提高能力产出率的同时，也提高了系统运行的成本，降低了顾客服务的质量。管理者应积极寻找有效利用瓶颈能力的方法，加强短期的生产调度工作，保证瓶颈资源尽可能得到充分利用。例如，管理者应该使因流程上游环节作业的延迟，或者因必要的物料或工具临时不可用等管理因素造成的瓶颈闲置时间损失达到最小；他们还应该使从一种产品向另一种产品转换的用于设备调整的非生产性时间最少，为此。应加大瓶颈环节的生产批量，减少每年的设备调整次数。

2. 约束理论

约束理论（Theory of Constraints，TOC）是一种观察和分析流程的系统化的方法。约束理论的主要内容包括识别流程中的瓶颈及平衡系统中的工作流。其基本思想是重点关注瓶颈以增加其产出率。用TOC的术语来说就是：整体性能的关键在于对瓶颈的调度。约束理论又称目标系统、同步制造和"鼓—缓冲—绳"（Drum-Buffer-Rope Method，DBR）等。

约束理论把主生产进度计划（MPS）看成是整个生产流程中的"鼓"，MPS的"鼓点"就是生产能力和市场需求对生产过程的约束，它确定了生产的节拍和节奏。在瓶颈环节前要有一定的"缓冲"，保证瓶颈环节的平稳运行和资源的充分利用，保证系统的最大产出。所有这些都是要让整个生产过程在控制中心的牵引下平衡运行，控制中心的作用就和一个牵引的"绳"一样。在"绳"的牵引下，生产流程中的在制品库存、物料流动保持均衡，整个生产系统均衡运行。

约束理论的实施最初是通过一个专有的软件包来进行的，主要用于按订单生产的行业和汽车业，称为最优化生产技术（Optimized Production Technology，OPT），它是以另外一种能力计划的方法为基础的。TOC的应用包括以下基本程序。

（1）识别系统或流程中的瓶颈环节。例如，花园里使用的耙子的生产过程包括耙头冲压、焊接弓形物、清洁弓形物、把弓形物固定到耙把头的那一端、包装和交货等作业环节。假定下个月所有型号耙子的交货承诺指出焊工的负荷是其能力的105%，而其他环节都只是在其能力的75%水平上运行。根据TOC理论，焊工是瓶颈资源，而冲压、清洁、固定耙把、包装以及发货环节都是非瓶颈资源。焊工的任何空闲都会造成流程的产出损失。

（2）充分利用瓶颈资源。制订使瓶颈环节的吞吐量最大的调度计划。上例中，管理者要重点对焊工进行调度，使其得到充分的利用，尽可能地满足对顾客的交货承诺。

（3）所有其他环节的安排都要服从瓶颈环节。非瓶颈资源的调度应该支持瓶颈资源的调度，其产出不得超过瓶颈资源的处理能力。即冲压环节的产出不应超过焊工能够处理的量，而且所有后续环节的作业活动都要以焊工的产出为基础。

（4）打破瓶颈。通过第1步到第3步的调度进行改进使整个系统的产出已经达到极限之后，若瓶颈仍然是系统产出率的限制因素的话，管理层应该考虑提高瓶颈的生产能力。上例中焊接环节利用率达到100%以后，可能仍然是系统产出的限制因素，这时就要考虑加班或使用临时工来提高该环节的生产能力。

（5）别让惰性成为瓶颈。第3步和第4步所采取的措施可以提高焊工的产出，同时可能改变其他作业环节的负荷，使系统的瓶颈环节转移。这时，其他环节只要按照以上步骤如法炮制就可以增加产出。

5.1.5 制造系统生产能力需求计划

对于所有企业来说，生产运作能力规划都是一个具有战略意义的重要问题。一个系统的生产运作能力对于计划来说是一个非常重要的信息，它使企业管理者能以投入或产出量来识别生产能力的限制，从而做出与这些限制相适应的决策和计划。任何一项生产运作能力规划要回答以下三个基本问题：一是能力缓冲的大小；二是能力扩张的时机和规模；三是能力计划与其他运营决策的联系。

1. 能力缓冲的大小

一般来说，生产系统（或生产单元、生产流程）的能力利用率不应太接近100%。当能力利用率靠近100%时，通常就是需要扩大生产能力或减少顾客订单接收的信号，否则会引起生产率的下降。能力缓冲就是为了使生产系统（或生产单元、生产流程）能够应对需求突然增加或者生产能力临时丧失而保留的能力的数量；它是（相对于设计能力的）利用率低于100%的数量。具体来说就是

$$能力缓冲=100\%-能力利用率（\%）$$

从上面式子中可知，能力缓冲低意味着生产系统的能力利用率高；能力缓冲高则意味着生产系统的能力利用率低。能力缓冲的大小因行业的不同而有所差异。对于资本密集型的行业，诸如造纸业、机器制造业等，由于设备资本投资成本非常高，能力缓冲最好在10%以内。而对于资本不太密集的服务行业，如酒店的服务人员、零售商店的销售人员以及银行储蓄窗口的服务人员等，每天接待顾客的业务能力是一定的，但顾客的需求并非是均匀的，在一周内某些天的顾客需求可能会高于其他时间，甚至在一天中的各时间段也会有很大的差别。而这些需求又不可能通过产品库存的方式或让顾客长时间等候使之均衡化，它要求在顾客到来的时候为其尽快提供服务。因此，这种即时的顾客服务要求有较高的生产能力缓冲来应付高峰期的需求，其能力缓冲一般维持在30%~40%的水平，一旦能力缓冲下降到20%时就会导致顾客满意度的下降。

当未来的需求不确定且可供使用的资源柔性很低时，也需要具备较大的能力缓冲。需求不确定性可能来自于产品组合的变化。虽然总需求可能保持稳定，但是其负荷却随着产品组合的变化而不可预见地从一个工作中心向另一个工作中心转移。

供应的不确定性也倾向于拥有大的能力缓冲。企业需要保持剩余能力以应对员工缺勤、休假、节日以及其他类型的工作延误，否则，会因为加班、转包以及延迟交货所受的惩罚导致成本的增加。

但也有很多企业倾向于小的能力缓冲，其理由很简单：未利用的生产能力会消耗资金。对于资本密集的企业来说，持有较低的生产能力缓冲是值得的。有一项研究指出，高度资本密集的企业在生产能力缓冲大时得到低的投资回报。表5-2列出了根据阿贝尔和哈芒德的调查统计得到的在不同生产能力缓冲水平下资本密集度不同的各种行业的投资回报率。由表中数据可以看到，对于资本密集型的行业，投资回报率与生产能力缓冲水平存在着较强的相关关系。但在劳动密集型的企业中不存在这种强相关性。在这些企业中，不同能力缓冲的投资回报率差不多，这是因为较低的设备投资使得高利用率显得并不那么重要。小的能力缓冲还有其他优点，可以揭示出被能力过剩所掩盖的低效率问题——例如，缺勤问题或不可靠的物料供应。生产运作经理和工人们应该及时发现这些问题，并寻找纠正

问题的途径。

表 5-2 资本密集程度、能力缓冲水平与投资回报率

资本密集程度（投资强度）	能力缓冲		
	较低水平（低于 15%）	中等水平（15%~30%）	较高水平（高于 30%）
	投资回报率/%		
低	28	21	25
中	24	17	20
高	17	11	7

2. 能力扩张的时间和规模

能力计划的第二个问题是何时扩张和扩张多少。图 5-3 表示两种极端的策略：一种是扩张主义策略，即包含规模大的、持续时间较长而次数较少的能力扩张。扩张主义策略下的生产能力通常超前于市场需求，使因能力不足而导致的销售损失降至最小。另一种是等待观望策略，即包含规模较小的、持续时间短但经常性的能力扩张。等待观望策略下生产能力扩张滞后于市场需求，依靠短期的选择（如加班、雇用临时工、转包、允许缺货、延迟设备预防性维护等）来应对能力的不足。

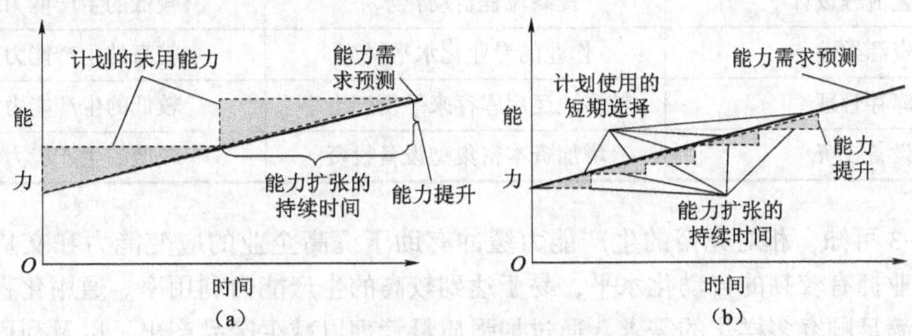

图 5-3 两种生产能力扩张策略

(a) 扩张主义策略；(b) 等待观望策略

上述两种策略各有自己的优点和缺点。扩张主义策略的优点是投资总费用较低，但缺点是风险大，投资后在一定时期内会形成过剩的生产能力，从而使总成本增加。等待观望策略的缺点是频繁的设备更新增加生产设施设置成本和人员雇佣培训成本，同时由于生产能力不足造成的销售机会损失。选择什么样的策略来扩张生产能力需要根据企业的具体情况来定。在规模效应和学习效应比较明显的情况下，实行扩张主义策略是有利的。它可以使企业降低生产成本，取得价格上的竞争优势，并以此来扩大市场份额。企业也可以将这种策略作为竞争性营销的一种形式，通过大的能力扩张从而向竞争对手传递一种信号，以阻止其他企业的扩张，否则就要承担行业能力过剩的风险。等待观望策略的风险较小，在此策略下，企业生产能力的扩张是通过对生产设施的技术改造和革新来实现。当需求的变化趋势不明朗、技术进步很容易导致现有设备过时以及竞争对手策略变化难以估计时，等待观望策略能够降低这些不确定性可能带来的风险。这种策略也有其自身的风险，比如被竞争对手抢得先机，或者当需求出乎预料的高时无法做出及时响应。长期采用这种策略，会使企业渐渐失去市场份额，企业生存与发展的空间将会越来越小。

企业生产能力计划可以在这两种策略中选择一种，也可以在这两种极端策略之间的多种不同组合中选择一种。一种比较适中的策略，即企业可以用比扩张主义策略更多的次数（较小一点规模）进行扩张，但是又不是像等待观望策略那样总是滞后于需求。比如，跟随策略，即在其他企业扩张时跟着扩张。如果其他企业是正确的，你的企业也是正确的，没有企业能够获得竞争优势。如果其他企业犯错误，你的企业也一样犯错误，但是大家共同分担能力过剩的风险。

3. 生产能力缓冲与其他运营决策的关系

在进行能力规划时，还必须考虑组织的其他运作战略决策的影响。有关生产设施选址、设施布局、资源的柔性和库存等方面的决策都会影响生产能力缓冲水平的确定。与资源柔性和库存一样，能力缓冲可以减轻不确定性对企业的冲击。表5-3显示了生产运作的其他决策变化对生产能力缓冲的影响。

表5-3 生产能力缓冲与其他生产运作战略决策的关联性

生产运作战略决策	决策变化	生产能力缓冲的调整
交货速度	快速交货	较大的生产能力缓冲
质量管理	减少不可预见的产出损失	较低的生产能力缓冲
工艺流程设计	提高流程自动化水平	较低的生产能力缓冲
资源柔性	作业的专业化水平提高	较高的生产能力柔性
库存管理	较多地运用库存来平衡产出率	较低的生产能力缓冲
设备投资	增加资本密集型设备投资	较低的生产能力缓冲

从表5-3可知，相对充裕的生产能力缓冲有助于提高企业的应变能力和交货速度。资本密集型企业拥有较高的自动化水平，易于达到较高的生产能力利用率。通用化程度较高的设施更适于满足顾客多样化的需求，通过加强质量管理以减少废品产出，以及利用库存来平衡系统产出等措施，都会使系统降低对能力缓冲的需要。

5.1.6 服务系统运作能力需求计划

1. 服务系统运作能力的特殊性

服务系统运作能力需求计划在许多方面与制造系统没有什么本质区别，但有以下三个重要的特点：

（1）需求的时效性。服务系统的产品不同于制造系统产品，它不能被储存起来留待以后使用，所以，当一次服务需求到来时，必须要有生产能力去满足需求。例如，宾馆的客房服务，顾客不可能将客房服务买回家留待以后消费，宾馆也不可能将淡季多余的床位（即多余能力）存储起来，留待繁忙季节以补充能力的不足。

（2）需求的地域性。服务系统的生产能力必须设置在顾客附近，这与制造系统不同。制造系统可以在一个地方生产，然后把产品通过运输送到其他地方供消费者消费，生产与消费是可以分开的。而服务系统与之相反，在服务以前，生产能力必须提供给顾客，然后才能提供服务。服务与消费是在同一地点同一时间发生的。例如，在其他城市的空余客房是不能供给本地顾客的。

(3) 需求的易变性。服务系统的需求表现出很高的易变特性，其原因有两个：一是顾客的不同个性会直接影响服务系统，每个顾客常常有不同的要求，对服务过程有不同程度的感受，需要有不同的服务员提供服务。这些因素会使得每个顾客的服务时间发生很大的差异，导致服务系统的最小运作能力很难确定。二是这种需求的易变性直接来自于顾客的行为。对顾客行为的影响因素是很多的，可以从天气一直到社会的重大事件。例如，大学生毕业离校前，学校附近的餐馆生意兴隆，而到了暑假，则生意清淡。在一天中，餐馆的生意也是不均衡的，中午和晚上十分繁忙，其他时间就非常空闲。由于这种易变性，服务系统的短期生产能力计划常常以10~30分钟这样的时间长度做计划。制造系统的短期能力计划的时间跨度就比较长，可以是一周以上。

2. 能力利用率与服务质量

为服务系统制定运作能力发展计划，无论是短期的还是长期的，都必须考虑日常的能力利用率与服务质量之间的关系。图5-4描述了排队服务系统运作能力利用的一般规律。大多数服务系统属于排队服务系统，该图具有普遍意义。

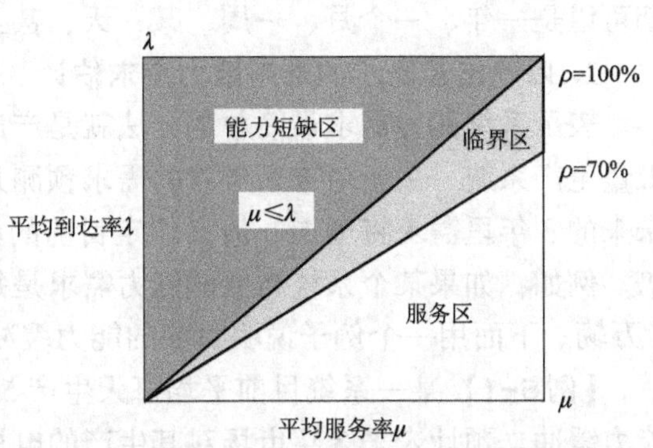

图5-4 能力利用率与服务质量的关系

关于系统能力的利用率有两个基本参数：一个是顾客平均到达率 λ，即平均每小时到达的顾客数；另一个是平均服务率 μ，即平均每小时服务的顾客数（系统的运作能力）。运作能力利用率 ρ 由以下公式给出

$$\rho=\frac{\lambda}{\mu}$$

一般认为最合理的能力利用率在70%左右。在这个比率下，既可以使服务员处于工作状态，没有过多的空闲时间，也可以使他从容地为顾客服务，同时，也有足够的能力缓冲(30%)。图中的临界区表示，顾客能够得到服务，但由于运作能力比较紧张，服务质量会下降。位于顶部的非服务区表示，进入服务系统的顾客太多，超出了系统的服务能力，部分的顾客不可能得到服务。

对一个具体的服务系统，最佳的运作能力利用率由自身的特点决定。当顾客到达与服务时间具有很大的不确定性，或者因为能力不足不能及时提供服务会造成严重后果时，利用率应该定得低一些。例如，医院的急诊部、消防站等，它们的服务关系到人的生命与财产，必须保证随时有足够的力量投入抢救。反之，对那些可计划的服务系统，如电脑训练班，或者不直接与顾客接触的系统，如邮件分拣，能力利用率可以计划到百分之百。有趣的是，还存在着另一类服务系统，也希望达到百分之百的利用率。如体育比赛，希望门票供不应求，不仅每张门票能产生利润，而且爆满的运动场所创造出的特殊气氛，会刺激运动员表现得更出色，令观众获得满足，进而能促进以后比赛门票的销售。戏院、酒吧也具有这个特点。

5.2 运作能力规划的决策步骤

虽然生产运作能力规划决策所面对的具体条件会发生变化，但是，一般来说，以下四个步骤有助于管理者制订出合理的生产能力计划。

5.2.1 估计未来能力需求

系统的能力需求是指在未来一定的时间周期内，为了满足（外部或内部）顾客需要并保持所要求的能力缓冲而应该拥有的能力。如前所述，系统或流程的生产能力可以用产出量和投入量表示。但无论是以投入量或产出量表示，其能力需求估计都必须建立在对市场需求、技术变革、竞争状态以及生产率提高等多种因素预测的基础上。由于计划的时间越长，预测的准确性就越低。因此，管理者可以根据需要确定不同的预测时间周期。预测的时间周期可以是一年、一个月、一周、某一天，甚至是一天中的某一个小时。

1. 以产出量表示的未来能力需求估计

表示系统能力需求最简单的方法就是产出量，它适用于生产品种少且标准化程度高的大批量生产系统。由于对未来年度的需求预测是确定未来能力需求的基础，因此，如果预计在未来的3年里需求将增加一倍（假定目前的能力缓冲是合理的），那么能力需求也要扩张一倍。例如，如果某个系统当前的能力需求是每月生产2万辆汽车，那么3年后的需求是每月4万辆。下面用一个例子说明目前的能力缓冲不符合要求时如何确定未来的能力需求。

【例5-1】某一系统目前平均每天生产500台电视机，能力利用率为90%，只有10%的能力缓冲。预计未来3年市场对其生产的电视机的需求将增加一倍，并且由于市场需求波动越来越剧烈，管理层希望将能力缓冲提高到20%，请问该生产系统未来需要多大的生产能力?

解：如果将能力缓冲提高到20%，则当年的能力需求为每天生产625［或500/(1.0−0.2)］台电视机，也就是用当前的生产能力除以能力利用率。3年后市场对其产品需求增加到1 000台电视机，则3年后该系统的能力需求将是1 250［或1 000/(1.0−0.2)或625×2］台电视机。

2. 以投入量表示的未来能力需求估计

以投入量表示生产能力适用于产品品种多、标准化程度低、产品或服务组合变化快的生产或服务系统。这种系统经常使用诸如员工多少人、机器多少台、卡车多少辆、计算机多少台、座位多少个等表示其生产能力。用投入量表示能力需求将需求预测、作业时间估计以及希望的能力缓冲结合在一起。当一个生产（运作）系统仅生产或提供一种产品或服务，而且时间周期为一年时，其能力需求的计算公式

$$M=Dp/N(1-C)$$

式中 M——所需要的投入资源数（如多少台设备，多少名员工）；

D——该年的需求预测数（生产的产品数或服务的顾客数）；

p——单位产品或服务的加工（处理）时间；

N——设施运行过程中每年的总小时数；

C——要求的能力缓冲（用百分比表示）。

上式中的分子表示根据年度预测的产品或服务需求量计算的所需要的设备小时数，分母表示一个系统（一名员工或一台机器）一年中可提供的实际作业小时数。

如果系统生产多种产品或提供多种服务，就必须将从一种产品或服务的生产到另一种产品或服务的生产的转换时间考虑进来。这就是设备调整时间，即将一台机器（或一个工作

站）从生产一种产品或服务调整到生产另一种产品或服务时所需要的时间。总的设备调整时间可以用每年需求预测数 D 除以每批次的生产数量（在两次设备调整之间加工处理的产品或服务数量）再乘上每次的设备调整时间而求出。例如，预测某种产品年度需求量为 1 200 单位，每次生产批量为 100 单位，则每年设备调整的次数就是 12 次。如果每次设备调整的时间是 30 分钟，则一年中设备总调整时间就是 360 分钟（或 6 小时）。

因此，当系统涉及多种产品和服务时，必须同时考虑加工处理时间和设备调整时间，这时的能力需求可以通过下面公式求得

$$M = \left(\sum_{i=1}^{n} D_i p_i + \sum_{i=1}^{n} \frac{D_i}{Q_i} S_i\right) / N(1 - C)$$

式中 D_i——产品或服务 i 的年预测需求数量；

p_i——单位产品或服务 i 的加工（处理）时间；

Q_i——产品或服务 i 的加工（处理）批量；

S_i——产品或服务 i 的标准设施调整时间；

N——产品或服务的种类数。

当计算所得到的 M 为非整数时，由于不可能购买小数台机器，因此，必须根据不同情况取小于或大于 M 的整数。如果使用加班或缺货这类短期策略来弥补能力不足的成本效益比较高，所需要的设备数取小于 M 的整数，否则取大于 M 的整数。

【例 5-2】 某写字楼的复印中心为两个客户制作装订成册的报表。该中心对每一份报表要制作多册（批次大小）。除了其他因素外，复印、分页、装订的处理时间取决于报表的页数。复印中心每年营业 250 天，每天 8 小时。管理层认为不低于 15% 的能力缓冲是合理的。该中心目前有 3 台复印机，请根据表 5-4 信息，确定复印中心需要多少台复印机？

表 5-4 预测所需复印机的信息

项　目	客户 A	客户 B
年预测需求量报表份数/份	2 000	6 000
每份报表复印份数/份	20	30
每册标准处理时间/小时	0. 50	0. 70
标准设备调整时间/小时	0. 25	0. 40

解：

$$M=\frac{(2\,000\times0.50+6\,000\times0.70)+\left(\frac{2\,000}{20}\times0.25+\frac{6\,000}{30}\times0.40\right)}{250\times8\times\left(1.0-\frac{15}{100}\right)}=\frac{5\,305}{1\,700}=3.12$$

取大于 3. 12 的最小整数，需要 4 台复印机。

5. 2. 2 找出差距

能力差距指预计的能力需求与当前能力之间的任何（正的或负的）差值。当能力差值为正时，就需要扩张系统的能力。但需要注意的是，当一个生产流程包括多个作业环节和多种资源投入时，能力扩张要区分瓶颈和非瓶颈环节。只有瓶颈环节的能力得到扩张，整个系

统的能力才能得到提高。

5.2.3 制定备选方案

处理能力与需求之差的方法有很多种。一种备选的方法就是什么也不做，任由超过当前能力的这部分顾客或订单流失。其他的备选方案是各种扩张能力的时间和规模策略，如图 5-3 所示的扩张主义策略和等待观望策略。还有其他一些改变能力的短期策略，包括加班、转包、雇用临时工等。一般来说，备选方案应尽可能多地考虑各种长期和短期的策略选择。

5.2.4 评估备选方案

最后，管理者要对每一个备选方案从定性和定量两个方面进行评价。

在定性方面，管理者必须考虑每一个备选方案是否与整体能力战略以及财务分析未曾涉及的其他方面相符合。特别要关注的因素包括需求的不确定性、竞争者的反应、技术变革及成本等。其中一些因素是可以量化计算的（如成本）。另一些因素是无法量化的，必须在判断和经验的基础上进行评价。管理者可以用对未来的不同假定来对每一备选方案进行分析，例如给出一组对未来最悲观的假定：需求小于预测值，竞争激烈，建设费用比预期的要高等；也可以给出一组对未来最乐观的假定。通过这样多组的不同假设来对备选方案进行分析，从而使管理者在做出最终决定前对每种备选方案的结果得出总体的印象。

在定量方面，管理者将预测时间周期里每种备选方案产生的现金流量（成本与收入、资产与债务）进行比较。这里，可供选择的方法主要有净现值法、投资回收率法、盈亏平衡分析法等。下面以盈亏平衡分析法为例加以说明。

5.2.5 能力规划的工具——盈亏平衡分析

盈亏平衡分析法又称成本—产量分析，这种方法集中于成本、收益和产量之间的关系。成本—产量分析的目的是估计不同能力方案下企业能够取得的收益。它是比较分析运作能力需求方案极为有用的工具。

运用成本—产量分析方法需要明确给定产品生产所涉及的所有成本。这些成本分为固定成本和变动成本两类。固定成本就是即使在不生产任何产品时也存在的成本。包括房租、设备折旧、税收、债务利息以及管理成本。可变成本是随着生产产品数量的变化而变化的成本。可变成本的主要成分是用于生产制造或用于提供服务的直接劳动力和直接材料。成本—产量分析的另一个要素是收入函数。它随着销售量的增加而增加，等于销售量与单位产品价格的乘积。表 5-5 归纳了成本—产量分析中使用的一些符号。

表 5-5 成本—产量分析使用的符号

符号及其含义	符号及其含义	符号及其含义
FC——固定成本	TR——总收入	Q_{BEP}——盈亏平衡产量
VC——单位变动成本	R——每单位收益	P——利润
TC——总成本	Q——产量	

某一给定产量下总成本等于固定成本和单位可变成本与产量乘积的和

$$TC=FC+VC\times Q$$

假设产品每单位收益与可变成本一样，不随产量变化而变化，总收益将与产量呈线性关系，如图 5-5 所示，假设所有产量都售出，那么一定产量 Q 的总收益为

$$TR=R\times Q$$

图 5-5 也描述了收入（或利润）与产量之间的关系。总成本和总收益相等之处叫做盈亏平衡点（BEP），产量小于盈亏平衡点时，生产实际上处于亏损状态；产量大于盈亏平衡点时，生产处于盈利状态；偏离盈亏平衡点越远，亏损或盈利也越大。

总利润可用以下公式计算

$$P=TR-TC=R\times Q-(FC+VC\times Q)$$

整理得

$$P=Q(R-Vc)-FC$$

获得某一目标利润所需要的产量为

$$Q=(P+FC)/(R-VC)$$

总收益与总成本相等时的产量即盈亏平衡点产量为

$$Q_{BEP}=FC/(R-VC)$$

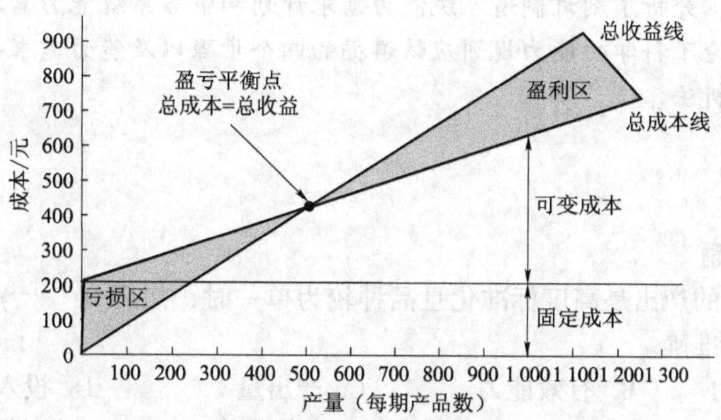

图 5-5　成本—产量关系

【**例 5-3**】老式果酱馅饼厂老板徐帆计划增加一条馅饼生产线，这条生产线每月租金为 6 000 元，可变成本为 2 元/块馅饼，每块馅饼售价为 7 元。

① 要达到盈亏平衡需要售出多少馅饼？

② 每月生产和售出 1 000 块馅饼是盈利还是亏损？

③ 要实现 4 000 元利润需要卖出多少馅饼？

解：

已知：$FC=6\ 000$ 元，$VC=2$ 元/块，$R=7$ 元/块

① $Q_{BEP}=FC/(R-VC)=6\ 000/(7-2)=1\ 200$（块）

② 当 $Q=1\ 000$ 块时

$$P=Q(R-VC)-FC=1\ 000\times(7-2)-6\ 000=-1\ 000\text{（元）}$$

③ $P=4\ 000$ 元，由 $Q=(P+FC)/(R-VC)$ 解得

$$Q=(4\ 000+6\ 000)/(7-2)=2\ 000\text{（块）}$$

产量—成本分析是一个用途比较广泛的模型，不仅适用于单一产品的生产系统，而且对

于多种产品或服务提供系统也同样有效。但是运用这种模型所要求的假定条件必须是确定的，这就限制了其适用范围。表5-6归纳了产量—成本分析的假定条件和几个优点。

表5-6　产量—成本分析的假定条件和优点

假定条件	优　点
1. 所有的成本和数量都是可以确定的 2. 所有产品都能够售出 3. 单位产品可变成本不随产量变动 4. 单位收益（价格）不随产量变动 5. 成本和产量的关系是线性的	1. 简单并且易于理解 2. 将利润融入分析方法中 3. 可以应用代数或图形方法来表示

本章小结

本章定义了生产运作系统的能力及其度量指标的含义，介绍了规模经济和范围经济、能力瓶颈与约束理论，分析了制订制造系统能力需求计划和服务系统能力需求计划需要考虑的因素及其策略，讨论了科学的能力规划应该遵循的四个步骤以及能力需求备选方案的评估方法——盈亏平衡分析法。

同步测试

一、单项选择题

1. 当一个系统的产出是高度标准化且品种较为单一时，使用（　　）来度量其生产能力可能较为准确。

A. 设计能力　　B. 有效能力　　C. 产出量　　D. 投入量

2. 资本密集度高的制造业企业，其能力缓冲宜维持在（　　）的水平上。

A. 90%　　B. 25%~30%　　C. 10%　　D. 70%

3. 能力缓冲水平越低意味着（　　）。

A. 能力利用率低　　B. 能力利用率高

C. 生产效率高　　D. 生产效率低

4. 服务系统的能力缓冲水平低意味着（　　）。

A. 服务质量高　　B. 服务质量低　　C. 顾客满意度高　　D. 能力利用率低

5. 范围经济带来的成本节约源自于（　　）。

A. 柔性　　B. 固定成本被更多的产品和服务分摊

C. 学习效应　　D. 员工更娴熟的操作技术

二、多项选择题

1. 一个系统的能力可以利用（　　）来度量。

A. 规模经济　　B. 产出量　　C. 投入量

D. 规模不经济　　E. 瓶颈

2. 在企业规模扩张的初期阶段，随着生产规模的扩大，产品或服务的单位生产成本会由于（　）而下降。

A. 固定成本由更多的产品或服务来分摊

B. 研发、分销成本由更多的产品或服务来分摊

C. 采购成本降低

D. 管理层级增加减少管理人员与员工联系的成本

E. 流程改进提高了生产效率

3. 能力扩张的基本策略有（　　）三种。

A. 跟随策略　B. 等待观望策略　C. 扩张主义策略　D. 紧缩策略

4. 在（　）下，系统宜持有较高的能力缓冲。

A. 需求变化快　B. 供应不确定性程度高

C. 资本密集度高　D. 产品组合变化快

E. 未使用能力成本高

5. 下列哪些情况下可能降低系统对能力缓冲的需求？（　）

A. 不强调快速交货　B. 收益损失下降

C. 资本投入密集度提高　D. 劳动力柔性提高

E. 较少运用库存来平滑产出率

三、思考题

1. 如何衡量系统的生产能力？

2. 比较分析规模经济与规模不经济的原因。

3. 为什么说系统的产出率取决于瓶颈？如何扩张瓶颈能力？

4. 如何运用约束理论的方法来解除瓶颈对系统产出的限制？

5. 比较分析能力扩张的三种基本策略之间优缺点，并说明它们适用的条件。

6. 描述能力规划的步骤。

四、练习题

1. 管理者正在为清捷凉鞋公司的一个关键的瓶颈作业环节制定能力计划。该公司以设备投入数量来表示生产能力。公司的产品有三种不同的品种：男士凉鞋、女士凉鞋和儿童凉鞋。作业加工时间、设备调整时间、每次生产批量以及需求预测等数据在表 5-7 中给出。该企业每年运行时间为 50 周、每周 5 天、每天两班、每班 8 小时。过去的数据表明 5% 的能力缓冲是合理的。

表 5-7　作业加工时间、设备调整时间、生产批量及需求预测

产　品	时间标准		批次大小/双	每年需求预测/双
	加工一双/小时	每批设备调整/小时		
男士凉鞋	0.05	0.5	240	80 000
女士凉鞋	0.10	2.2	180	60 000
儿童凉鞋	0.02	3.8	360	120 000

（1）需要多少台机器？

（2）如果该作业环节目前有 2 台机器，那么能力差距有多大？

2. 一个流程目前每天为60名顾客服务。最近几周的观察值表明其利用率约为90%，只有10%的能力缓冲。如果预计未来5年内的需求量是当前水平的75%，且管理层想拥有仅5%的能力缓冲，应该规划多大的能力需求？

3. 一家航空公司必须规划其机队的能力和飞机使用的长期日程安排。对一个航段来说，平均每天的乘客数是70人，代表了分配给该航段设备65%的利用率。如果预计在3年内该航段的需求会增加到每天84名乘客，应该规划多大的能力需求？假定管理层认为25%的能力缓冲是合适的。

4. 一家汽车制动装置供应商以每年52周、每周5天、每天两班、每班8小时的方式运行。表5-8表示了3种零部件的时间标准、批次大小和需求预测。由于需求的不确定性，运营经理得到了3组预测值（悲观值、期望值和乐观值）。该经理认为20%的能力缓冲是最佳的。

表5-8　作业加工时间、设备调整时间、批量及需求预测值

零部件	时间标准		批次大小/件	每年需求预测/件		
	加工一件/小时	每批设备调整/小时		悲观	期望	乐观
A	0.05	1.0	60	15 000	18 000	25 000
B	0.20	4.5	80	10 000	13 000	17 000
C	0.05	8.2	120	17 000	25 000	40 000

（1）所需最少机器数是多少？期望数是多少？最大数又是多少？

（2）如果该运营机构目前有3台机器，且经理愿意在乐观需求出现的情况下通过短期选择（加班、使用临时工、转包等）扩张20%的能力，那么能力差距是多少？

5. 某风筝、风向袋的生产商。下一个财政年度车间瓶颈作业环节的有关数据在表5-9中给出。

表5-9　瓶颈环节的加工时间、设备调整时间、批量及需求预测值

项　目	风　筝	风向袋
每年需求预测/件	30 000	12 000
批次大小/件	20	70
每件标准加工时间/小时	0.3	1.0
标准设备调整时间/小时	3.0	4.0

其车间的工作时间是每年200天、每天两班、每班8小时。目前有4台机器，要求有25%的能力缓冲。在不凭借任何短期能力解决方案的情况下，为了满足一个财政年度的需求，需要购买多少台机器？

6. 某陶器生产商考虑建造一新工厂以满足当前由于需求所引起的供应不足问题。基建投资为每月固定成本9 200元，单位可变成本为每件0.70元，每件产品卖给零售商的售价为0.90元。请问：

（1）达到盈亏平衡时每月需要生产多少产品？

（2）每月产量分别为 6 100 件和 8 700 件时所能实现的利润是多少？

（3）要实现每月 16 000 元的利润的月产量是多少？

（4）画出总成本和总收入图。

五、综合案例

Exit 制造公司

Exit 制造公司的计划委员会（由营销、财务以及生产副总裁组成）正在讨论一个计划，准备在佐治亚州亚特兰大市外地区选址设立新工厂。该工厂生产室外用门，产品由预悬挂金属与塑料泡沫隔层组成。这种门按照标准规格制成，配有 15 块不同的插嵌板可由零售商在制造后添加。他们希望通过建造标准化来创造优于竞争对手工厂的生产效率，而竞争对手制造的门有各种各样的尺寸。亚特兰大被认为是一处理想的场所，因其位于阳光地带的心脏部，有增长迅速的建筑业。选址接近于这些增长中的阳光地带各州，Exit 公司将最大限度地降低其分销成本。

该工厂的资本投资预计为 1 400 万美元。年维护费用占到总资本的 5%。燃料与公用设施成本预计每年为 50 万美元。对该地区劳动力市场的分析表明工资水平为每小时 10 美元。据估计在新工厂中生产一扇门需要 1.5 个工时。付给操作员工的额外福利预计为直接劳动成本的 15%。主管、文员、技术员以及管理层的薪水预计每年为 35 万美元。纳税与保险费每年为 20 万美元。其他各种费用预计每年总计为 25 万美元。折旧是按照 30 年的使用期，采用直线方式折旧，残值为 400 万美元。每扇门用到的金属板材、泡沫塑料、门的黏胶剂以及框架的成本为 12 美元。每扇门的油漆、合页、门把以及配件成本估计为 7.80 美元。每扇门的装箱费以及运输费为 2.50 美元。

Exit 公司的市场经理为新工厂的配送地区准备了下面这张价格—需求表，如表 5-10 所示。通过对这些数据进行分析，委员会成员认为能够达到他们的预期，即将当前市场份额从 15% 增加到 25%，因为标准化带来了成本优势。

表 5-10　价格—需求表

每扇门的平均售价/美元	区域销售量/件
90	40 000
103	38 000
115	31 000
135	22 000

案例思考题

作出 Exit 公司的新的门产品的盈亏平衡能力分析，并确定：

1. 最佳售价、生产量与利润。
2. 按照问题 1 确定的价格条件下的盈亏平衡生产量。
3. 按照问题 1 中的生产量条件下的盈亏平衡价格。
4. 利润相对于变动成本、价格以及生产量的敏感性。

实践与训练

一、实训目的

1. 使学生理论联系实际，进一步加深对生产运作能力计划知识的理解。

2. 培养学生运用生产能力计划的知识、决策步骤和方法，为小企业制定能力计划方案。

二、实训要求

1. 实训经由 3~5 人小组完成。

2. 选择一家位于学校附近的私人小饭馆，利用课余时间的调查和访谈，了解饭馆的设备投资规模、面积、每周、每天以及一天中的不同时间段就餐人数和平均消费金额。调查访谈的对象包括经营者和就餐的顾客——学生。

3. 为该饭馆制定一份能力计划方案。

三、成果与考核

成果与考核主要依据小组的实训报告以及小组长对小组成员参与度的鉴定评定成绩。

第6章

库存管理

知识目标

1. 了解库存的基本概念、类型及利弊。
2. 领会独立需求库存和相关需求库存。
3. 领会定量控制系统和定期控制系统的基本原理及其特点。
4. 掌握经济订货批量模型、经济生产批量模型、再订货点模型的基本原理及计算方法。
5. 掌握库存管理的 ABC 分类法、挂签制度和周期盘点法。

技能目标

运用库存控制模型、库存管理方法进行库存物资的分类与管理。

先导案例

供应商管理库存

库存管理经常被视为一个十分乏味而狭窄的领域，一提到库存管理，人们就会想到复杂的计算和分析。今天与库存管理相关的许多领域正在受到越来越广泛的关注，其中供应商管理库存（Vendor-Managed Inventory，VMI）是广受关注的一个主题。VMI 是指由供应商来负责管理其零售商或批发商客户的库存。这些库存由客户所拥有，但管理这些库存的责任赋予了供应商。供应商根据销售时点（Point of Sale，POS）的信息来决定补货的时间和数量。

里奇公司是一家资产 20 亿美元的家族食品公司，总部位于水牛城。它与 IBM 合作向杂货店提供其冷冻食品的 VMI 服务。通过这一服务，杂货店客户每天向 IBM 提供有关其库存销出和库存余额的信息。里奇公司获得这些信息后，便根据服务绩效合约应用客户自身的采购系统来生成补货订单。这些采购订单再电子化地发送到里奇公司。通过应用 VMI，零售商希望能够在降低积压发生的同时提高库存的周转率。

库存对企业意味着什么？有人说它对于企业生产运作是必不可少的，有人说它是一个“必要的恶魔”，还有人说它是“万恶之源”。现实的情况是，任何一个企业或多或少，无论什么类型都持有库存。因此，库存管理就成为企业生产运作管理中的一个重要问题。

6.1 库存管理的基本问题

6.1.1 库存的基本概念

企业生产运作管理中的一个核心问题是库存控制。从客观上来讲，所谓库存，是企业用于今后销售或使用的储备物料（包括原材料、半成品、成品等不同形态）。但是对于管理者来说，库存这一概念的含义是复杂而广泛的。按照管理学上的定义，库存是"具有经济价值的任何物品的停滞与储藏"；在企业的财务报表中，库存表现为给定时间内企业的有形资产。

持有库存的理由在不同情况下和不同企业内可能各有不同，各有侧重，但一般来说主要是为了三个目的：预防不确定性的、随机的需求变动；为了保持生产的连续性、稳定性；为了以经济批量订货。但是，持有库存要发生一定费用，还会带来其他一些管理的问题，因此，库存的作用及其弊端之间的权衡是库存管理的基本问题。

6.1.2 库存的类型

1. 按功能分类

库存按功能，可以分为以下四种。

（1）在途库存。因为物料必须从一处运往另一处，所以存在着在途库存，也称运输库存。它包括：从供应商到工厂、在工厂里从一道工序到下道工序、从工厂到配送中心或顾客以及从配送中心到零售商等。例如，从制造商将商品运往分销商或从零售商的区域仓库运往零售店的一卡车商品就是在途库存。在途库存由那些已经下达但还未收到货物的订单构成。

（2）安全库存。库存的另一目的在于防止供应、需求与提前期的不确定性。安全库存也称缓冲库存，用于减轻（或抵消）意外事件的影响。在平均需求量之上的库存量就是安全库存，它可用来满足超过平均水平的需求。库存水平越高，客户服务越好——也就是说，缺货和延期交货的情况就越少。由于库存用完而使得顾客的订单得不到满足就会发生缺货。发生缺货时，公司会立即做延期交货的安排。如果经常发生这种情况，顾客会产生不满情绪，严重的话，顾客会转向竞争对手寻求同样的服务。

要建立安全库存，企业所下订单的交货日期要早于通常需求的时间。因此，重新补充的订货就会提前到达，这样就为应对不稳定性提供了缓冲。例如，假定一家供应商的提前期为3周时间，而企业为了保险起见提前5周订货，这就产生了2周的安全库存量。

（3）预期库存。预期将来可能发生某些事件，如涨价、季节性需求增长，所以要持有预期库存。例如，可以在某个时间发生之前先建立库存，以备事件期间或之后所需，而不是一段时间拼命加班而另一段时间由于需求不足又限制或停止生产。制造商、批发商和零售商会在诸如新年、中秋节、圣诞节等节日之前建立预期库存，因为这些场合对于特定的产品会有较高的需求。

（4）周转库存。周转库存，有时也称批量库存，它出现的原因源自管理者为使库存的持有及订购总成本最小化的目的。如果某种零件的年需求量为12 000个，管理者可以下一份 12 000 单位零件的订单而全年保持很大的库存量，也可以下 12 份 1 000 单位零件的订单从而保持较低的库存水平，但与订货及接收货物相关的成本将会增加。周转库存是因以批量方式订购而产生的库存，而非所需的库存。订购批量与两次订货之间的间隔时间成正比。对于一种给定物品来说，两次订货的间隔期越长，其周转库存量就越大。

2. 按其在生产和配送过程中所处的状态分类

库存按其在生产和配送过程中所处的状态可分为以下四种。

（1）原材料。原材料是指来自组织外部（通常通过采购获得），并直接用于生产最终输出的物品、商品和要素。原材料诸如钢板、油漆、化学品等基本材料，以及集成电路板、螺母、螺栓、引擎、车架、汽缸、比萨饼坯、面包（制作汉堡用料）、挡风玻璃等装配件。

（2）保养、维修和操作类物料（Maintenance，Repair and Operating Supplies，MRO）。MRO 类物料是指用于支持及维护运营活动的那些物品，包括备件（spares）、易耗品（supplies）及储备品（stores）。备件有时由组织自己制造而不是采购。它们通常是在生产过程中非常重要的机器零部件或易耗品。易耗品是指在产品和服务的生产中所耗用的库存物品，但它不直接构成最终产品。例如：复印纸、铅笔、包装材料、订书钉等。储备品通常兼指保存在仓库或货架中的易耗品和原材料。

（3）在制品（Work-in-Process，WIP）。在制品库存包括运营系统中正在被加工或等待加工的所有材料、零部件、装配件。在制品是指所有那些已经离开原材料库存，但还未被转化或装配为最终产品的制品。

（4）产成品（Finished Goods）。产成品库存是完工产品的库存。产品一旦完成了生产，就由在制品库存转变为产成品库存。由此便可将它们运往配送中心，卖给批发商，或者直接销售给零售商或最终顾客。

不同形态的库存及其位置如图 6-1 所示。

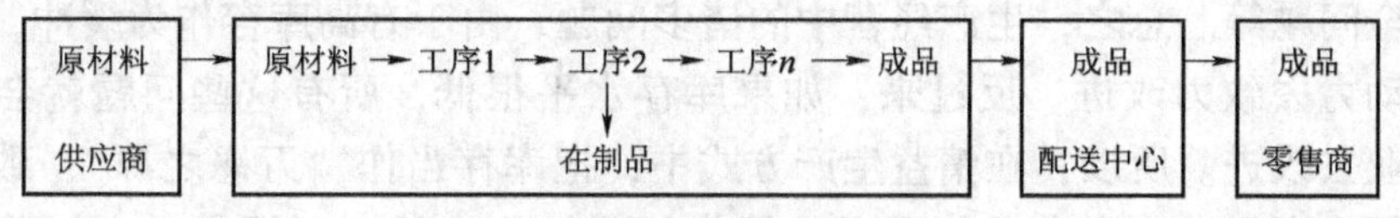

图 6-1　不同形态的库存及其位置

从上述分析中可以看出，组织的库存系统与运营系统是紧密相关的。库存影响着顾客服务、设施与设备利用率、产能及劳动效率。因此，物料的获取与存储方式，即“库存”，对于生产系统起着至关重要的作用。

6.1.3　库存利弊分析

库存的存在有利有弊。因此，有必要分析库存的大小主要取决于哪些因素，会带来什么样的影响和作用。

1. 库存的作用

库存的作用主要在于能有效地缓解供需矛盾，使生产尽可能均匀，有时甚至还有“奇货可居”的投机功能。具体而言，库存的作用包括以下四项：

（1）改善服务质量。持有一定数量的库存有利于调节供需之间的不平衡，保证企业按时交货、快速交货，能够避免或减少由于库存缺货或供货延迟带来的损失，这些对于企业改善顾客服务质量都具有重要作用。

(2) 节省订货费用。订货费用指订货过程为处理每份订单和发运每批订货而产生的费用。这种费用与订货批量的大小无关而与订货次数有关。因此，如果通过持有一定量的库存增大订货批量，就可以减少订货次数，从而减少订货费用。

(3) 节省作业交换费用。作业交换费用是指生产过程中更换批量时调整设备、进行作业准备所产生的费用。作业的频繁更换会耗费设备和工人的大量时间，新作业刚开始时也容易出现较多的产品质量问题，这些都会导致成本增加，而通过持有一定量的在制品库存，可以加大生产批量，从而减少作业交换次数，节省作业交换费用。

(4) 提高人员与设备的利用率。持有一定量的库存可以从三个方面提高人员与设备的利用率：减少作业更换时间，这种作业不增加任何附加价值；防止某个环节零部件供应缺货导致生产中断；当需求波动或季节性变动时，便于生产均衡化。

2. 库存带来的弊端

库存也会给企业带来不利的影响，除了会占用大量资金，这些影响主要包括：

(1) 发生库存成本。库存成本是指企业为库存所需花费成本。库存成本包括：占用资金的利息、储藏保管费（仓库费用、搬运费用、管理人员费用等）、保险费、库存物品价值损失费（丢失或被盗、库存物品变旧、发生物理化学变化导致价值降低、库存物品过时导致价值降低）等。

(2) 掩盖企业生产经营中存在的问题。这是著名的精益生产方式的一个基本管理思想。精益生产方式认为，高库存有可能掩盖一系列生产经营问题。例如，掩盖经常性的产品或零部件的制造质量问题。当废品率和返修率很高时，一种很自然的做法就是加大生产批量和在制品、完成品库存；掩盖工人的缺勤问题、技能训练差问题、劳动纪律松弛问题和现场管理混乱问题；掩盖供应商的供应质量问题、交货不及时问题；掩盖企业计划安排不当问题、生产控制不健全问题等。总之，生产经营中的诸多问题，由于有高库存作为缓冲，管理层就不会有压力和动力去致力改进。反过来，如果库存水平很低，所有这些问题就会立刻暴露出来，迫使企业去改进。所以，在精益生产方式中，把库存当作“万恶之源”，致力于通过减少库存来暴露生产经营中潜藏的问题，从根本解决问题，从而断提高生产经营系统的“体质”。

6.1.4 独立需求库存与相关需求库存

(1) 独立需求库存。独立需求是指来自用户对企业产品或服务的需求。其最显著的特点是需求是随机的，企业自身不能控制而由市场决定，与企业对其他库存产品所做的生产决策无关。正是由于独立需求的对象和数量的不确定性，只能通过预测的方法粗略地估计。

(2) 相关需求也称非独立需求，它与其他需求有内在的相关性，可以根据对最终产品的独立需求精确地计算出来，是一种确定性的需求。

例如，某汽车供应商根据预测确定某一年的市场需求是 30 万辆，这是独立需求，具有不确定性。一旦 30 万辆的市场需求确定下来，企业内部制造、装配汽车所需要的原材料、零部件的数量和时间就可以精确地计算出来。对零部件和原材料的需求是相关需求。

独立需求库存与相关需求库存在生产过程中的分布如图 6-2 所示。

库存需求的这种分类构成了库存管理的两大部分：一部分是独立需求库存，由于其需求

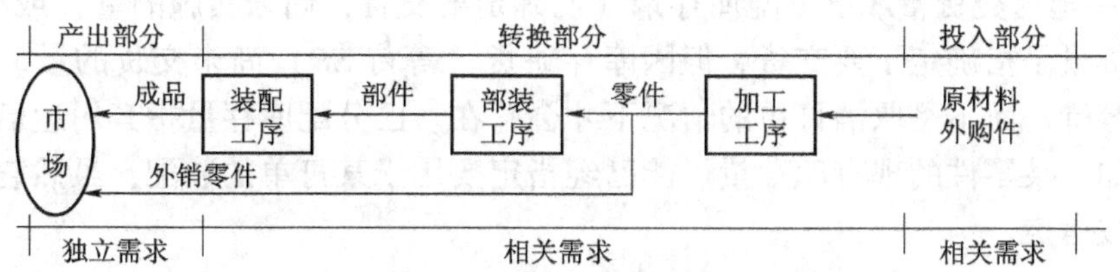

图 6-2　生产过程中的不同需求类型

时间和数量都不是由企业本身所能控制的，无论是在数量上还是时间上都有很大的不确定性，只能采用“补充库存”的控制机制，将不确定的外部需求问题转化为对内部库存水平的动态监测与补充问题。另一部分是对相关需求库存的管理，这种需求实际上是对完成品生产的物料需求，与完成品的需求之间有确定的对应关系。时间关系可用生产周期、生产提前期、运输时间等通过计算得出，这实际上也是生产计划所要控制的对象，即相关需求的库存控制实际是生产计划与控制系统中的一部分。

6.2　独立需求的库存控制系统

库存控制系统的目标在于就适当的库存水平及库存水平的改变做出决策。要维持适当的库存水平，就需要有相应的决策规则来回答以下两个基本问题：

（1）应在何时下达补充库存的订单？

（2）应当订购多少？

在现实的库存管理中，针对上面两个问题，对独立需求库存的监控可分为两大类：一类是连续观测（定量）系统，简称为 Q 系统，通过连续观察库存数量是否达到再订货点来实现；另一类是定期观测系统，简称 P 系统，通过周期性地检查库存水平来实现对库存的补充。以下分别讨论这两种不同的系统，并分析其异同。

6.2.1　连续观测（Q）系统

连续观测（Q）系统有时称为再订货点系统（Reorder Point System，ROP）或固定订货量系统。在该系统中，每当出库一批库存物品时，都要对库存余量进行监测，以确定是否到了再次订货的时间。实际上，这种观测是经常进行的（如每天一次）且常常是连续地（每次出库后）进行。与库存记录相连接的计算机和电子收银机的发明，使得这种连续观测变得很容易。每进行一次观测，都要进行一次某种物品的库存状况决策。如果判断库存量过低，系统就会发出一份新订单。图 6-3 显示了连续观测系统的运行过程。

库存状况（Inventory Position，IP）度量了该物品满足未来需求的能力。它包括预计到货量（Scheduled Receipts，SR）加上现有库存量（On-hand Inventory，OH），再减去延迟交货量。即

$$IP=OH+SR-BO$$

式中　IP——库存状况（水平）；

OH——现有库存量；

SR——预计到货量（指已经订购但还没有收到的订货数量，有时称为未结订单量）；

BO——延迟交货量或已分配库存量（已确定要交货，尚未实施的量）或积压订单。

延迟交货量是指确定了要交货，但因库存缺货（等待 *SR*）尚未交货的量。这种量只有在顾客同意等待，而不是取消订单的情况下才会存在。已分配库存量指其用途已指定的现有库存量，例如，某零件的现有库存量可能已经指定要用于某订单的装配，虽然它现在仍然放在库里，未被运走。

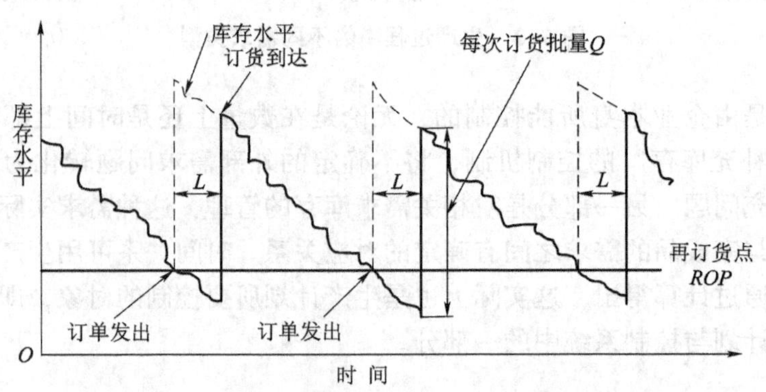

图 6-3 连续观测系统（Q 系统）

从图 6-3 中可见，连续观测系统需要确定订货点和订货批量。一个企业采用连续检查控制方式后，其库存控制存在如下特点：一是每次的订货批量通常是固定的；二是相邻两次订货的间隔时间通常是变化的，其长短主要取决于需求量的变化情况，需求大则时间间隔短，需求小则时间间隔长。从图 6-3 中可见，尽管每次发出订货指令时库存量基本相等，但由于需求可能是随时变化的，造成库存量的极大极小值时高时低，并不稳定。基于上述特点，连续观测系统的库存控制要点是订货批量的确定与再订货点的设立，前者影响整个库存的平均水平，后者影响服务水平。再订货点的确定要保证发出订单时的剩余库存足以满足提前期（从发出订单到收到货物的时间）的需求。欲订购的库存数量是根据经济订货批量（EOQ）模型、经济生产批量模型（EPQ）、价格折扣数量（符合价格折扣的最小批量）、装箱量（如卡车最低起运量）等来确定的。

图 6-3 描述了该系统是如何运行的。向下的斜线表示现有库存量，它以相对稳定的速度被消耗，当到达再订货点（即横线）时，发出一个新订单。订单发出后，现有库存量继续被消耗，直至新订购的货物到达（该期间称为订购周期或订购提前期）。在新订货到达时，现有库存量直线增加 *Q* 个单位。

库存状况（*IP*）也表示在图中，除了订购周期 *L* 以内，它与现有库存量是相同的，而在订购周期（提前期）的起点（即订单发出的时刻），它就马上增加 *Q* 个单位（预计到货量），所以在订购周期 *L* 内，*IP* 大于现有库存量。从这里可以得出要注意的一个问题，即决定是否该再订货时，应该看 *IP*，而不是现有库存量。一个常见的错误就是忽略预计到货量或延迟交货量，从而引起库存系统的不正常变化。

有一种简化的且应用更广泛的再订货点系统的变化形式，就是“双堆”系统，在这种系统中，零部件或原材料被分成一大一小两堆进行储存。小堆的储存量就是再订货点量，用于满足订货提前期内的需求。在订单发出之前所需零部件只从大堆中取用，直到用完为止。一旦大堆用完，即发出补货订单，在收到补充订货之前取用小堆的库存零部件。这种双堆系统的好处在于它无须保存库存使用的实时细节记录，并且无需对库存进行持续的盘点以确定是否应下达订单。

【例6-1】一家超级市场对软饮料的需求量一直是每天25箱，且订货提前期总是4天。货架上刚刚重上了软饮料，目前只剩下10箱库存。没有积压订单，但有一批200箱的未结订单。其库存状况如何？是否应该发出新订单？

解：ROP=订货提前期内的平均需求量$=25\times4=100$（箱）

$IP=OH+SR-BO=10+200-0=210$（箱）

由于IP大于ROP，所以不需要再订货。虽然库存几乎被耗尽，但没有必要发出新订单，因为计划到货正在途中。

6.2.2 定期观测（P）系统

定期观测（P）系统，有时称为固定间隔期订货系统或定期订货系统。在该系统中，对物品的库存状况进行定期观测而不是连续观测。因为有了一定的规律性，这样的系统可以简化交货的计划安排。每完成一次观测，就发出一份新订单，而且两次订货的间隔时间固定为P。由于需求量为随机变量，所以两次观测之间的总需求量会发生变化。所以，从一次订货到下一次订货的批量Q可能会有所不同，但两次订货之间的时间间隔是固定不变的。定期观测系统的一个实例是软饮料供应商对自动售货机每周一次的周期性巡视。每周，该供应商要观测自动售货机软饮料的储备量，并为该售货机再次储备足够的产品，以满足直到下周为止的顾客需求及安全库存需要。定期观测系统的运行过程如图6-4所示。

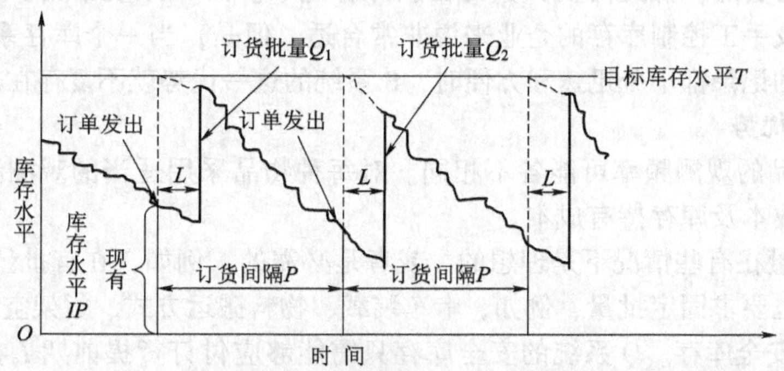

图6-4 定期观测系统（P系统）

在定期观测系统中，每两次订货的时间间隔是固定的。与连续观测系统相反，在定期观测系统中，订货批量通常是变化的，而订货间隔期是固定的，通常按季、月或周来划分，因此这种控制方式的关键是确定订货间隔期。例如，采用周期检查控制方式的生产企业从客观上比较容易制定出统一的采购计划，将一段时间企业需要采购的各种物资汇总采购，更容易获得价格优惠。这种系统尤其适用于零售商订购众多种类的货物，其控制系统的库存量变化情况如图6-4所示。

图6-4说明定期观测系统是如何运行的。向下的斜线表示现有库存量，每隔预先决定好的时间间隔P，就发出一个新订单，使库存水平提高到目标库存量T。在第一个观测点的订货量Q_1，等于IP和T之间的差。与定量控制系统相同，IP和现有库存量只在订购周期内不同，当预订的货物到达时，二者相同。

在定期观测系统中，再订货数量以每种库存物品所设的目标库存水平为基础。目标库存

水平等于再订货数量加上现有库存量和预计到货量（已订购数量），再减去预期的订购提前期需求量。即

$$Q_i = T - IP_i。$$

【例 6-2】在一个配送中心里，有 5 台 36 寸彩色电视机的积压订单。当前库存量为 0，而现在到了观测时间。在 $T=400$ 以及预定到货量为 0 的情况下，订购数量应该为多少？

解：$IP=OH+SR-BO=0+0-5=-5$（台）

$T-IP=400-(-5)=405$（台）

即应该订购 405 台，可使库存量达到 T 台的水平。

6.2.3 Q 系统与 P 系统的比较

无论是 Q 系统还是 P 系统，都不可能是全部情况下的最好解决方案。每种系统都有各自的优势。

1. P 系统的优势

（1）因为库存量补充是定期进行的，系统管理简便。员工们可以留出一天或一天中的部分时间，集中精力完成这项特定任务。固定的补货间隔时间还可以提供标准化的拣货及发运时间。

（2）从同一供应商订购多种物品，可以把订单综合为一份采购单。这种方式可以减少订购及运输成本，并且可能使物品的价格大幅下降。对于供应商来说也更为方便。

（3）只在观测时刻知道库存水平 IP 即可。在 Q 系统中，必须随时知道库存水平，以便判断是否到了再订货点，为此需要频繁地更新库存记录。而 P 系统中则没有这种必要，这对于中小企业以及手工控制库存的企业来说非常合适。但是，当一个库存系统被计算机化，每一项进货出货的记录都十分迅速和方便时，P 系统的这一优势就不复存在。

2. Q 系统的优势

（1）每种物品的观测频率可能各不相同。对每种物品采用适当的观测频率，这样有可能节省总的订货成本及库存持有成本。

（2）固定批量在有些情况下是理想的，或者是必需的，例如，在有批量折扣的情况下。有时候物理限制也要求固定批量，例如，卡车装载、物料搬运方式、货架空间以及容器等。

（3）较少的安全库存。Q 系统的安全库存只需能够应付订货提前期 L 内需求的不确定性即可，而 P 系统的安全库存需要应对 $P+L$ 内需求的不确定性。

总而言之，选择 Q 系统还是 P 系统，没有一个明确的答案，哪一个更有利主要取决于其优点的相对重要性。在进行决策时，管理层应该对每个备选方案进行仔细权衡。更进一步，还可以考虑混合使用两种系统。

6.3 独立需求的库存控制模型

独立需求库存控制需要回答两个基本问题：什么时候补充订货？每次订货数量是多少？每次补充库存需要的订货数量常常由经济订货批量模型解决。什么时候补充订货就是要决定什么时候以经济批量来补充库存，通常通过设置再订货点来解决。

6.3.1 库存相关成本

与库存系统相关的成本有五大类别：订货或设置成本、库存持有成本、缺货成本、机会

成本以及货物成本。

1. 订货或设置成本

订货成本指与物料的外部采购相关的成本，设置成本指与部分物料的内部获得（内部制造）相关的成本。订货成本包括以下工作的成本：书写成本、通过采购系统处理订单、邮寄、处理发货清单、处理应付账款以及如搬运、检测及运输等收货部门的工作。设置成本包括以下工作的成本：书写订单及内部生产系统的处理、安排工人、由于重新设置而出现的机器停顿(如机器闲置)、设置期间的零部件损坏（如机器设置时通常用实际零部件来做测试）；还包括与员工学习曲线有关的成本（如新一轮生产开始之初出现的高废品率及低生产率的成本)。

2. 库存持有成本

库存持有成本包括以下三个主要部分：资金成本、存储成本、风险成本。

（1）资金成本包括在库存上所投资金的利息以及为了持有和维持库存所必需的土地、建筑物、设备上所投资金的利息。这类成本通常会占到货物成本的 20% 以上。

（2）存储成本包括建筑物的租金、税金和保险费；建筑物折旧；维护与修理成本；照明等电力成本；安保人员的工资；对库存征收的税；搬运库存的劳动力成本；文档记录和文员的成本；设备的税金和保险；设备折旧；设备的燃料与能源成本；修理与维护成本。这些成本中有些是可变的，有些是固定的，有些是“半固定的”。

（3）风险成本包括库存的过时、库存的保险、库存物品的物理变质、失窃损失等方面的成本。

虽然上述成本中有些相对较小，但持有库存的总成本可能相当大。研究表明，一家典型的制造企业，这类成本会占到库存成本的 35%。其中大部分是所投入资金的成本。

3. 缺货成本

缺货成本包括因缺货导致销售额损失、商誉损失以及与处理延迟交货相关的成本（如额外的文书工作、催料、赔偿及更高的运输成本)；生产所需物料的缺货会导致生产作业计划的重新安排成本、停工与延误成本、为获得所需零部件采取“紧急”运输的成本以及用更昂贵的零部件或原材料代替的成本。

4. 机会成本

机会成本包括由于要求增加产出而出现的加班成本；雇用、培训及解雇人员的人力资源管理成本；高峰期雇用低技能人员的生产率损失成本；需求减少而导致生产能力闲置的成本。

5. 货物成本

货物成本指的是购买货物所发生的费用支出。虽然这项支出迟早都必须发生，但采购的时间（机）及批量对成本有极大的影响，比如数量折扣等方面的因素。

6.3.2　订货批量模型

订多少货的问题常常通过订货批量模型得以解决。经常使用的订货批量模型有经济订货批量模型、经济生产批量模型和折扣批量模型。这里介绍基本经济订货批量模型和经济生产批量模型。

1. 经济订货批量模型

经济订货批量（Economic Order Quantity，EOQ）适用于按批量或订单补充库存，而不是连续地生产出来或送达的物品。前面分析了与库存有关的各种成本，但在基本的 EOQ 模型中只考虑两类成本，即库存持有成本与订货成本。因为在 EOQ 模型中，我们假定需求是恒定的，故不会发生缺货与产出能力变化，从而不会涉及缺货成本与机会成本。货物成本被假定是固定的，因而不会影响关于“何时订购”以及“订购多少”的决策。

年库存总成本由年订货总成本和年库存持有成本构成，即

$$年库存总成本=年订货总成本+年库存持有成本$$

【例 6-3】 考虑一家瓶装水分销商，其货物来自福建闽西山区的泉水。该分销商每个月（30 天）将 20 千克装的 1 000 瓶水卖给东南沿海的居民。假设对于瓶装水的全年需求是恒定的，该分销商每次订购 2 000 瓶，收到订货的提前期是 6 天。成本核算部门分析了库存成本，确定发出一份订单的成本为 60 元，每瓶 20 千克瓶装水库存的年持有成本为 10 元。

在当前的订货策略下，该瓶装水分销商的年度总库存成本为多少？其库存模式如图 6-5 所示。设总需求量（年）为 D；订货批量为 Q；发出一份订单的费用为 S；单位物品年持有成本为 H。

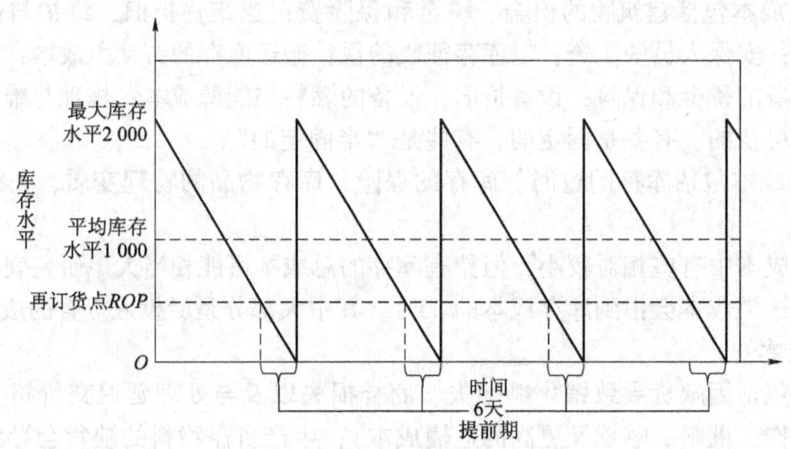

图 6-5　瓶装水分销商的库存模式

为了确定在当前的订货策略下该分销商的年度库存总成本，我们必须确定两类独立的年度成本：年度库存总持有成本与年度总订货成本。

订货成本取决于发出一份订单的成本（60 元）S 及每年发出订单次数。由于该分销商每年卖掉 12 000 瓶 20 千克装瓶装水，每份订单为 2 000 瓶，所以每年必须发出 6 份订单（即 12 000/2 000），总订货成本为 360 元（6 份/年×60 元/份）。可以用以下公式表达年订购成本

$$年订货成本=\frac{D}{Q}\times S$$

年持有成本取决于每年持有一瓶 20 公斤瓶装水的成本（10 元）H，以及作为“周转存货”持有的瓶数。这里要注意的是，库存水平是在不断变化的，没有哪瓶水在整个一年中都作为库存存在。分销商的库存变化是这样的：在周期开始时库存水平为 2 000 瓶（一批订货入库，使库存达到最大），在下一批订货入库前降至 0 个单位，新的订货入库又使库存水平达到最大。分销商全年的库存是周而复始地在 0~2 000 变化。平均库存为 0 与 2 000 的算术平均数：（2 000+0）/2＝1 000。那么，年库存持有成本就是 10 000 元（1 000 瓶×10 元/瓶）。用通用的公式表示为

$$年持有成本=\frac{Q}{2}\times H$$

将年订货成本与年持有成本相加便得到年度库存总成本 *TC* 的如下公式

$$TC=\frac{D}{Q}\times S+\frac{Q}{2}\times H$$

对于该分销商来说，年度总成本为 10 360 元（360+10 000）。因此，按照每份订单 2 000 瓶订货量的库存策略，每年的花费为 10 360 元。这是不是最好的做法？还能改进吗？

所谓经济订货批量（*EOQ*）是使总成本 *TC* 最小时的 *Q* 值，则

$$\frac{dTC}{dQ}=0，即\ EOQ=\sqrt{\frac{2DS}{H}}$$

对于该分销商，可以计算出其 *EOQ* 为

$$EOQ=\sqrt{\frac{2DS}{H}}=\sqrt{\frac{2\times 12\ 000\times 60}{10}}=379.6$$

显然，瓶装水的单位不能为小数，故订货量可取整数为 380 个单位，即 380 瓶。

这种订货策略的年度库存总成本为

$$TC=\frac{12\ 000}{380}\times 60+\frac{380}{2}\times 10=1\ 894.74+1\ 900=3\ 794.74\ (元)$$

还可以建立年持有成本及年订货成本随订货量变化的关系图，如图 6-6 所示。年持有成本为 $(Q/2)H$，也可以写成 $(H/2)Q$，由此可以看出持有成本是线性的，随 *Q* 的增加而增加。年订货成本为 $(D/Q)S$，也可以写成 $(DS)/Q$，可以看出订货成本与 *Q* 为非线性关系，且随 *Q* 的增加而减少。

从图 6-6 中可以看出，*TC* 首先随着订货成本的减少而减少，然后开始迅速增加。*TC* 值最小的点就是最佳的订货批量；也就是说，这个批量对应着最小的年度总库存成本。这一点称为经济订货批量（*EOQ*），在图中它恰好对应着订货成本曲线与持有成本曲线的交点处。

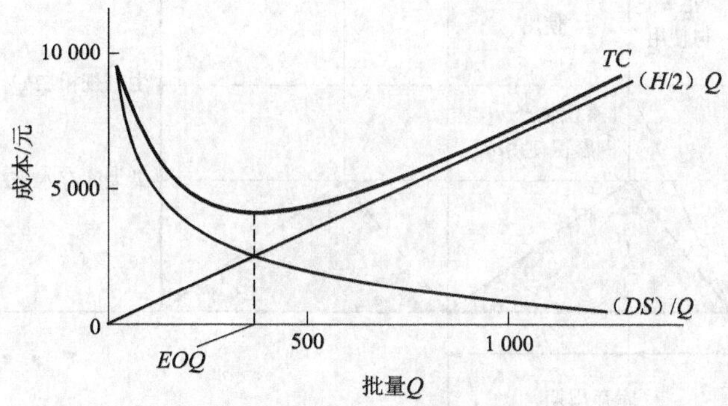

图 6-6 经济订购批量模型

对于订货量为 2 000 瓶的做法，经济订货批量的库存策略意味着 6 565.26 元的费用节省。在现实的库存实践中，*TC* 对于在 *EOQ* 附近的库存量变化常常表现出相对的“不敏感性”。这意味着库存经理在订货数量选择上有一定的灵活性。例如，如果当订货量为 500 单位时（比如这类物品是以 250 单位装的货盘来运输）运输与搬运更方便或更经济，则每次订货所增加的 120 个单位每年只是使企业多花费了 145.26 元。

有时，库存策略是基于两次补充订货的间隔时间，而不是批量的大小。一个特定批次的订货间隔时间（Time Between Orders，TBO）是收到（或发出）Q 单位补充订货之间的平均间隔时间。当以一年为单位用分数形式表示时，TBO 可以直接用 Q 除以年需求量得出。当使用 EOQ 并以月为单位来表示时间时，TBO 可以下式计算

$$TBO_{\mathrm{EOQ}}=\frac{EOQ}{D}\ (12\ 月/年)$$

【例 6-4】 利用例 6-3 中的数据，如果使用 EOQ 的批量标准，求多长时间订货一次？

解：在运用 EOQ 时，同一时期的订货间隔时间（TBO）可以用多种形式表示。

$$TBO_{\mathrm{EOQ}}=\frac{EOQ}{D}=\frac{380}{12\ 000}=0.032\ （年）$$

$$TBO_{\mathrm{EOQ}}=\frac{EOQ}{D}(12\ 月/年)=\frac{380}{12\ 000}\times 12=0.38\ （月）$$

$$TBO_{\mathrm{EOQ}}=\frac{EOQ}{D}(52\ 周/年)=\frac{380}{12\ 000}\times 52=1.65\ （周）$$

$$TBO_{\mathrm{EOQ}}=\frac{EOQ}{D}(365\ 天/年)=\frac{380}{12\ 000}\times 365=11.56\ （天）$$

2. 经济生产批量（Economic Production Quantity，EPQ）模型

经济生产批量模型用于当补充货物不是在库存正好降至零时到货的情况。在这种场合下，产品由内部生产，库存水平是逐渐建立起来的。EOQ 模型建立在瞬时补货的假设上，更适用于产品外购时的情况，而 EPQ 模型更适合于产品内部制造时的情况。对于内部生产的产品而言，库存水平是随着一件件产品的完成而逐渐增加的。另外，与前述的订货成本相对应，内部生产产品会产生一个设备调整成本（C_s）。其库存模式如图 6-7 所示。

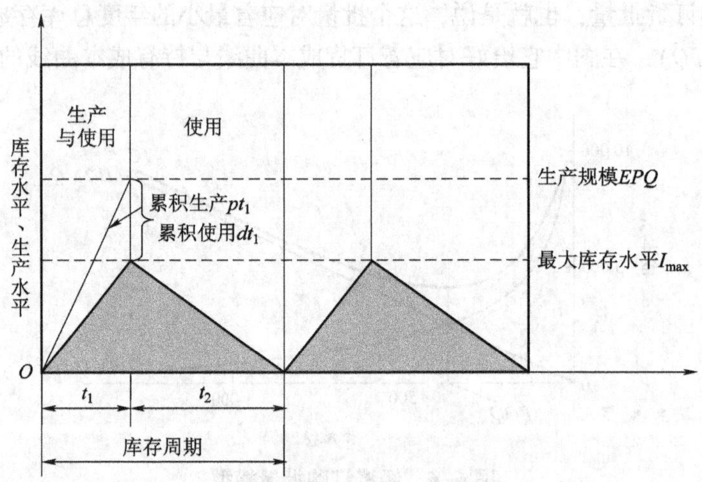

图 6-7　内部生产的产品库存模式

在图 6-7 的 EPQ 模型中，最大库存水平（I_{max}）小于生产批量 EPQ，因为产品一边在生产一边用于满足需求。在基本的 EOQ 模型中，I_{max} 等于 EOQ，因为正当库存水平降至零时，所订货物全部瞬时到货。

在 EPQ 模型中，一个库存周期由两部分时间构成：制造产品的期间（即由时刻 0 到时

刻 t_1）和时刻 t_1 到 t_1+t_2 的期间，即 t_2 持续的时间，在这一期间中产品的生产已经停止而库存用于满足需求。t_1 和 t_2 的长度取决于生产率（p）和使用率（d）。在下面的公式中，使用 Q_{EPQ} 来将 EPQ 与经济订购批量 Q 相区分。

$$t_1=\frac{Q_{EPQ}}{p}，t_2=\frac{I_{max}}{d}，节拍=t_1+t_2=\frac{Q_{EPQ}}{d}$$

简言之，t_1 是在生产率为 p 的情况下生产 Q_{EPQ} 件产品所需要的时间，t_2 是在使用率为 d 的情况下用完累积库存所需的时间。节拍（t_1+t_2）则是用完 Q_{EPQ} 件产品所用的时间。

在图 6-7 中，最大库存水平为

$$I_{max}=pt_1-dt_1=p\times\frac{Q_{EPQ}}{p}-d\times\frac{Q_{EPQ}}{p}=Q_{EPQ}\left(1-\frac{d}{p}\right)$$

库存持有成本为

$$库存持有成本=\frac{Q_{EPQ}\left(1-\frac{d}{p}\right)+0}{2}\times H=\frac{Q_{EPQ}}{2}\left(1-\frac{d}{p}\right)H$$

设备调整（或订货）成本为

$$设备调整（或订货）成本=\frac{D}{Q_{EPQ}}\times C_s$$

年度库存总成本为

$$年度库存总成本=\frac{Q_{EPQ}}{2}\left(1-\frac{d}{p}\right)H+\frac{D}{Q_{EPQ}}\times C_s$$

所谓经济生产批量 EPQ 是使总成本最小时的 Q_{EPQ} 值，由年度库存总成本对 Q_{EPQ} 求导得

$$Q_{EPQ}=\sqrt{\frac{2DC_s}{H\left(1-\frac{d}{p}\right)}}$$

【例 6-5】某公司产品的市场年需求量为 1 万台，该公司年工作日按 250 天计算，生产率为 100 台/天，生产提前期为 7 天。单位产品的生产成本为 7 元，单位产品的存储成本为 0. 50 元，设备调整的准备费用为 50 元/次。求：经济生产批量；每年生产次数；最大库存水平；一个周期内的生产时间和纯使用时间；再订货点。

解：由 EPQ 模型得

$$Q_{EPQ}=\sqrt{\frac{2DC_s}{H\left(1-\frac{d}{p}\right)}}=\sqrt{\frac{2\times10\ 000\times50}{0.5\times\left(1-\frac{10\ 000/250}{100}\right)}}=1\ 826（台）$$

每年生产次数为

$$n=\frac{D}{Q_{EPQ}}=\frac{10\ 000}{1\ 826}=6（次）$$

最大库存水平为

$$I_{max}=Q_{EPQ}\left(1-\frac{d}{p}\right)=1\ 826\left(1-\frac{10\ 000/250}{100}\right)=1\ 096（台）$$

生产时间和纯使用时间为

$$t_1=\frac{Q_{\mathrm{EPQ}}}{p}=\frac{1\ 826}{100}=19(\text{天})，t_2=\frac{I_{\max}}{d}=\frac{1\ 096}{40}=27\ (\text{天})$$

再订货点为

$$R=d\cdot L=\frac{10\ 000}{250}\times 7=280\ (\text{台})$$

6.3.3 再订货点模型

经济订货批量模型和经济生产批量模型回答了订多少货的问题，但还没有回答什么时候订货的问题。现在，通过介绍再订货点（ROP）模型来回答在多个期间上具有不确定需求的情况下什么时候订货的问题。

已知道再订货点模型的基本含义：一旦库存持有量降至某一事先确定的数量，就会发生再订货。这个数量一般包括生产或订货提前期内以及额外可能库存的期望需求，额外库存用于减少生产或订货提前期内的缺货可能。再订货数量取决于四个因素：需求率（通常基于预测）、生产或订货提前期、需求与生产提前期的变化、管理者可以接受的缺货风险。

由于需求率和提前期的变化，因此必须分析安全库存和服务水平之间的关系。安全库存是用于减少发生缺货的可能性的库存。由于提前期内的需求及提前期本身都可能发生变化，因此，在等待补货期间就有可能将库存耗尽，所以需要安全库存。而服务水平是用当前库存所满足的需求部分。服务水平可用多种方式衡量，如当前库存可满足的订单百分比，从当前库存发运的需求品目百分比等。安全库存与服务水平之间存在重要的关系：持有安全库存是为了实现企业所设定的服务水平。

再订货点模型如图6-8所示。提前期的预期需求是Q_1个单位。在时刻A，当前库存等于Q_1再加上安全库存。持有安全库存只是一种保险措施，以防提前期中发生意外的高需求或提前期的意外延宕。因此，一般情况下不会使用它。点A代表再订货点ROP，在此当前库存的数量等于预期的提前期需求。换句话说，当现有库存达到Q_1加安全库存时发出补货

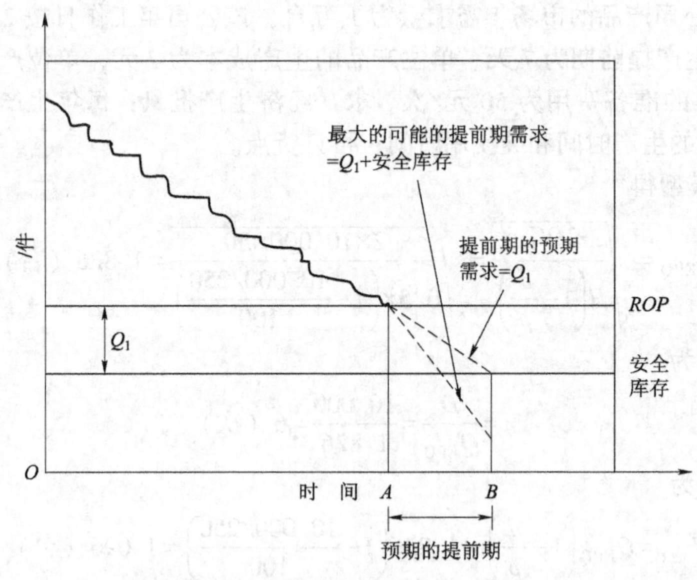

图6-8 再订货点（ROP）模型

订单，则所购货物应当在恰好用完 Q_1 个单位的产品，只剩下安全库存时到货。在图 6-8 中，补货订单在时刻 B 到货。预期提前期是 A~B 点的时间段。

再订货点模型可以区分为四种情形。

1. 需求确定和提前期确定

如果生产提前期内的需求是常数，再订货点就很简单

$$ROP = d \times L$$

式中　d——需求率（每天或每周的平均或期望需求量）；

L——生产提前期天数或周数。

2. 需求不确定与提前期确定

如果生产提前期内的平均（期望）需求发生变化，实际需求就有可能超过期望需求。因此，为减少生产提前期内耗尽库存（缺货）的风险，而持有额外库存即安全库存就十分必要。于是，再订货点应该再增加一个安全库存量，即

ROP = 生产或订货提前期内的平均（期望）需求量+安全库存量

由于在订货提前期内的平均需求可变且不确定，因此选择 ROP 时做出的实际决策与安全库存量密切相关。安全库存的大小关系到顾客服务水平和库存持有成本两者之间的权衡。确定 ROP 的常用方法是由管理层——以主观判断为基础——选定合理的服务水平，然后再确定可以满足这种服务水平的安全库存水平。

（1）服务水平选择。确定安全库存量的一种方法是设定服务水平，或周期服务水平——就是任一订货周期内不耗尽库存的期望概率。订货周期从发出订单开始，一直到这批订货入库时结束。例如，某商店经营者设定某商品的服务水平为 90%，它意味着在提前期内需求量不超过供应量的概率为 90%。为了将这种服务水平转化为具体的安全库存水平，需要知道提前期内需求量的分布形式。如果需求量围绕其平均值的变化幅度很小，安全库存就可以很小；反之，如果从一个订货周期到下一个订货周期，提前期内的需求量大幅度变化，那么安全库存就必须很大。

（2）计算安全库存量。在确定安全库存时，通常假定提前期内的需求量为正态分布，如图 6-9 所示。提前期内的平均需求为图中的中线，曲线下方左右两边的面积各占总面积的 50%。因此，如果选择 50% 的周期服务水平，那么再订货点 ROP 就是这条中线所表示的数量。由于 ROP 等于提前期内的平均需求量加上安全库存量，因此，当 ROP 等于该平均需求量时，安全库存量为 0。在 50% 的时间里需求量小于平均数，因此，在没有安全库存时只有 50% 的时间里可以满足顾客需求。

要提供高于 50% 的服务水平，再订货点就应该大于提前期内的平均需求量。在图 6-9 中，需要把再订货点向右边移动，这样，曲线下方多于 50% 的面积将位于 ROP 的左边。在图 6-9 中，用 ROP 左边曲线下方 85% 的面积可以达到 85% 的服务水平，而 ROP 的右边仅有 15% 的面积。用实现服务水平所需的偏离均值的标准离差的个数 z 乘以提前期内需求量

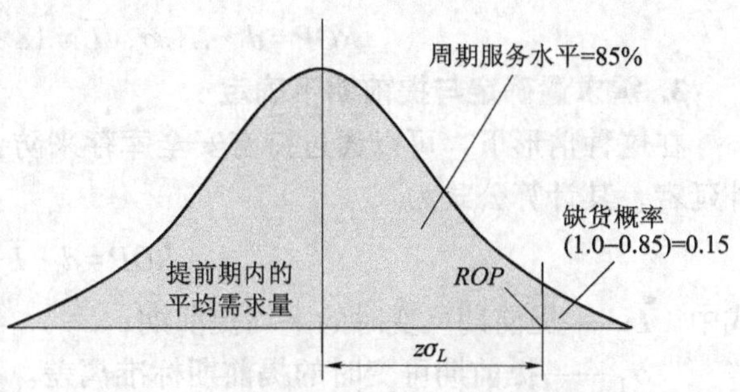

图 6-9　用正态分布求解周期服务水平为 85% 时的安全库存量

概率分布的标准离差值 σ_L，可以计算安全库存量为

$$\text{安全库存量}=z\sigma_L$$

z 值越大，安全库存量和服务水平就应该越高。如果 $z=0$，就没有安全库存，而订货周期内将有 50% 的时间会发生缺货现象。

【例 6-6】 记录显示洗涤剂在订货提前期内的需求量呈正态分布，其平均需求量为 250 箱，且 $\sigma_L=22$。那么，在服务水平为 99% 的条件下，应该持有多少安全库存量？再订货点是多少？

解： 首先要求出 z 值，即订货提前期内的平均需求右边的标准离差个数，该点左边曲线下方的面积占总面积的 99%（在正态分布表附录中查 0.990 0）。正态分布表中最接近的数值为 0.990 1，该值行对应值为 2.3，列对应值为 0.03。将两者相加得出 z 值为 2.33。利用该数据可以计算安全库存量和再订货点

$$\text{安全库存量}=z\sigma_L=2.33\times22=51.3\text{（箱）或 }51\text{（箱）}$$

$$\text{再订货点（ROP）}=\text{提前期内的平均需求量}+\text{安全库存量}=250+51=301\text{（箱）}$$

将安全库存量取接近于它的整数。在本例中，理论上的服务水平将小于 99%。如果将安全库存量提高到 52 箱，则服务水平会大于 99%。管理层可以通过选择服务水平来控制安全库存量。另一种减少安全库存量的方法是缩小提前期内需求的标准离差，这要借助于信息技术，通过与主要顾客进行密切协调来实现。

一旦确定了期望的服务水平，从正态分布表上便可以查得一个适当的 z 值。例如，当管理者期望一个 97% 的服务水平。从正态分布表中，可以找出一个离 0.97 尽可能近的值，然后确定其 z 值。离 0.97 最近的数值是 0.969 9，其对应的 z 值为 1.88。1.88 的 z 值意味着 97% 的服务水平，必须持有超过需求 1.88 个标准差的安全库存。

根据以上分析，在需求不确定而提前期确定的情形下的 ROP 便可计算为

$$ROP=\bar{d}\cdot L+z\sigma_t\sqrt{L}$$

式中 $\bar{d}$——需求可变时的平均需求率；

σ_t——需求可变时的需求标准离差。

【例 6-7】 某一商店销售一种豆浆机，长时间以来很受消费者的青睐。假定这种商品的平均需求量为 18 单位/周，其标准离差为 5 单位，提前期为 2 周。如果管理层希望达到 90% 的服务水平，试确定安全库存量及再订货点。

解： 在正态分布表中查找 0.900 0，该值对应 90% 的服务水平。表中最接近的数值为 0.899 7，相对应的 z 值为 1.28，利用该数据可以计算再订货点如下

$$ROP=d\cdot L+z\sigma_t\sqrt{L}=18\times2+1.28\times5\sqrt{2}=45$$

3. 需求量确定与提前期不确定

在这种情形下，可以通过持有安全库存来防备拖长的提前期，或者说补充订货到达的意外延宕。其计算公式为

$$ROP=d\cdot\bar{L}+zd\sigma_L$$

式中 $\bar{L}$——提前期可变时的平均提前期；

σ_L——提前期可变时的提前期标准离差。

4. 需求不确定与提前期不确定

需求与提前期均可变也许才是最现实的情形。这种情形下，两种变异源必须“合”在

一起以得到一个衡量提前期需求（DL）总变异的指标。这里不作详细推导，只是指出在这种情形下计算提前期需求总变异的公式是基于两个独立变量（需求和提前期）的积。提前期需求的总标准差为

$$\sigma_{DL}=\sqrt{\overline{L}\sigma_t^2+\overline{d}^2\sigma_L^2}$$

在此基础上，需求与提前期均可变的情形下的 ROP 便为

$$ROP=\overline{d}\cdot\overline{L}+z\sigma_{DL}$$

6.4　库存控制方法

6.4.1　ABC 分类管理法

库存控制的方法有 ABC 分类法、挂签制度和周期盘点法。其中 ABC 分类法是一种得到广泛使用的简单、实用、有效的库存控制方法。这里着重介绍这种方法。

ABC 分类管理法又称为重点管理法、二八法则和帕累托原理。其基本原理是处理问题要分清主次，区别关键的少数和次要的多数，根据不同情况进行分类管理，帮助人们正确地观察问题并作出决策。帕累托（意大利经济学家）原理："关键的少数，次要的多数。"它最早用于分析本国财富分配状况时，随后许多管理学者把此原理用于管理的其他方面：库存管理——ABC 分析法；质量管理——排列图法等。库存 ABC 分类法是这样一个过程：按库存物品占用资金的多少将其分为三类，以便管理人员将精力集中在那些具有最高资金价值的物品上。

库存控制中，在库存量与资金占用量之间存在着这样一种关系：少数库存项目占用着大部分的库存资金，相反大多数的库存物资仅占全部库存资金的小部分。根据这一特点，采取重点管住少数价值高的物品的策略，可以收到很好的效果。ABC 分类管理法就是为体现这个思想而设计的，方法十分简便，但却非常有效。ABC 分类管理法可以用于所有类型与形态的库存，并且对一般的管理问题，甚至很多社会现象都具有普遍的指导意义，所以该方法是一个重要的管理手段。不过需要注意的是，因为 ABC 分类管理法主要是以库存资金数量为基础进行分类的，没有反映库存品种对利润的贡献、供货的紧迫性等方面的指标。在某些情况下，因 C 类库存所造成的缺件、缺货损失也可能是十分致命的。因此在应用 ABC 分类管理法时应给以充分注意。

如图 6-10 所示，A 类物品通常只占物品总量的 20% 左右，但占有的资金却高达 80% 左右；B 类物品占有物品总量的 30%，但仅占 15% 的库存资金；最后，50% 的物品属于 C 类，但只占到库存资金的 5% 左右。

ABC 分析法的目的是确认 A 类物品的库存水平，从而能让管理层运用前面论述的措施对其进行严格控制。首先，管理者用一种物品的年度需求率乘以该物品的单位资金价值（成本），以确定其库存占用资金。然后，以库存占用资金为依据，把物品进行分类，并生成排列图，再用斜线连接形成"光滑的"变动趋势。在图 6-10 中，物品类别之间的分隔线并不是很精确。在某些情况下，A 类物品可以高于或低于物品总量的 20%，但一般根据占有库存资金的量来考虑。

管理人员可以要求对 A 类物品进行检查，以降低平均批量并维持最新的库存记录。如

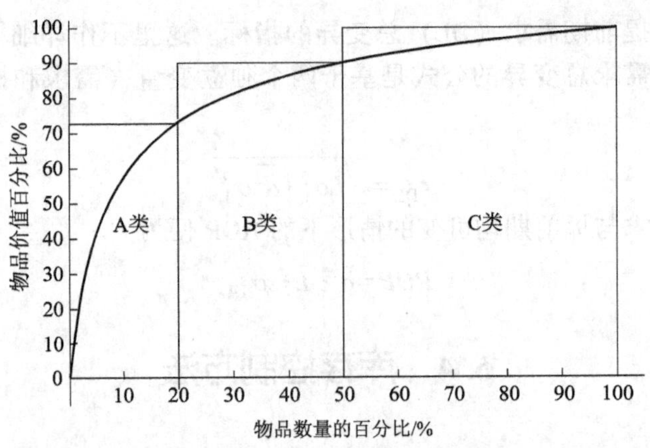

图 6-10　ABC 分类法示意图

果库存记录显示现有库存结余为 100 单位，而实际结余却为 200 单位，这就毫无必要地承担了代价高昂的库存。如果 A 类物品购自企业外部，那么采购部门可以通过以下途径减少其成本：集中采购、更换供应商或更有效的合同谈判。

对于 C 类物品可以控制得松一些。虽然 C 类物品的缺货可能造成与 A 类物品缺货同样严重的后果，但是 C 类物品的库存占用成本很低。这些特征表明 C 类物品可以持有更高的库存水平、更多的安全库存、更大的批量。

这种分类从表 6-1 可以看出，库存中相对少数的物品占了相对大的资金，而很大一部分物品只占了一小部分资金。如图 6-10 所示，其中给出了库存物料金额的累计分布。实践中，首先要识别出 A 类物料，然后是 C 类，最后剩下的便是 B 类。不过，有时要根据其他的标准对某种物料进行重新分类。例如，提前期特别长或十分重要的 B 类物料也可提升为 A 类。认为 ABC 分类法基于物料价值，是一种常见的误解。事实上，如果年使用量很低的话，较贵物料也要划为 C 类。

表 6-1　库存物资价值表

年使用量/件	在全部物品中所占比例/%	年采购额/元	在总采购额中所占比例/%
521	4.8	15 400 000	50.7
574	5.3	6 200 000	20.4
1 023	9.4	3 600 000	11.8
1 145	10.5	2 300 000	7.6
3 754	34.0	1 800 000	5.9
3 906	36.0	1 000 000	3.6
10 923	100.0	30 400 000	100.0

案　例

强生公司的 ABC 分类管理

强生公司的 Devro 事业部使用非常昂贵、复杂的机器，每周 7 天、每天 24 小时持续运转，为美国、英国、澳大利亚、加拿大以及德国的食品加工商生产香肠肠衣。为了保持设备正常工作并能快速修复故障，Devro 保有 1 000 多种备件，数量巨大，价值昂贵。以前是通过对仓库的常规盘存来订购备件，造成了有些备件过剩而有些备件却短缺。由于正常的提前期太长，短缺件要采用空运的方式以尽快到货。

为了更好地控制这些备件，Devro 根据 ABC 方法实施了一种更为正式的库存控制。在导入该方案时，他们搜集了 1 337 件备件的数据进行了标准的 ABC 分析。最后，33 类备件被划为 A 类（占年度总价值的 50%），330 类备件被划为 B 类（占年度总价值的 35%），其余 974 类则被划为 C 类物品。

A、B 类物品记入永续盘存卡片，其请购单要预先做好。对于这类请购单，相关部门每年只需批准一次，因而可以直接送达采购部门进行订购。

实施的结果是，空运费用降低了 46%，而订购时间由 3 天缩短到 1 天。备件订错的频率也下降了，由于必要信息都包含在请购单中，保管人员每天节省了 1 个小时时间。最后，由于信息的整合，现在可以从成本最低的供应商处订购备件，并对最常用的物品采用竞争性投标方式。

6.4.2 挂签制度

这是一种传统的库存控制方法。其基本要领是：针对库存的商品材料物资的每一项目，均挂上一张带有编号的标签。当存货售出或发给生产使用时，即将标签取下，记入“永续盘存记录”上，以便对库存变动进行跟踪监控。在这种情况下，为了保证不致发生停工待料或临时无货供应，必须在“永续盘存记录”上注明最低储存量（即安全库存量），一旦实际结存余额达到最低水平，应立即提出订货申请。如果企业没有使用“永续盘存记录”，则应将每次取下的存货标签集中存放，到规定的订货日期，再将汇集存放的标签分类统计其发出的数量，并据此作为订货的依据。

需要指出，挂签制度虽然简便易行，但在一定期间内，如商品销售量或材料物资发出量起伏不定、波动很大时，则往往需要有较高的安全库存。这种存货控制制度，在西方国家大多盛行于服装和家庭用具等工商企业中。

6.4.3 周期盘点法

库存记录与实际库存经常会有偏差，其中原因可能很多。例如，开放仓库中的物品既可以因为正常的生产取走，也可能因为其他目的而取走。正常生产取走物品可能因为时间仓促而未作记录；有时零件的放置地点不对，几个月后又冒了出来；有时零件存放在好几个地方，但是有些地方的记录发生丢失导致记录不全，或者记录的位置不对；有时到货单一到就做好记录，但货物一直未到；有时一批零件在库房中做好了取走纪录，但是由于顾客取消了订单导致零件重新放回库房，而库存记录未作修改。生产系统的平稳运行要求零件不要发生短缺，生产系统的高效率运行要求零件不要过量储存，二者都要求库存记录必须准确。

企业怎样才能保证库存记录的准确与不断修正呢？第一种办法是锁好仓库，只允许仓库管理人员自由出入仓库，并且把库存精度作为考核仓库管理人员的一个重要绩效指标。只有这样，仓库管理人员才有动力去认真做好库存记录。对于每种物资的存放地点都要建立库存记录机制。第二种办法是依靠全员的努力来保证库存记录的准确性。

确保库存精度的另一种办法是经常对库存进行盘点以保证库存记录与实际库存相吻合。广泛应用的盘点方法称为周期盘点。

周期盘点是一种库存盘点技术，它进行的频率较高，而不是一年一次或两次。有效地进行周期盘点，确保库存精度的关键在于确定在什么时候由谁来对哪些物资进行盘点。

实际上，现在库存系统基本上实现了电算化。下列情况下计算机会发出周期盘点通知。

（1）当库存记录表明库存物资很低或者为零的时候。

（2）当库存记录表明物资有余但欠货单早已填写的时候（此时表明库存记录与实际库存不一致）。

（3）在物资的盘点日期（盘点日期根据盘点周期推算而得，盘点周期根据物资的重要性利用 ABC 分类法来确定）。

在有些情况下，只是周期性地检查库存情况的变化，例如，一个月或一个季度关门一次，集中几天进行盘点。另一个极端是连续更新库存记录，对每一笔货物的进出都进行实时记录。跟踪库存的一种方法是制定专人负责收货、出货，并对每一笔进出业务进行记录。第二种方法是设立一个封闭性的设施，防止任何未授权、未批准的出货。这种方法也可以防止收货错误，例如，放置于错误的位置，从而几个月找不到。第三种方法是周期性清点，即仓库人员每天清点全部库存中的一部分，纠正所发现的错误。其中属于 A 类的物资应重点清点。最后一种方法是，对于计算机库存管理系统来说，可建立逻辑检查机制，对每一进出记录进行检查，例如，可用的逻辑检查规则有：每一收货是否有预计入库量的纪录；支出是否超过了现有库存量；收货单上某物品的代码是否存在。

【例 6-8】 科尔卡车有限公司是一家高质量的垃圾车生产商，它的库存物资约有 5 000 个品种。自从雇用了马特·克拉克之后，公司确定了存货中 A 类物资有 500 种，B 类物资有 1 750 种，C 类物资有 2 750 种。制定的策略是每月（20 个工作日）清点一次 A 类存货；每季清点一次 B 类存货；每 6 个月清点一次 C 类存货，如表 6-2 所示。那么每天需要清点多少种存货呢？

表 6-2　科尔卡车有限公司存货周期盘点频率

库存等级	数量/种	周期盘点策略	每天清点的项目数/种
A	500	每月 20 个工作日	500/20＝25
B	1 750	每季 60 个工作日	1 750/60＝29
C	2 750	6 个月 120 个工作日	2 750/120＝23
每天清点 77 个库存品种：25+29+23＝77（种）			

人们经常争论可以接受的库存误差的大小，一些企业追求 100% 的精确，一些企业则接受 1%、2% 或 3% 的误差水平。美国生产与库存控制协会推荐的误差标准是：A 类物资允许 ±0. 2% 的误差；B 类物资允许±1% 的误差；C 类物资允许±5% 的误差。不管确定的误差水平如何，重要的是要保证安全库存足以对库存误差提供缓冲。库存记录的准确对于维持平稳生产，保证顾客订购的产品按作业计划进行加工，确保生产不会因为零部件短缺而中断非常重要。

本章小结

本章首先介绍库存的基本概念和分类，分析其利弊，然后在此基础上讨论独立需求库存管理问题，包括两种基本的库存控制系统及订货批量模型、再订货点模型，介绍了企业经常采取的库存管理方法：ABC 分类管理法、挂签制度和周期盘点法。

同步测试

一、单项选择题

1. 下列表述正确的有（　　）。

A. 在定期控制系统中，订货批量通常是固定的，订货间隔期也是固定的

B. 在定期控制系统中，订货批量通常是变化的，而订货间隔期是固定的

C. 在定期控制系统中，订货批量通常是变化的，订货间隔期也是变化的

D. 在定期控制系统中，订货批量通常是固定的，而订货间隔期是变化的

2. 总库存成本不包括（　　）。

A. 机会成本　B. 订货费用　C. 销售成本　D. 库存持有费用

3. ABC 库存管理法中，重点管理的是（　　）。

A. A 类库存品　B. B 类库存品　C. C 类库存品　D. A 和 C 类库存品

4. 在制造企业中，对原材料、零件、低级组件、部件等的需求属于（　　）。

A. 相关需求　B. 独立需求　C. 连续需求　D. 从属需求

5. 定期控制系统的关键是确定（　　）。

A. 订货间隔期　B. 订货批量　C. 库存水平　D. 安全库存量

6. 库存管理的定量库存控制模型中，关键的决策变量是（　　）。

A. 需求速率　B. 订货提前期　C. 订货周期　D. 订货点和订货批量

7. 在定期库存控制系统中，既是安全库存水平的决定因素又是每次订货批量的基础的指标是（　　）。

A. 订货周期　B. 订货点　C. 最大库存水平　D. 产品需求量

二、多项选择题

1. 库存管理的作用在于（　　）。

A. 改善服务质量　B. 掩盖企业生产经营中存在的问题

C. 节省订货费用　D. 提高人员与设备的利用率

2. 定量控制系统需要确定（　　）。

A. 再订货点　B. 订货批量　C. 提前订货期　D. 平均库存水平

3. 库存成本主要包括（　　）。

A. 占用资金的利息　B. 储藏保管费

C. 保险费　D. 库存物品价值损失费

4. 定期订货模型的特点包括（　　）。

A. 订货期固定　B. 对库存量进行严格地控制（定期盘点）

C. 安全库存量较小　D. 供应厂商可定期检查对销售点的库存情况

5. 经济订购批量模型考虑的成本只有（　　）。

A. 机会成本　　B. 缺货成本
C. 订购成本　　D. 库存持有成本
E. 运输成本

6. 再订货数量取决于（　　）等多个因素。

A. 需求率　　B. 生产或订货提前期
C. 需求与生产提前期的变化　　D. 管理者可以接受的缺货风险
E. 库存持有成本

三、思考题

1. 你接受库存越少越好的说法吗？为什么？
2. 简述库存成本的构成内容。
3. 分析定量控制系统和定期控制系统各自的优势。
4. 定量订货模型和定期订货模型各有哪些特点？
5. 简述 ABC 分类法的分类原则。

四、计算题

1. 某企业对 A 材料采用定期订货方式，订购间隔期为 25 天，提前期为 3 天，该次订货时盘点库存量为 43 千克，平均日消耗量为 11 千克，$\sigma=3$ 千克，以短缺率为 5%（$\alpha=1.65$）时，求该次订货数量。

2. 某企业甲材料年消耗量 3 650 吨，企业每月（30 天）检查一次库存并订货（定期订货模型），甲材料的交货期为 6 天，日需求量的标准差为 8 吨，本次检查时，甲材料库存量为 50 吨，问如果要达到 95% 的服务水平（$\alpha=1.65$），其安全库存量应为多少？本次应订货多少？

3. 某博物馆两年前开了一个纪念品商店，销售纪念品、礼品、小型装饰物等商品。商店的生意很好，年销售额迅速上升。但商店并不满足，想进一步考虑降成本增加利润的可能性。商店的采购经理开始注意其库存管理方式。其销售情况不错的一个商品（B310），现在每周平均可销售 18 个，单价为 60 元/个。每次的订购费用为 45 元，单件年库存保管费用是单价的 25%。为了减少订货次数，现在每次的订货量是 390 个。假设博物馆年开放时间为 52 周，试分析：

（1）该商品现在的年库存总费用是多少？
（2）经济订货批量是多少？
（3）如采用 EOQ，每年的节约额是多少？节约幅度多大？

4. 某企业年需要物资量为 14 400 件，该物资的单价为 0.40 元，存储费率为 15%，每次的订货成本为 20 元，一年工作 52 周，订货提前期为 1 周。请为该企业确定：经济订货批量、一年订货次数、全年库存总成本和订货点的库存储备量。

5. 树人是一家大型的畅销书零售商，其需求量稳定，数量为 32 000 本/年。为补充库存所需的订货费为 10 元，年库存持有成本为 4 元/本。在发出订单后的 5 个工作日可以收到货物。不允许有积压订单。假定一年的工作日为 300 天。

（1）树人的最佳订货批量是多少？
（2）每年的最佳订货次数是多少？
（3）最佳订货间隔时间（按工作日计算）是多少？

（4）提前期内的需求量是多少？

（5）再订货点是多少？

（6）订单下达后库存状况立刻变为多少？

五、综合案例

关于某商店的库存控制案例分析

1. 概况

某摩托车自行车专营商店，是一家批发和零售各种型号摩托车、自行车及其零配件的商店，每年销售各种类型摩托车约7 000辆，自行车30 000辆，年销售额近5 000万元。过去几年产品畅销，商店效益好，但是管理比较粗放，主要靠经验管理。由于商店所在地离生产厂家距离较远，前几年铁路运输比较紧张，为避免缺货，某商店经常保持较高的库存量。近两年来，经营同类业务的商店增加，市场竞争十分激烈。

某商店摩托车经销部新聘任徐先生担任主管，徐先生具有大学本科管理专业学历，又有几年在百货商店实际工作的经验。他上任以后，就着手了解情况，寻求提高经济效益的途径。

摩托车自行车采购的具体方式是，参加生产厂家每年一次的订货会议，签订下年度的订货合同，然后按期到生产厂办理提货手续，组织进货。

徐先生认为摩托车经营部应当按照库存控制理论，在保证市场供应的前提下，尽量降低库存，这是提高经济效益的主要途径。

2. 经济订购批量的计算

某商店销售不同型号的摩托车，徐先生首先选择XH公司生产的产品为例，计算其经济订购批量。

已知条件。徐先生为计算XH公司供应的摩托车的经济批量，收集了如下数据：

（1）每年对XH公司生产的摩托车需用量为3 000辆，平均每辆价格为4 000元。

（2）采购成本。主要包括采购人员处理一笔采购业务的旅费、住宿费、通讯等费用。以往采购人员到XH公司出差，乘飞机住宾馆坐出租车，一次采购平均用16至24天，采购员各项支出每人平均为6 700元，每次订货去二名采购员，采购成本为

$$6\,700\times2=13\,400\ (\text{元/次})。$$

（3）每辆摩托车的年库存维持费用。

① 所占用资金的机会成本。每辆摩托车平均价格为4 000元，银行贷款利率年息为6%。所占用资金的机会成本＝4 000×6%＝240［元/（辆·年）］

② 房屋成本（仓库房租及折旧、库房维修、库房房屋保险费用等平均每辆摩托车分担的成本）。商店租用一仓库，年租金52 000元。仓库最高库存量为700辆，最低时不足100辆，平均约为400辆，因此，每辆车年房屋成本可取为130元/（辆·年）。

③ 仓库设施折旧费和操作费。吊车、卡车折旧和操作费平均10元/（辆·年）。

④ 存货的损坏、丢失、保险费用平均20元/（辆·年）。

以上各项合计年保存维持费用为：240+130+10+20＝400［元/（辆·年）］

经济订购批量的计算。徐先生将以上数据代入经济订购批量计算公式，计算出经济订购批量以及订购间隔期、订购点、年库存维持成本等。

$$（1）经济订购批量=\sqrt{\frac{2\times3\,000\times13\,400}{400}}=448$$

（2）每年订购次数=3 000/448=7（次）

（3）订购间隔期。神州商店每周营业7天，除春节放假5天外，其他节假日都不停业。年营业日为360日，订购间隔可用下面公式算出。

订购间隔期=360/7=52（天）

若采用定期订购方式，订购间隔为52天，即每隔52天订购一次。

（4）订购点。若采用定量订购方式，则要计算出订购点。

徐先生为计算订购点量，需要订货提前期的有关数据，他了解到订货提前期由几个部分组成，分别是采购准备时间4天、与供应商谈判时间4天、供应商提前期15天及到货验收2天。其中采购准备工作时间，包括了解采购需求、采购员旅途时间。供应商提前期指与供应商谈判结束到摩托车到商店仓库所需的时间。因此，可以计算出订购提前期为25天。若安全库存为40辆，可算出订购点=(25×3 000÷360)+40=248（辆）

（5）年库存维持费用。年库存维持费用等于年订购成本与年保存费用之和，即：

年库存维持费用=7×13 400+(448/2+40)×400=93 800+105 600=199 400（元/年）

经过上面的数据收集、分析与计算，徐先生对库存各种费用的大体情况，以及在哪些方面可以采取措施，降低费用，有了一个初步的认识。

案例思考题

徐先生的计算有什么不符合实际的地方，他建议的改进措施是否可行，为什么？

实践与训练

参观某小超市（最好是校内实训商场或学校附近的商场），深入了解所有文具（或其他感兴趣的商品）的商品价格、销售量等，用ABC分类法对其进行分类，对超市（商场）的经营提出自己的看法。再选出几种常用物品，确定合适的库存控制方法。

一、实训目的

让学生学会运用ABC分类管理方法对物品进行分类，会选用合适的库存控制方法。

二、实训要求

要求学生通过3~5人的小组，深入调查，了解所调查的超市（商场），如何控制库存的，依据所学给出自己的看法。ABC分类结果用表格的形式给出。能通过物品的价格、销售量等信息，选用合适的库存控制方法。

三、成果与考核

成果与考核主要依据小组的实训报告以及小组长对小组成员参与度的鉴定评定成绩。

第7章

综合计划与主生产计划

知识目标

1. 领会综合计划的概念、特征及其在企业计划体系中的地位。
2. 领会综合计划策略：需求选择和生产能力选择。
3. 掌握制定综合计划的步骤和技术。
4. 领会主生产计划的概念及其在企业计划体系中的地位。
5. 掌握制订主生产进度计划的方法。

技能目标

1. 区分企业综合计划和主生产进度计划。
2. 制定小企业的综合计划及主生产计划。

先导案例

阿根廷鲍吉斯—罗易斯公司的泳装生产计划

鲍吉斯—罗易斯公司（Porges-Ruiz）是布宜诺斯艾利斯的一家泳装生产厂商。该公司制定了一项人事改革政策，从而不仅降低了成本，同时也增强了员工对顾客的责任心。由于是一个很受季节影响的企业，该公司不得不在夏季的3个月将其产品的3/4销往海外。鲍吉斯—罗易斯管理层还是像传统方式一样依靠延长工作时间、聘用临时工以及存货来应付需求的大幅上升。但这种方式带来了很多问题。一方面，由于公司提前几个月就将泳装生产出来，其款式不能适应变化的需求情况；另一方面，在其繁忙的3个月，顾客的抱怨、产品需求告急、时间安排变动及出口使得管理人员大为烦恼。

鲍吉斯—罗易斯公司的解决办法是在维持工人的正常的每周42小时工作的同时，相应改变生产计划，从8月到11月中旬改为每周52小时（南美洲是夏季时北半球是冬季）。等到高峰期结束，到第二年4月每周工作30小时。在时间宽松的条件下，进行款式设计和正常生产。

这种灵活的调度使该公司的生产占用资金降低了40%，同时使高峰期生产能力增加了一倍。由于产品质量得到保证，该公司获得了价格竞争优势，因而销路很广，扩大到巴西、智利和乌拉圭等。

生产运作计划是企业生产运作管理的依据，也是生产运作管理的核心内容。在现代企业中，生产经营活动是社会化大生产，企业内部分工精细、相互协作，任何一个活动环节都不可能离开其他环节而单独进行。尤其是生产运作活动，需要调配多种资源，在需要的时候，按需要的数量，提供所需要的产品或服务，这样就更离不开周密的计划。所以，计划是生产运作管理中的一个重要组成部分。无论是制造业还是服务业，均存在生产运作计划问题，相比之下，制造业的生产运作计划更为复杂。

在一系列生产计划中，综合计划是一种针对中等生产规模的计划方式。典型的综合计划跨越2~12个月的一段时期，少数企业会延长至18个月。在组织对季节性或其他波动性因素进行分析的过程中，这是一种极其有用的方法。

7.1 综合计划概述

7.1.1 综合计划的性质

所谓综合计划，是未来的产量和生产安排的中期计划。运营经理通过调整生产率、劳动力水平、存货水平、工作时间、转包合同以及其他可控变量，来决定满足预测需求的最好方式。综合计划的目标之一就是要把短期的日常作业进度安排中波动的负面影响减小到最低程度，这种短期的作业进度安排可能会在某一周只向供应商订购少量物料并解雇部分员工，而在下一周订购大量的物料并增加雇用工人。从长远的角度考虑资源的使用，短期的需求变化可以达到最小并同时实现显著的成本节约。

为了使短期的波动影响最小化，综合计划的基本做法是只考虑投入或者产出的总计单位(即组合或集合在一起的单位)。对于资源采用总计单位来表示，如员工总数、机器时数、原材料吨数等；对于输出也采用总计单位，如产品的立方米数、台（件或辆）数、吨数、所提供服务的时数、诊治的病人数等。例如，鲍吉斯—罗易斯公司的管理者在不必为公司的几十种产品中的每一种以及每一个员工做出具体安排的情况下，就可以确定是否能够满足预期需求。即使计划人员能够制定出一份详细的计划，但用于更改计划所需要的时间和精力也使这样做很不经济。因此，生产计划及员工计划要分别对类似的服务、产品、劳动力单元或时间单元分类制定。例如，一家生产24种不同型号电视机的制造商，为了制定综合计划，他们不会去关心21寸电视机、25寸或29寸电视机的问题，而是可能把产品分为四大类：平板电视机、液晶电视机、背投电视机和等离子电视机。大型百货公司的空间分配也是一种典型的综合计划，管理者也许会把服装部20%的空间分配给女子运动服装，30%分配给青少年服装，依此类推，并不考虑不同款式、品牌服装对空间的需求。计划的单位仅限于空间的平方米（或平方英尺）数或放置衣物的货架数。总计在一起的各种物品之间可能存在的差别被完全忽略掉了。换句话说，无论是资源还是输出都不区分具体的类别，这种区分被放在短期计划的阶段。

但是，制定综合计划并不是一件容易的事情，其中一部分原因在于顾客的需求是不均衡的。鲍吉斯—罗易斯公司就属于非均衡需求的情况，其产品需求呈现出明显的季节性变化。公司所制定的综合计划，就是在顾客需求量估计和产能限制的基础上，对企业的产出率、劳动力数量以及库存持有量所进行的全面决策，而不涉及具体细节。他们通过把所有产品需求混合成为一种或几种类别的方式对产出、员工和存货水平制定总体决策。这种决策是以几个分时段（通常以月份为时间单元）的形式一直延续到未来。

以企业重要的长远目标为基础，综合计划说明在下一年或更长的时间里，在现有设施能力的约束下，企业如何实现这些目标。根据这些中期计划，管理者就可以制定详细的运营计划。对服务系统来说，综合计划（称为员工计划）将战略目标与具体的劳动力计划联系起来。对制造系统来说，综合计划（称为生产计划）将战略目标与生产计划联系起来，其生产计划包括各种产品及用于这些产品的零部件。

7.1.2　综合计划与其他计划的关系

制造系统的生产计划一般来说有长期、中期和短期三种。长期生产计划一般按年来制定，着眼于 1 年以上时间段的运作活动，主要涉及产品与服务的选择、设施选址及其布局、设备选择及布局等，是制定、执行中期生产运作计划的依据。中期计划通常覆盖 3 ~ 18 个月，一般以月或季为时间单位，主要涉及对员工数量、产出率、存货水平的安排，为短期生产计划的制定提供依据。短期生产计划是在长期和中期计划限定的范围内，为达到期望结果而决定最佳的行为方式，包括对工作、工人和设备的排程及其他方面作出的安排。生产计划的三个层次如图 7-1 所示。

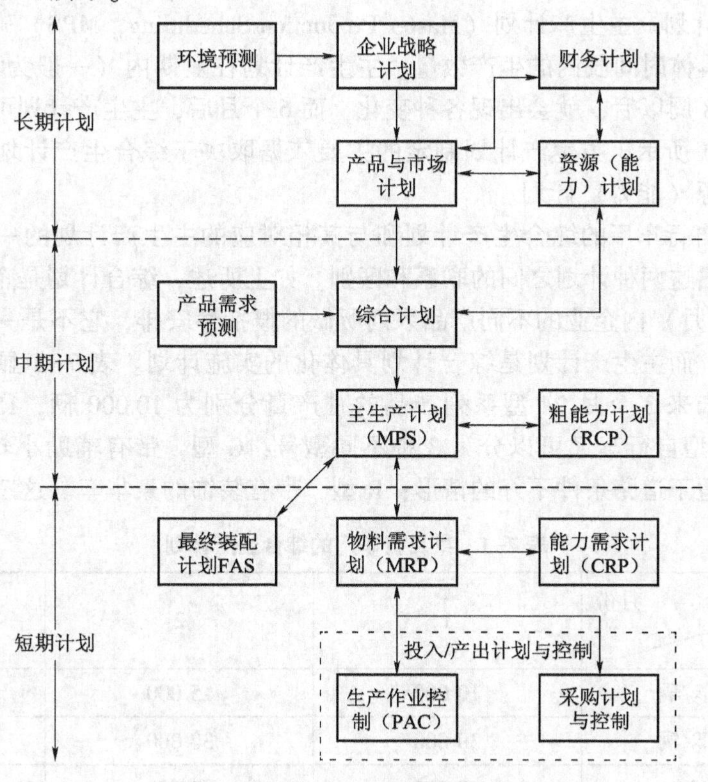

图 7-1　制造企业的计划层次体系

1. 长期计划

长期计划确定企业2~10年的发展目标，一般5年一个周期。它由企业战略计划、产品与市场计划、财务计划以及资源（能力）计划等组成。企业战略计划需要结合企业内部能力水平和企业外部经济、技术、政治等环境分析，确定企业的发展总目标以及企业的产品系列、产品质量、价格水平和市场地位。产品与市场计划则把企业的发展总目标转化为各个细分市场和各个产品系列的发展目标，其中长期生产计划是产品与市场计划的重要组成部分(是基于对未来两年或更长时间需要产出的产品的市场需求预测)。财务计划则是从资金需要量和投资回报等方面对企业的发展总目标的可行性和经济性进行分析。资源（能力）计划则确定为实现企业的发展总目标和战略计划所需要增加的设施、设备和人力资源需要量。

2. 中期计划

（1）综合计划。如图7-1所示，综合计划是连接长期战略计划和短期生产计划之间的纽带，要处理的是将预测的产品需求转化为企业的产品出产计划或员工工作计划（对于服务系统)，计划的焦点是如何有效地利用资源能力，最大限度地满足市场需求并取得最佳经济效益。综合计划确定了企业未来2~18个月内，每个月或每个季度需要产出的主要产品系列的产出总量。综合计划制定的主要依据来源于产品与市场计划及资源（能力）计划。综合计划的目标是确定在计划期内既满足产品的预测需求量，同时又使得总生产成本最小化的每个月或每个季度的产出率、劳动力水平、库存水平的最佳组合。

（2）产品需求预测。产品需求预测主要预测的是最终产品或备用品的需求量，与综合计划的产出量一起，将作为下一层次的计划——主生产计划制订的主要依据。产品需求预测信息的监控与整合的过程也称为需求管理。

（3）主生产计划。主生产计划（Master Production Scheduling，MPS）确定了每一具体的最终产品在每一具体时间段内的生产数量。主生产计划在短期内（一般为6~8周）通常是固定不变的，6~8周以后，就会出现各种变化，而6个月后，主生产计划可能会发生根本性的改变。如图7-1所示，主生产计划制定的主要依据取决于综合生产计划的输入文件，即产品与市场及资源（能力）计划。

表7-1是某自行车厂的综合生产计划和与其相对应的主生产计划的一个例子。从该例中可以明显地看出这两种计划之间的联系和区别。如上所述，综合计划是企业对未来较长一段时间（2~18个月）内企业的不同产品系列所做的概括性安排，它不是一种用来指导具体操作的实施计划。而主生产计划是综合计划具体化的实施计划。表7-1显示，在该厂的综合生产计划中，未来3个月24型系列产品的月产量分别为10 000辆，15 000辆和20 000辆。但实际上24型自行车又可以分为3种不同型号：C型，带有辅助小轮的儿童用车；D型，耐用车类，适于道路条件不好的情形；R型，带有装饰的豪华车。这三种车型的车轮大

表7-1　某自行车厂的综合生产计划

产品系列 \ 月份	1	2	3
24型自行车/辆	10 000	15 000	20 000
28型自行车/辆	30 000	30 000	30 000
总工时/台时	68 000	68 000	75 000

小是一样的，同属 24 型。而所谓“24 型”车是无法生产的，只能具体生产出 C 型、D 型或 R 型。表 7-2 是根据表 7-1 的综合计划制定的主生产计划。从该表中可以看出，由于 D 型车的需求量较大，是连续生产的，而其他两种车型的需求量较小，生产是断续的，即分批轮番生产。

表 7-2　某自行车厂的 MPS

辆

月份	1				2				3			
周次	1	2	3	4	5	6	7	8	9	10	11	12
C 型		1 600		1 600		2 400		2 400		3 200		3 200
D 型	1 500	1 500	1 500	1 500	2 250	2 250	2 250	2 250	3 000	3 000	3 000	3 000
R 型	400		400		600		600		800		800	
月产	10 000				15 000				20 000			

（4）粗能力计划。粗能力计划（Rough-cut or Resource Planning，RCP）也称为资源能力计划，是用来检查主生产计划的可行性，从而避免主生产计划超出能力约束范围。粗能力计划包括核查现有的生产和仓储设施、机器设备、劳动力等资源的可用性，以及主要供应商是否安排好了足够的供货能力。

3. 短期计划

（1）物料需求计划。物料需求计划（Material Requirements Planning，MRP）主要解决的是将主生产计划所规定的最终产品需求分解成各个自制零部件的生产计划，以及原材料和采购件的采购计划，以保证主生产计划按期完成。

（2）能力需求计划。能力需求计划（Capacity Requirements Planning，CRP）用于检查物料需求计划的可行性，实际上也可称为能力需求进度计划，因为能力需求计划根据物料需求计划所规定的计划订单或已下达的 MRP 订单，详细地安排了每个工作中心的能力负荷大小及相应的工作时间，而且能力需求计划也可以帮助进一步核查粗能力计划的有效性。

（3）最终装配计划。最终装配计划（Final Assembly Scheduling，FAS）确定了最终产品的短期产出进度计划。最终装配计划需要及时根据顾客的定制要求以及产品的最终特征要求，调整总进度计划。例如，一家打印机制造厂会在最终装配计划阶段，按照顾客的定制要求来选择相应的控制面板来执行完成打印机总计划。

（4）投入/产出计划与控制。投入/产出计划与控制处理的是各种物料投产或物料采购的进度计划与控制报告和程序，以保证物料需求计划的按期执行。

（5）生产作业控制。生产作业控制（Production Activity Control，PAC）用于描述车间作业进度计划与控制。具体来说，根据物料需求计划输出的派工信息，编制车间内部的设备或加工中心的作业顺序和作业完工期。从这个意义上来说，主生产计划已经被细化为切实可行的日工作计划。

（6）采购计划与控制。采购计划与控制是根据物料需求计划输出的采购信息，编制物料采购计划，同时还需要进行物料的投入/产出计划与控制，因为通过投入/产出计划与控制不仅可以保证供应商及时供货，而且还可以及时掌握由于各种原因而重新计划采购物料的交货情况。

以上简要介绍了制造系统的整个分层计划体系。值得指出的是，每一层计划都是为了寻求企业能力（资源）需求和可用能力（资源）之间的均衡，并在动态的能力均衡过程中不断地进行计划决策。因此，一个良好的计划体系必须完整，但不一定庞大臃肿，只需要从上到下保证对其用户的一致承诺。

7.2 综合计划策略

综合计划策略与预期需求的数量和时间有关。如果计划期间的预期需求总量和同一期间的可利用生产能力差别很大，计划者的主要工作内容就将是改变生产能力或需求，或同时改变二者，尽力达到平衡。另一方面，即使生产能力和需求基本等于总体上的计划水平，计划者仍然可能面临对付计划期间非均匀需求的问题。预期需求有时会超过有时会达不到计划生产能力，另外还有一些时期二者基本相等。计划者的目的就是通过策略的调整实现整个计划期间的需求和生产能力的大致平衡，同时使生产计划的成本最小。

7.2.1 综合计划的投入

在制定综合计划时，运营部门的管理者必须回答以下五个问题。

（1）库存能否用于吸纳计划期内需求的变化？

（2）需求的变化能否通过劳动力数量的变动来平衡？

（3）需求的变化能否通过聘用非全日制员工或采取加班或缩短工时来平衡？

（4）能否通过转包合同来维持需求超过生产能力时的劳动力数量的稳定？

（5）能否通过改变价格或其他因素来影响需求？

通过对这些问题的思考有利于计划者选择适合于企业的综合计划。另外，要制定一个有效的综合计划方案，计划者还必须拥有许多重要的信息。首先，计划者必须弄清楚计划期间可利用的资源；其次，必须要对预期需求进行预测；最后，计划者必须重视聘用或解聘以及使用劳动力的相关法律规定，如我国法律规定延长工作时间必须支付更高的工资，解聘员工必须支付补偿金等，类似法律规定在国外也是非常普遍的。表 7-3 归纳了综合计划的主要投入要素。

表 7-3 综合计划投入及成本列表

资源	成本
劳动力/生产率	正常生产成本
设备设施	与产出率变化有关的成本
需求预测	——聘用/解聘
劳动力变化的政策状况报告	——加班
转包合同	存货成本
加班	转包合同
存货水平/变化	延迟交货成本
延迟交货	

计划者由于采用不同的策略，其涉及的相关成本也会有很大的不同。具体来说，制定综合计划必须充分了解下述五种相关成本。

（1）正常生产成本。它们是计划期内员工在正常的八个小时内生产某种产品的固定成本和变动成本，包括直接和间接人工成本（正常工资）。

（2）与产出率变化有关的成本。这类成本里最主要的有由于人力不足所进行的新员工或临时工雇佣过程中所耗费的各种费用、上岗前的培训费用以及由于人力太多所发生的解聘员工或临时工所形成的工资补偿费等，或者在不增加人员数量的条件下，为了增加产出率而组织员工加班所支付的加班工资。

（3）存货成本。存货占用资金的机会成本是其中最主要的部分，其他部分还有存货的存储过程中发生的实际费用、保险费、税收、物料损坏以及折旧造成的费用等。

（4）转包成本。当企业生产能力不足并且没有条件加班生产或增加劳动力提高产出率的情况下，企业可以将部分业务转包给外部的相关厂家去承担所必须支付的费用，这部分成本往往比由企业自己完成的成本水平高。

（5）延期交货成本。这一类成本从会计上是很难核算的，因为它不仅包括由于延期交货所必须支付给对方的违约金，还包括由于延期交货所失去的销售机会损失和信誉下降所带来的损失。

7.2.2　需求和能力选择

在处理综合计划时，管理者有很多选择，包括改变价格、促销、延迟交货、加班、雇用兼职人员、转包合同、聘用或解聘、改变存货水平等。其中有一些选择，如改变价格、促销等改变需求的选择是由企业营销部门来具体操作。雇用兼职工人、加班和转包合同等表示试图改变生产能力或供给的选择，是我们讨论的重点。

1. 需求选择

基本的需求选择方式有以下三种。

（1）影响需求。当需求不景气时，企业可以通过广告、促销、个人推销及削价的方式来刺激需求。如电信公司在夜间提供低价服务，航空公司和酒店在周末提供折价及旅游淡季提供折价服务；空调、啤酒生产企业在冬季卖最便宜的价格等。当然，通过广告、促销、价格等手段并不总是能保持产品的供求平衡。

（2）高峰需求时期的延迟交货。所谓延迟交货是指顾客向企业（厂家）订购商品或某项服务而厂家当时不能实现（有意或偶然），等待未来某时间兑现的买卖方式。延迟交货仅当顾客愿意等待且不减少其效用或不取消其订货的条件下才能成立。例如，前几年国内的某些汽车供应商经常采用延迟交货的销售方式，但这种交易方式在日常消费品及大部分商品销售上行不通。

（3）不同季节产品混合。许多企业设法制造几种不同季节销售的产品。如一些企业在春夏生产除草机而在秋冬生产扫雪机；服装厂在春夏生产衬衫和T恤，而在秋冬生产西装和夹克；许多商店在夏秋两季销售冷饮，而在冬春销售麻辣烫。

2. 能力选择

企业可以利用的生产能力（共给）选择有以下五种：

（1）改变库存水平。企业管理者可在低需求时期增加库存水平，以满足将来某时期的高峰需求。使用这种策略增加了有关库存、保险、管理、过期、丢失及资金占用等费用（每年这些成本可能占到一件产品价值的 15%～50%）。然而，当企业的产品进入需求上升期，库存水平下降使产品短缺加上产品生产周期可能较长及可能较差的服务水平会导致销售额的锐减。

（2）通过聘用或解聘来改变劳动力的数量。满足需求的一种方式是新聘或解聘一批工人以使生产率与之保持平衡。但新聘的员工需要培训，当他们进入企业时，平均产出率在一段时间内会下降。当然，临时解聘员工会有损于工人的士气，因而也会导致生产率的下降。

（3）通过延长或缩短工作时间来改变生产率。管理者可以通过改变工作时间来适应需求的变动。当需求有较大的上升时，延长工人的工作时间以增加产出。延长工作时间会增加工资支出，而且如果工作时间增加很多会降低包括正常工作时间在内所有工作的平均产出率。延长工作时间也意味着机器运转时间延长，这会加速机器的损耗。相反，当需求呈下降趋势时，企业要缩短工人的劳动时间，这可能会引起工人的不满（由于收入下降），特别是像中国这样居民收入水平还比较低的发展中国家。

（4）转包合同。企业可以通过转包一部分业务出去以应付高峰期需求。转包有几条局限性：第一，需花费一定的成本；第二，承担一部分顾客转而跑到竞争对手那边而失去客户的风险；第三，很难找到理想的承包者，保证能按时按质地提供产品。

（5）使用非全日制员工。非全日制员工可以满足对非技术员工的需求（特别在服务业）。聘用非全日制员工在超级市场、零售商店及餐馆里是很常见的。

3. 综合计划各种选择的利与弊

以上八种选择策略有其利和不利之处，如表 7-4 所示。

表 7-4 综合计划各种选择的利与弊

选　择	有　利	不　利	评　价
影响需求	设法利用过剩的生产能力，折价可以吸引更多的顾客	需求存在不确定性，很难精确保持供求平衡	创新营销观念，在某些业务中采用超额预定
延迟交货	避免超时工作，使产量稳定	顾客须愿意等待，但信誉受损	许多企业积压订单待发货
不同季节产品或服务混合	可充分利用资源，保有稳定的劳动力	需要企业专业生产之外的技术和装备	承担提供的产品或服务与需求不一致的风险
改变库存水平	人力资源变化较小或不变，没有突然的生产变动	存在库存持有成本，需求上升时，短缺导致销售受损	主要适用于生产企业而不是服务企业
通过聘用或暂时解雇改变劳动力数量	避免了其他选择的成本	聘用或暂时解雇及培训成本相当可观	用于那些非技术人员可寻找额外收入的单位
通过延长或缩短工作时间来改变生产率	同季节变动保持一致，无需雇佣及培训成本	需支付加班工资，使工人疲劳，可能不能满足需求	在综合计划内有一定的弹性

续表

选　择	有　利	不　利	评　价
转包	有一定的弹性并使企业产出平衡	失去质量控制；减少利润；未来市场受损	主要适用于生产部门
利用非全日制雇员	较全日制工人节省成本且更有弹性	更换率及培训成本高，质量下降，计划较难	有利于劳动力丰富地区的非技术工作

尽管上述三种需求选择和五种生产能力选择的任何一种都可提供一个有效而简捷的综合计划，但它们的组合形式或称混合策略却更为有效。混合策略包括采用两个或两个以上的策略组合来制定一个可行的生产计划。例如，美的公司在空调销售旺季利用加班、影响需求以及调整库存水平这三种策略的组合。由于组合形式多种多样，所以找出一个最佳的综合计划是很难的，必须根据企业实际条件因地制宜地加以实施。

混合策略的选择在服务系统不同于生产系统。例如，服务系统没有库存，所以改变库存水平不能作为一种策略选择；另外，转包合同可能带来竞争等。因此，服务系统通常由员工数量的变化来解决综合计划问题，其通常有以下四种方式：改变劳动力需求、交叉培训、工作轮换以及使用非全日制雇员等。

案　例　**两家世界级快递公司的综合计划**

联邦捷运（或称快递）公司和联合包裹服务公司（UPS）在包裹运输业中是直接的竞争者，两大公司均取得了成功，但它们的综合计划策略却有显然的不同。

联邦捷运公司为其巨型包裹分类设备配备了大量非全日制员工。在半夜四小时的一个轮班中，这台孟菲斯设备配以一定人员来处理一百万件以上的信件和包裹。该公司发现大学生是理想的劳动力来源，这些精力充沛的非全日制雇员满足了高峰需求。而且公司也相信很难充分利用八小时一个轮班的全日制工人。

在 UPS 的包裹分类中心，经理也面临着多聘用全日制员工还是聘用临时工这个决策。UPS 选择了全日制员工。该公司也全面研究了工作方案和工作过程。希望提供一个高水平的工作满意度和树立强烈的团队意识。UPS 的工作时间很长，工作也很苦。在 UPS 关于其生产力需求水平产生了许多一致的抱怨，但一旦公开招聘员工，其申请者也不乏其人。

分析提示：由于具体条件存在差异，每个企业对于综合计划策略有不同的理解和选择，而且他们可能都能够取得成功。不存在一种最好的策略或策略组合，一切都要根据企业的具体情况作具体分析。

7.3 制定综合计划的技术

许多企业没有规范的综合计划工作程序，而是年复一年地在原有计划的基础上，根据需求的变动进行一些调整。这种做法使企业的计划缺乏灵活性，一旦原有计划不是最佳的，则整个生产过程只能被固定在一个较次的水平上。为了改变这种状况，这里介绍有助于企业运营经理制定合适的综合计划的方法，这些方法包括非正式的图表法和正式的数学方法。

7.3.1 制定综合计划的步骤

制定综合计划通常包括以下几个步骤，如图 7-2 所示。

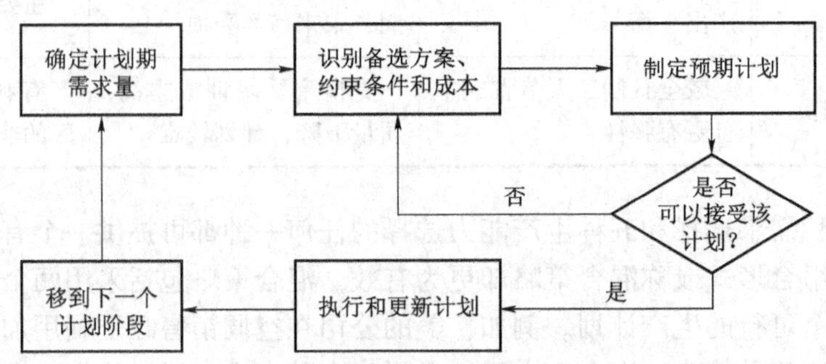

图 7-2 制订综合计划的过程

1. 确定所需计划量

计划制定的第一步，就是确定满足计划期中每一时段顾客需求所需的计划量。对员工计划来说，计划人员根据历史需求量、管理人员判断以及现有的人员储备等，对每个劳动力类别所需人员进行预测。例如，一家医院的护士长可以为护理人员制定一个直接看护指标，并把按月预测的病人总数转换为相应的看护时间总量，据此就可以得到这一年每个月所需要的护士数量。对生产计划来说，所需计划量代表对产成品和外协件的需求量。计划人员可以根据备货量（对面向订单生产的企业）或对面向库存生产的产品族的预测值（对面向库存生产的企业），推导出未来生产产成品所需的计划量。有的时候，在实际订货以前，分销商或经销商就给出了他们对产成品的需要量，这就为所需计划量的预测提供了可靠的数据来源。

2. 识别备选方案、约束条件和成本

计划制定的第二步，就是要识别出计划的备选方案、约束条件和成本，一般来说，生产运营经理要根据需求量的预测值而采取不同的行动方案。也就是将预测的需求量作为一个给定值，对劳动力数量、加班、库存量、加工转包以及计划中的积压订单等作出相应的调整，以满足需求。

约束条件表示与综合计划有关的物质约束条件或管理政策。物质约束条件的例子可能包括：一次只能容纳这么多新员工的培训设施能力、库存空间不足以及使最大产出量受到限制的设备能力等。政策约束可能有：最小库存规模政策、临时工雇佣政策、加班政策等。

在制定综合计划时，计划人员通常要考虑以下六类成本：正常工时成本、加班成本、招聘及解聘成本、库存持有成本、延迟交货成本及缺货成本等。

3. 制定令人满意的计划

制定综合计划的第三步是制定综合计划。制定令人满意计划的过程是一个重复迭代过程，也就是说，计划可能需要经过多次修改和调整。如图 7-2 所示。首先要制定一个预期计划，或者是尝试性计划，以此作为综合计划的初始方案。例如，以月为计划时段的生产计划，必须具体规定每月的产出率、库存量以及延迟交货的数量、转包合同量，以及每月劳动力数量（包括招聘、解聘和加班）。然后，必须根据约束条件对该计划进行审查，并参照战略目标对计划进行评价。如果由于以上任何原因而使该预期计划不可接受，那么就应该再制定一个新的预期计划。

4. 执行和更改计划

计划制定过程的最后一步是综合计划的执行和更改。计划的执行要求各职能部门的管理者承担责任。

一般来说，企业从三个方面来执行综合计划：产品或服务、劳动力和时间。产品或服务指的是一组具有相似需求特性和相同的工艺流程、劳动力以及材料方面需求的产品、顾客及服务。企业可以将其产品或服务归并成一系列范围较广的产品组，以避免在计划过程的这一阶段过于具体，应该选择一些通用且适当的计量单位，如顾客数、货币单位、标准小时数、台（件）数或吨数等。企业可以根据劳动力的柔性以各种方式对劳动力进行归类。企业将劳动力看成是一个单一的集合体，也可以按产品组系列将员工分成小组，为每个产品系列配置不同的小组。例如，公共管理部门将其工作人员划分为：消防人员、警察、环卫工人以及行政管理人员等。在时间方面，综合计划所覆盖的计划期限通常为一年，并且计划的调整一般按月或季度进行。也就是说，企业是从整体角度来看待时间的——1 个月、1 个季度或 1 个生产季节——而不是按天数或小时数来看待时间。有些企业对计划期的近期部分以月为单位，而对较远的部分则以季度为单位。

在计划的执行过程中，管理者可能对计划提出修改意见，或者建议对计划进行更新，以使某些相互冲突的目标达到更好的平衡。接受这项计划并不意味着每个人的意见完全一致，但确实意味着每个人都会努力地去完成这项计划。

7.3.2　制定综合计划的非正式技术

非正式技术就是绘制简单的表格或图形，使计划者能够对计划需求和现有生产能力进行直观的比较，评价各种备选方案的总成本。

在本章的实例中，我们运用以下关系式决定工人数量、存货数量和特定的计划成本。

各期可利用的工人数量是

某期间工人数量=前期期末工人数量+本期期初新聘工人数-本期期初解聘工人数

值得注意的是：一个企业一般不会同时聘用和解聘工人，除非工人自己离职，在这里基本上不考虑这部分原因引起工人数的变动。因此，上式中后两项至少有一项为零。

某个特定期间的期末存货量是

期末存货=前期期末存货+本期产量-本期产品需求量

某特定计划在给定期间的成本是其相关成本的总和

期间成本=产出成本(正常产出成本+加班产出成本+转包合同成本)+
聘用/解聘成本+存货持有成本+延迟交货成本

相关成本的计算格式如表 7-5 所示。

表 7-5　综合计划的相关成本计算基本格式

成本种类	计算方法
产出：	
正常时间	每单位产品正常成本×正常产出数量
加班时间	每单位产品加班成本×加班数量
转包合同	每单位产品转包成本×转包数量

续表

成本种类	计算方法
聘用/解聘：	
聘用	单个工人聘用成本×聘用数量
解聘	单个工人解聘成本×解聘数量
存货	单位存货持有成本×期末存货数量
延迟交货	单位产品延迟交货成本×延迟交货数量

【例7-1】（改变生产以符合需求）表7-6显示了9个月的预测需求量，表中也提供了其他相关的生产和成本数据（注意，因为这个计划不考虑增加任何库存，决定保留10单位的安全库存，但不采用加班或转包方式）。求改变工人人数以使生产速度和需求匹配的与综合计划相关的成本。

表7-6 预测需求、生产和成本信息

月份	1	2	3	4	5	6	7	8	9	合计
预测需求/件	40	25	55	30	30	50	30	60	40	360

生产		成本/元	
现有工人数/人	10	每人雇佣成本	600
每月工作时间	160	每人解雇成本	500
生产单位产品的时间/小时	40	每小时正常生产成本	30
每个工人每月产量/件		每小时加班成本	45
(160小时/月)÷(40小时/件)	4	每小时转包成本	50
库存所需要的安全库存/件	10	每月每件库存持有成本	35

解：需要的工人数首先由预测需求量除以每个工人每月产量得到（采用四舍五入取整数）。从现有10个工人开始，确定必须雇佣或解雇的工人数。然后计算下列三项成本：① 正常生产成本；② 雇佣和解雇工人的成本；③ 安全库存持有成本。三项成本相加得到综合计划的总成本为470 450元，如表7-7所示。

表7-7 变动工人数匹配需求的成本计算表

月份	1	2	3	4	5	6	7	8	9	合计
预测需求	40	25	55	30	30	50	30	60	40	360
职工人数										
需要的工人数（预测数÷4件/月）	10	7	14	8	8	13	8	15	10	93
月初雇佣人数	0	0	7	0	0	5	0	7	0	19
月初解雇人数	0	3	0	6	0	0	5	0	5	25

续表

成本										
正常生产成本（工人数）×[30元/(人·小时)]×[160小时/(人·月)]	48 000	33 600	67 200	38 400	38 400	62 400	38 400	72 000	48 000	446 400
雇佣/解雇成本/元	0	1 500	4 200	3 000	0	3 000	2 500	4 200	2 500	20 900
库存持有成本[10件×35元/(件·月)]	350	350	350	350	350	350	350	350	350	3 150
计划的总成本=正常生产总成本+雇佣/解雇总成本+安全库存总成本=446 400+20 900+3 150=470 450(元)										

【例7-2】 将表7-6中所示的预测需求进行小改动，8月份需求增加10件，9月份需求减少10件，总需求量依然为360件。制定一个综合计划，要求在正常时间内保持稳定的产出率，主要依赖存货平抑需求波动，并允许延迟交货的情况存在。不需要安全库存。假设每月稳定的产出率为40件，延迟交货成本为1 500元/（件·月）。

解：维持一个稳定产出率，利用库存平抑需求波动并允许延迟交货，通过成本计算得总成本为449 626元，如表7-8所示。

表7-8 维持一个稳定出产率利用库存平抑需求波动并允许延迟交货的成本计算表

月　份	1	2	3	4	5	6	7	8	9	合计
预测需求/件	40	25	55	30	30	50	30	70	30	360
产出/件：										
正常时间	40	40	40	40	40	40	40	40	40	360
产出预测差/件	0	15	−15	10	10	−10	10	−30	10	0
库存/件：										
期初存货	0	0	15	0	10	20	10	20	0	
期末存货	0	15	0	10	20	10	20	0	0	
平均存货	0	7.5	7.5	5	15	15	15	10	0	75
延迟交货/件	0	0	0	0	0	0	0	10	0	10
成本/元										
产出成本：										
正常时间（40小时×30元/小时×40件）	48 000	48 000	48 000	48 000	48 000	48 000	48 000	48 000	48 000	432 000
存货成本[平均库存×35元/(件·月)]	0	263	263	175	525	525	525	350	0	2 626
延迟交货/元	0	0	0	0	0	0	0	15 000	0	15 000
成本合计/元	48 000	48 263	48 263	48 175	48 525	48 525	48 525	63 350	48 000	449 626

需要注意的是正常情况下的总产出为 360 件，与预测需求量相等。因此，产出预测差是正常产出减去预期需求量的差。期末存货等于期初存货加上或减去产出预测差。如果产出预测差为负值，则此负值与该期存货的降低额相等。而如果存在存货不足现象，则延迟交货数量等于短缺数量。本例中，在第 8 期有 10 件的短缺数量，必须依赖未来的产出来弥补。

【例 7-3】 用表 7-6 中所示的需求（在 8 月和 9 月增加 10 件）制订一个综合计划，这个计划要求在正常时间内保持稳定的产出率，主要依赖存货平抑需求的波动。如果有必要，可以以转包合同来满足额外的市场需求。假设每月稳定的生产率是 40 件。不需要安全库存，但总需求 380 件必须得到满足。

解： 维持一个稳定出产率利用库存和转包合同平抑需求波动，通过成本计算得总成本为 474 626 元，如表 7-9 所示。

需要注意的是正常情况下的总产出为 360 件，小于预测需求量 380 件，短缺 20 件。计划通过转包合同来解决。因此，才有 8、9 两月各 10 件的转包合同产出量。本例中，如果在第 8、9 两期没有转包合同产出，就会各有 10 件的短缺数量，必须依赖未来的产出来满足。由于在 8、9 两期各使用了 10 件的转包合同产出，所以就没有到期未交货的现象。

表 7-9　维持一个稳定出产率，通过库存和转包合同平抑需求波动的成本计算表

月　份	1	2	3	4	5	6	7	8	9	合计
预测需求/件	40	25	55	30	30	50	30	70	50	380
产出/件：										
正常时间	40	40	40	40	40	40	40	40	40	360
转包合同								10	10	20
产出预测差/件	0	15	−15	10	10	−10	10	−20	0	0
库存/件：										
期初存货	0	0	15	0	10	20	10	20	0	
期末存货	0	15	0	10	20	10	20	0	0	
平均存货	0	7.5	7.5	5	15	15	15	10	0	75
延迟交货/件	0	0	0	0	0	0	0	0	0	0
成本/元										
产出成本：										
正常时间（40 小时 × 30 元/小时×40 件）	48 000	48 000	48 000	48 000	48 000	48 000	48 000	48 000	48 000	432 000
转包合同（40 小时 × 50 元/小时×10 件）								20 000	20 000	40 000
存货成本［平均库存 × 35 元/(件 · 月)］	0	263	263	175	525	525	525	350	0	2 626
延迟交货/元	0	0	0	0	0	0	0	0	0	0
成本合计/元	48 000	48 263	48 263	48 175	48 525	48 525	48 525	68 350	68 000	474 626

【例 7-4】利用例 7-3 中的数据，计划者准备重新制订一套综合计划。正常产出率与预测需求量之间的差额不再使用转包合同，而是通过内部延长工作时间来增加产出。正常产出率依然保持稳定的每月 40 件。

解：维持一个稳定出产率，通过库存和加班平抑需求波动的成本计算，即通过成本计算得总成本为 470 626 元，如表 7-10 所示。

需要注意的是正常情况下的总产出为 360 件，小于预测需求量 380 件，短缺 20 件。计划通过企业内部挖掘潜力来解决。因此，才有 8、9 两月各 10 件的加班时间产出量。本例中，如果在第 8、9 两期没有加班时间产出，就会各有 10 件的短缺数量，必须依赖未来的产出来满足。由于在 8、9 两期各使用了 10 件的加班时间产出，所以就没有到期末交货的现象。

表 7-10 维持一个稳定出产率，通过库存和加班平抑需求波动的成本计算表

月 份	1	2	3	4	5	6	7	8	9	合计
预测需求/件	40	25	55	30	30	50	30	70	50	380
产出/件：										
正常时间	40	40	40	40	40	40	40	40	40	360
加班时间								10	10	20
产出预测差/件	0	15	−15	10	10	−10	10	−20	0	0
库存/件：										
期初存货	0	0	15	0	10	20	10	20	0	
期末存货	0	15	0	10	20	10	20	0	0	
平均存货	0	7.5	7.5	5	15	15	15	10	0	75
延迟交货	0	0	0	0	0	0	0	0	0	0
成本/元										
产出成本： 正常时间（40 小时 × 30 元/小时×40 件）	48 000	48 000	48 000	48 000	48 000	48 000	48 000	48 000	48 000	432 000
加班时间（40 小时 × 45 元/小时×10 件）								18 000	18 000	36 000
存货成本[平均库存 × 35 元/(件·月)]	0	263	263	175	525	525	525	350	0	2 626
延迟交货/元	0	0	0	0	0	0	0	0	0	0
成本合计/元	48 000	48 263	48 263	48 175	48 525	48 525	48 525	66 350	66 000	470 626

7.3.3 数学技术

综合计划用到了许多数学技术，从数学规划模型到启发式和计算机搜索式模型，种类繁多。我们在这里主要介绍线性规划运输模型。

线性规划模型是根据成本最小化或利润最大化的原则，分配企业有限资源，以获得能使生产能力和需求相匹配的最优问题解决方案的方法。这种方法通过确定特定时期最佳生产能力和劳动力水平，以获得包括工资、聘用、解聘、加班、转包合同及库存持有等在内的总成本最小，限制条件则是劳动力生产、存货和转包能力。为使用这种方法，计划者们必须明确在正常时间、加班时间、转包合同的生产（供应）能力，各期存货水平，以及各变量的相关成本。

运输模型的符号和格式如表7-11所示。注意，在表中，随着第1期自左向右依次移动，成本在不断变化。如果产出在生产当期就交付了，正常生产成本、加班成本和转包成本都居

表7-11 制定综合计划的运输模型的符号和格式

生产＼需求		第1期	第2期	第3期	…	第n期	未用生产能力	生产能力
时期	期初库存	0	h	$2h$	…	$(n-1)h$	0	I_0
第1期	正常时间	r	$r+h$	$r+2h$	…	$r+(n-1)h$	0	R_1
	加班时间	t	$t+h$	$t+2h$	…	$t+(n-1)h$	0	T_1
	转包合同	s	$s+h$	$s+2h$	…	$s+(n-1)h$	0	S_1
第2期	正常时间	$r+b$	r	$r+h$	…	$r+(n-2)h$	0	R_2
	加班时间	$t+b$	t	$t+h$	…	$t+(n-2)h$	0	T_2
	转包合同	$s+b$	s	$s+h$	…	$s+(n-2)h$	0	S_2
第3期	正常时间	$r+2b$	$r+b$	r	…	$r+(n-3)h$	0	R_3
	加班时间	$t+2b$	$t+b$	t	…	$t+(n-3)h$	0	T_3
	转包合同	$s+2b$	$s+b$	s	…	$s+(n-3)h$	0	S_3
需求					…			合计

于最低水平（第一期行与列的交点是正常成本，第二期的行与列交点是正常成本，依此类推）。如果产品在某个时期已经生产完毕，但交付使用却在以后时期（也就是越过了一列），持有成本就会以每期 h 的比率增加。于是，持有两期产品将导致每一单位产品增加 $2h$ 的成本，无论这些产品是来自于正常时间生产、加班时间生产还是转包合同。相反，如果采用延迟交货，当从右向左穿越各列时，从同一期（也就是第三期）的行与列交点处开始，单位成本递增。比如说，如果第三期生产出产品，为满足来自第二期的延迟交货需求，则每单位发生延迟交货成本 b。而如果第三期的产品是用来满足第一期的延迟交货需求的话，每单位就会发生 $2b$ 的延迟交货成本。起初存货如果是被用于满足第一期需求的话则被给定为 0 单位成本，然而，如果持有存货是用于以后时期，那么相关各期都应再为每个单位存货增加 h 的成本。如果存货在整个计划期间都被持有，那么将会发生 h 乘以 n 的总成本。最后，由于运输问题要求保持供求平衡，所以，补充一假设栏为闲置生产能力，该栏成本为 0。

表中的符号和格式的说明：r—每单位产品正常时间的生产成本，R—正常时间的合计生产能力；t—每单位产品加班时间的生产成本，T—加班时间的合计生产能力；s—每单位产品转包合同的生产成本，S—转包合同的合计生产能力；b—每单位产品每期延迟交货成本；h—每单位产品每期库存持有成本；n—计划跨期数。

表 7-11 中方格右上角方框内填入的是成本数据（正常时间单位产品生产成本、单位产品存货持有成本和单位产品转包合同成本），用于满足需求的产出量和存货量将填入表中方格的左下角。

下面通过例 7-5 来说明这种线性规划运输模型在实际中的运用。

【例 7-5】 哈伯尔子午线轮胎公司记录了有关西部弗吉尼亚分厂的产量、需求、生产能力和成本数据，如表 7-12 所示。

表 7-12　哈伯尔的产量、需求、生产能力及成本数据

项目 \ 月份	销售期		
	3	4	5
需求/件	800	1 000	750
生产能力/件			
正常时间	700	700	700
加班时间	50	50	50
转包合同	150	150	130
期初库存/件	100		
成本/元：			
每件正常时间	40		
每件加班时间	50		
每件转包合同	70		
每月每件库存持有成本	2		
每月每件延迟交货成本	4		

解：该问题的线性规划运输模型解决方案如表 7-13 所示。

表 7-13　哈伯尔公司的运输模型表

生产＼需求		第 1 期（3 月份）	第 2 期（4 月份）	第 3 期（5 月份）	未用生产能力/件	生产能力/件
时期	期初库存	0 100	2	4	0	100
第 1 期	正常时间	40 700	42	44	0	700
	加班时间	50	52 50	54	0	50
	转包时间	70	72 50	74	0 100	150
第 2 期	正常时间	44	40 700	42	0	700
	加班时间	54	50 50	52	0	50
	转包时间	74	70 150	72	0	150
第 3 期	正常时间	48	44	40 700	0	700
	加班时间	58	54	50 50	0	50
	转包时间	78	74	70	0 130	130

需要注意以下四点：

（1）库存持有成本为每件每月 2 美元，持有成本呈线性变动，即 2 个月库存持有成本为每件 4 美元。

（2）运输问题要求保持供求平衡，所以，补充一假设栏为闲置生产能力，该栏成本给定为 0，将没有使用的生产能力填入该栏中。

（3）表 7-13 中各列的数据为需求所要求的生产水平。可以看到 3 月份需求量为 800 件。其中有 100 件来自期初库存，有 700 件来自正常时间的生产。

（4）哈伯尔子午线轮胎公司 3 月份、4 月份和 5 月份的产品生产计划安排如下。

第一，3 月份的需求通过期初库存 100 单位和 3 月份正常时间出产 700 单位来满足。

第二，4 月份的需求由 3 月份加班时间出产 50 单位、转包合同 50 单位和 4 月份正常时间出产 700 单位、加班时间出产 50 单位、转包合同 150 单位来满足。

第三，5 月份的需求由 5 月份正常时间出产 700 单位、加班时间出产 50 单位来满足。

第四，3 月份、5 月份有共计 230 单位转包合同的生产能力未被利用。

$$
\begin{aligned}
\text{该计划的总成本} &= (100\times0)+(700\times40+50\times52+50\times72)+\\
&\quad (700\times40+50\times50+150\times70)+(700\times40+50\times50)\\
&= 0+34\,200+41\,000+30\,500\\
&= 105\,700\text{（美元）}
\end{aligned}
$$

以上介绍了两种综合计划技术，非正式技术的特点是直观，易于理解，解决方案不必最优化。因此，在许多企业的管理实践中，它似乎更容易得到经理们的青睐。线性规划运输模型的特点是计算机化，基于某些严格的假设条件，追求解决问题的最优方案。但这种模型并没有在实践中得到广泛的应用。其中原因可能是数学方法太复杂，令人生畏；或者是这种方法所基于的假设条件不够现实。

7.4　主生产进度计划的制定

7.4.1　综合计划分解

综合计划过程的结果是整个公司各产品系列之间的生产时间安排。它可告诉你电视机制造商各生产多少台平板电视、等离子电视机、液晶电视机和背投电视机，但它不能告诉你25寸的与29寸的平板电视机各生产多少台；它可告诉你钢铁冶炼厂生产多少吨钢铁，但不能将轧过的薄钢板同一般钢板区别出来。为使综合计划对企业各单位的生产作业具有实际指导价值，必须要对综合计划进行分解。其内容包括为确定劳动需求（技术、劳动力规模）、材料和存货需求，把综合计划分解为明确详细的产品需求。最终付诸实施的生产计划必须要把那些总的计量单位（以产品系列为单位）转变成或分解成能够被生产或提供的实际的产品或服务单位。企业需要对每一种特殊产品制定计划：如每种产品各应生产多少，需要多长时间？比如说一个割草机生产商制定了一个综合计划，要在1月生产200台，2月生产300台，3月生产400台割草机。这家公司可以生产推式割草机、自力推进式割草机和骑式割草机，尽管所有割草机也许都装有一些相同的部件，涉及一些类似的或同样的构造和装配过程，但每一种机器还会在材料、部件和流程上有所不同。因此，要在三个月中生产的（200台、300台和400台）割草机总数必须得在购买相关材料和部件、列出生产运作时间表和规划存货需求之前，转换成每种割草机的具体数目。如何将综合计划分解为总进度计划，如表7-14所示。

表7-14　分解综合计划

台

综合计划			
月份	1	2	3
计划产出	200	300	400
总进度计划			
月份	1	2	3
计划产出			
推式割草机	100	100	100
自力推进式割草机	75	150	200
骑式割草机	25	50	100
总计	200	300	400

分解综合计划的结果是总进度计划（有时也称时间计划总表），它显示了计划时期内各个具体产品的数量和时间安排，通常覆盖预定时期的6~8周。总进度计划（或时间计划总表）显示了个别产品而不是整个产品组的计划产出，以及生产时间安排。

在总进度计划基础上，管理者就要做粗略的生产能力计划，检测所建议的总进度计划中关于可利用生产能力的柔性，以确保不存在明显的生产能力限制。它要求检查生产能力和仓库设施、劳动力和材料供应状况，保证不存在将会导致总进度计划不能实行的重大失误。然后根据总进度计划制订短期计划。应当注意的是，尽管综合计划覆盖了12个月的时间，总进度计划却只包括其中的一部分时间。换言之，综合计划被分时期或分阶段分解了，可能只包括几个星期到两三个月的时间。此外，总进度计划可以逐月更新。例如，割草机总进度计划可能会在1月底进行更新，修正2月和3月的计划产出，并添加关于4月计划产出的新信息。

7.4.2 主生产进度计划的制定程序

制定主生产进度计划从总进度计划开始。总进度计划包括一组产品的需求数量和时间安排，但它并不指出计划出产量。比如说，时间计划总表要求1月份的第1周提供100台的推式割草机，但由于存货里还有150台足以满足需求，因而不需要安排产品出产。如果存货里只有80台，为满足需求需要完成20台的出产任务；如果企业是按批量200台组织生产，则一旦存货不足以满足需求时，就得一次生产200台。

主生产进度计划（Master Production Schedule，MPS）指明了生产计划的生产数量和时间安排，它同时考虑到了预测需求量、需求时间和现有库存等因素。主生产进度计划是制定总进度计划（或时间计划总表）过程中的主要输出之一。

从图7-3中可以看到，总进度计划有三个输入：期初存货，即来自上一期的实际存货持有量；计划期间内的各期预测；顾客订单，即来自已经承诺给顾客的产品或服务数量。它们构成了制定总进度计划的主要依据。

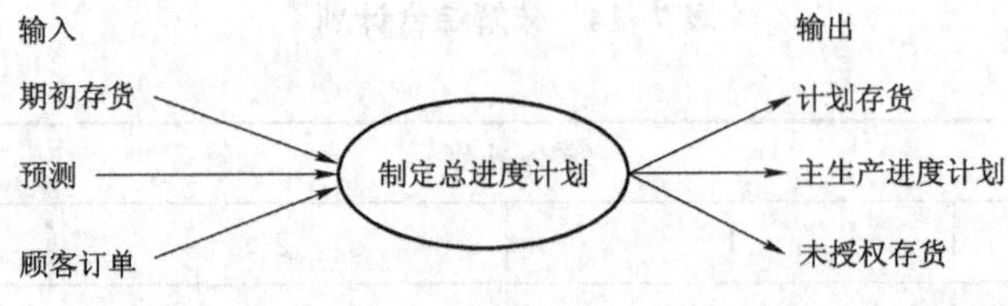

图7-3 总进度计划的制定过程

主生产进度计划是从计算计划持有存货获得的，它显示了需要组织生产的时间和数量。下面通过例7-6来说明主生产进度计划的制定过程。

【例7-6】 一家生产工业用小型发电机的企业想做一份6、7两个月份的主生产进度计划。营销部门预测6月份有120台（发电机的需求），7月份有160台发电机的需求。它们被平均分配到了每个月的四周中：6月份每周30台，7月份每周40台，如表7-15所示。

表 7-15 工业用小型发电机的周需求预测

台

月份	6				7			
周次	1	2	3	4	5	6	7	8
预测	30	30	30	30	40	40	40	40

假设已有 64 台发电机的期初存货，承诺顾客订单和需求见表 7-16。

表 7-16 关于预测、顾客订单和期初存货的 8 周时间安排

台

	6月				7月			
期初存货：64	1	2	3	4	5	6	7	8
预测需求	30	30	30	30	40	40	40	40
顾客订单（已授权的）								

表 7-16 包括总进度计划制定过程的三种主要输入要素：期初存货、预测需求以及已承诺顾客订单。这些信息对三个数字的决定极其重要，即：计划持有存货、主生产进度计划和未承诺存货。制定主生产进度计划的第一步是一周一次地计算计划持有存货，直到它降到特定值以下。如果没有设定安全存货，这个特定值一般为零。因此，我们可以一直计算到计划持有存货成为负值。

在还没有考虑主生产进度计划的条件下，计划持有存货的计算公式如下：

计划持有存货 = 上周存货 - max（预测需求量，顾客订单量）

第 1 周，计划持有存货等于期初存货减去预测需求量和顾客订单量中的较大者。由于顾客订单量（33）大于预测需求量（30），所以选用顾客订单量。因此，得到了第一周的计划持有存货：

$$\text{计划持有存货}=64-\max(30,33)=64-33=31$$

第 2 周的预测需求量大于顾客订单量，所以计划持有存货为：

$$\text{计划持有存货}=31-\max(30,20)=31-30=1$$

第 3 周的预测需求量也大于顾客订单量，所以选用预测需求量，计划持有存货为：

$$\text{计划持有存货}=1-\max(30,10)=1-30=-29$$

前 3 周（即直到计划持有存货数值为负时）的计划持有存货如表 7-17 所示。

表 7-17 逐周计算计划持有存货量，直至为负值

台

	6月				7月			
期初存货：64	1	2	3	4	5	6	7	8
预测需求	30	30	30	30	40	40	40	40
顾客订单（已授权的）	33	20	10	4	2			
计划持有存货	31	1	−29					

当计划持有存货为负值时，就说明计划持有存货不足以满足顾客需求，需要进行生产以补充两者之间的差额。因此，一个负的计划持有存货意味着对生产计划的需求。假设生产批量是70台发电机，那么无论什么时候，一旦需要生产，就生产70台发电机。因此，第3周的负计划持有存货表示需要生产70台发电机，以满足29台的预期需求差额，剩余41台作为计划持有存货供满足未来需求。

这些计算将在整个计划期间持续下去，每当计划持有存货为负，另一个生产70台发电机的批量就添加到了进度表中。其结果是生成时间进度总表中各周的主生产进度计划量和计划持有存货数，如表7-18所示。

表7-18 把计划持有存货和主生产进度计划添加到时间计划总表（总进度计划）中

台

期初存货：64	6月				7月			
	1	2	3	4	5	6	7	8
预测需求	30	30	30	30	40	40	40	40
顾客订单（已授权的）	33	20	10	4	2			
计划持有存货	31	1	41	11	41	1	31	61
主生产进度计划			70		70		70	70

制定主生产进度计划的第二步是确定其产量和时间。应该注意的是，这时的计划持有存货的计算必须考虑主生产进度计划这个变量，计划持有存货的计算公式修改为：

计划持有存货=主生产进度计划+上周存货-max（预测需求量，顾客订单量）

比如，第3周有一批产品70台发电机的生产计划，因此，

计划持有存货=70+1-max(30,10)=70+1-30=41

第5周、第7周的计算依此类推。

制定主生产进度计划的第三步就是确定未承诺存货量（available-to-promise，ATP Inventory）。未承诺存货就是可承诺存货，营销部门可以用它来答应顾客在确切的时间内供货的产品需求。对于临时的、新来的订单，营销部门也可以用未承诺存货来签订供货合同，确定具体的供货日期。

未承诺存货的计算方法：逐月合计已预订的顾客订单数，直到（但是不包括）产生主生产进度计划量的那一周。比如说在第1周，合计的顾客订单数为第1周的33台发电机和第2周的20台发电机，共53台（合计到此为止，因为第3周有主生产进度计划量生成）。则在第1周可以做出承诺的数量就是期初存货64台，加主生产进度计划量（此例中为0），再减去53，即：64+0-(33+20)=11。

这些存货是未授权的，可以满足要求在第1周和第2周发货的新订单（注意：期初存货数量只用于第1周未承诺存货的计算，其他时间未承诺存货的计算使用主生产进度计划量。关于可承诺存货的计算只在第1、3、5、7、8周出现），如表7-19所示。

因此，第3周的已授权量为10+4=14，可承诺存货量为70-14=56。这个可承诺存货可以满足要求在第3、4周发货的新订单。

表 7-19　把可承诺存货量添加到总进度计划

台

期初存货：64	6月				7月			
	1	2	3	4	5	6	7	8
预测需求	30	30	30	30	40	40	40	40
顾客订单（已授权的）	33	20	10	4	2			
计划持有存货	31	1	41	11	41	1	31	61
主生产进度计划			70		70		70	70
可承诺存货（未授权的）	11		56		68		70	70

第 5 周顾客订单为 2，而第 6 周还没有已接受订单，故可承诺存货量为 70-(2+0)=68。该可承诺存货可以满足要求在第 5 周和第 6 周发货的新订单。

由于第 7、8 周没有已授权的顾客订单，因此所有的主生产进度计划量暂时可以被承诺出去。其中 70 台发电机可以满足要求在第 7 周发货的新订单，另外 70 台可以满足要求在第 8 周发货的新订单。

一旦额外订单被接受，它们就会进入时间进度表，MPS 和可承诺存货量也会被更新。营销部门根据可承诺存货量向顾客提供现实的交易约定。例如，假定该公司又收到了工业用发电机的下列订单，如表 7-20 所示。公司的管理者必须根据这些订单更新 MPS 和可承诺存货量。

表 7-20　工业用发电机的新订单

订单序号	订货量/台	交货时间（周序号）
1	8	2
2	34	4
3	37	5
4	23	6

假定上述 4 份订单均可接受。那么，在满足订单 1 以后，第 1 周的可承诺存货还剩 3 台；满足第 2 份订单后，第 3 周的可承诺存货还剩下 22 台；满足第 3 份订单后，第 5 周的可承诺存货剩下 31 台；满足第 4 份订单后，第 6 周的可承诺存货剩下 37 台。更新后的时间计划总表、MPS 和可承诺存货量如表 7-21 所示。

表 7-21　更新后的可承诺存货量

台

期初存货：64	6月				7月			
	1	2	3	4	5	6	7	8
预测需求	30	30	30	30	40	40	40	40
顾客订单（已授权的）	33	28	10	38	39	23		
计划持有存货	31	1	41	3	30	60	20	50
主生产进度计划			70		70	70		70
可承诺存货（未授权的）	3		22		31	37		70

7.4.3 保持主生产进度计划的相对稳定性

我们将在第8章“MRP、MRPⅡ与ERP”中看到，主生产进度计划是所有零部件等物料需求计划的基础。因此，主生产进度计划的改变，尤其是对已开始执行但尚未完成的MPS或近期即将执行的MPS进行修改时，将会引起由主生产进度计划生成的一系列计划的改变，这是极具破坏性的。当MPS量要增加时，可能会由于物料短缺而导致企业不能及时交货，企业也必须重新安排作业计划，日常的生产秩序将可能变得很混乱；当MPS要量减少时，可能会导致已经投入生产的物料或已采购的物料变得多余，成为不必要的库存。诸如此类的MPS变动，最终将导致企业的管理、库存等成本的增加为此，许多企业采取的做法是，将主生产进度计划划分为几个时间阶段，不同时间阶段的分界线通常称为“时间围栏”。MPS通常划分为四个时期或阶段，如图7-4所示。首先是一个即刻面对的计划“冻结期”，在此期间订单不可以再改变，因为关键的零部件已经订购、生产或安装了。冻结期通常为一个月，因为许多产品都在交货前的最后两三周内装配。装配之前，部件还在现场中制造，其生产或装配仍然有可能加以改变。接下来是一个计划“稳固期”，时间仅有几周，这一阶段中可以做出变更，但只限于十分特殊的情况。这些变更也许要取得高层经理的批准。下一个期间称计划“充满期”，因为这时需求预测已经被订单完全占用（替代了），不能再接受新的订单。但现有的订单可以做出更改。最后的阶段称为计划“开放期”，这一阶段可以承诺新的订单。

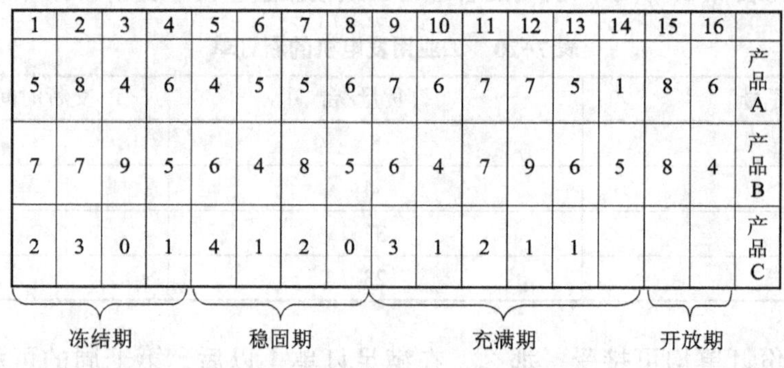

1	2	3	4	5	6	7	8	9	10	11	12	13	14	15	16	
5	8	4	6	4	5	5	6	7	6	7	7	5	1	8	6	产品A
7	7	9	5	6	4	8	5	6	4	7	9	6	5	8	4	产品B
2	3	0	1	4	1	2	0	3	1	2	1	1				产品C

图7-4 主生产进度计划的时间围栏

总而言之，应周期性地审视MPS计划冻结期的长度，不应该总是固定不变。此外，MPS的相对稳定虽然使生产成本得以减少，但同时也降低了响应市场变化的柔性，而这同样是要付出成本的。因此，还需要考虑二者之间的平衡。

本章小结

本章定义了综合计划，深入分析了综合计划的特征、综合计划与其他计划之间的关系，明确了综合计划在企业计划体系中的地位与作用，全面地介绍了综合计划的需求选择和能力选择策略，对制定综合计划的步骤和技术方法进行深入的讨论；定义了主生产计划，介绍了制定主生产计划的程序，分析了维护主生产进度计划相对稳定的经济意义。

同步测试

一、单项选择题

1. 服务系统的综合计划一般称为（　　）。
   A. 生产计划　B. 库存计划　C. 员工计划　D. 成本计划
2. 通过提高产品销售价格来缓解需求压力，这是综合计划中的（　　）策略。
   A. 影响需求　B. 延迟交货　C. 改变库存水平　D. 转包合同
3. 综合计划的计划期限一般覆盖（　　）。
   A. 18 个月　B. 12~18 个月　C. 2~12 个月　D. 6~8 周
4. 一般来说，（　　）类型的企业需要制定综合计划。
   A. 产品或服务需求稳定　B. 需求呈现季节性波动
   C. 大量生产　D. 订货生产
5. 服务系统一般通过（　　）来解决综合计划问题。
   A. 生产率变化　B. 员工数量变化
   C. 库存持有量变化　D. 积压订单数量变化

二、多项选择题

1. 在制定综合计划期间，通常要考虑（　　）等方面的目标。
   A. 成本最小/利润最大　B. 顾客服务水平最高
   C. 库存投资最少　D. 劳动力数量变化最小
   E. 产出率变化最大
2. 在制定综合计划时，可供管理者选择的消费策略有（　　）。
   A. 降价或提价　B. 产品组合
   C. 高峰需求延迟交货　D. 转包合同
   E. 延长工作时间
3. 在制定综合计划时，可供管理者选择的能力策略有（　　）。
   A. 改变库存水平　B. 使用非全日制员工
   C. 加班　D. 转包合同
   E. 延迟交货
4. 综合计划的计划单位主要有（　　）。
   A. 产品组　B. 劳动力集合或小组
   C. 月、季　D. 具体产品
   E. 周、天
5. 主生产进度计划的计划单位主要有（　　）。
   A. 产品组　B. 具体产品
   C. 周　D. 月、季
   E. 天、小时

三、思考题

1. 请比较分析综合计划的各种能力选择策略和消费选择策略的利弊。

2. 为什么说综合计划所追求的顾客服务水平最高、产出率变化小、库存投资最少、劳动力数量变化小等目标是相互冲突的？应该如何处理它们之间冲突？

3. 请描述制定综合计划的步骤。

4. 制定主生产进度计划应遵循什么程序？

四、练习题

1. 某制造公司生产的一种产品的需求周期为6个月，如表7-22所示。生产每件产品需要10个小时，劳动成本为正常工作时6元/小时，加班时则为9元/小时。部门现有工人20人，额外工人的雇佣和培训成本为300元/人，而解雇工人的成本为400元/人。公司的政策是维持每月预测需求20%的安全库存，每月的安全库存成为下个月的期初库存。现有库存为50件，每月每件产品的库存成本为2元，短缺的成本为每月每件产品20元。

表7-22　某厂的产品预测需求量、生产时间及成本信息

月　份	1	2	3	4	5	6
预测需求/件	300	500	400	100	200	300
工作日/天	22	19	21	21	22	20
工作时间/小时（8小时/天）	176	152	168	168	176	160

试算如下三种综合计划：

（1）计划1：变动工人数以满足需求。

（2）计划2：保持工人数20人不变，用加班和停工来满足需求。

（3）计划3：保持工人数不变，采用库存和缺货的方法。公司在1月份初应有50件产品的库存。

2. 某公司的管理者预测了未来8个月的需求，如表7-23所示。

表7-23　某公司产品的预测需求量

件

月　份	预测需求	月　份	预测需求
1	1 400	5	2 200
2	1 600	6	2 200
3	1 800	7	1 800
4	1 800	8	1 400

某部门经理正考虑一个新的计划。1月初有现货200件，库存脱销成本为100元/件，存货持有成本为20元/（件·月），正常时间生产成本为40元/件。不考虑其他闲置成本。评价以下五个计划。

（1）计划A——改变劳动力水平以恰好满足市场需求。上年12月份的生产能力是1 600件/月，雇用额外工人的成本是5 000元/100件，暂时解雇工人的成本是7 500元/100件。

（2）计划B——每月提供一稳定生产能力为1 400件/月（将满足最小需求），过剩需求由转包合同实现，每件转包成本为75元。

（3）计划C——通过保持一稳定的生产能力（等于平均需求量）及改变库存水平以保持一稳定的劳动力水平。

（4）计划D——保持现有的劳动力水平，每月生产量稳定在1 600件。允许最大有20%

的超时工作，其附加成本为 50 元/件。一座仓库最大允许存货量不超过 400 件。

（5）计划 E——保持现有劳动力水平。每月生产 1 600 件。过剩需求由转包合同满足。

3. 马克 · 文特公司是一家录像机制造商，需要制定一个 7～12 月的综合计划。该公司收集的数据如表 7-24 所示。

下面两种策略的成本各是多少？

（1）根据预测需求来改变劳动力数量以提供相当的产量，期初有 8 个工人。

（2）仅改变超时工作数，劳动力稳定在 8 个工人水平。

表 7-24　马克 · 文特公司综合计划信息数据

月份	7	8	9	10	11	12
需求预测/台	400	500	550	700	800	700
成本/元						
每月每台库存持有成本	8					
每台转包合同	80					
每小时正常工作	10					
每小时超时工作（8 小时以上部分）	16					
每人雇用成本	40					
每人暂时解聘成本	80					
其他数据						
现有劳动力/人	8					
每台工时/小时	4					
每月工作日/天	20					
期初存货/台	150					

4. 劳恩 · 华莱士家具公司的部门经理维安萨收到了下面关于市场需求量的一份预测数据，如表 7-25 所示。

表 7-25　劳恩 · 华莱士家具公司的需求预测数据

件

月份	4	5	6	7	8	9
预测需求	1 000	1 200	1 400	1 800	1 800	1 600

假设存货脱销成本为 100 元/件及每月库存持有成本是 25 元/件，试在附加成本的基础上评价下面四个计划。

（1）计划 A——以 1 000 件/月的稳定生产能力（等于最小需求）进行生产，过剩需求由转包合同（额外成本为 60 元/件）来满足。

（2）计划 B——变动劳动力水平，从而改变现行生产水平（1 300 件/月），聘用额外工人的成本是 3 000 元/100 件，暂时解聘雇员的成本是 6 000 元/100 件。

（3）计划 C——保持现有的劳动力在一稳定的生产率水平上（1 300 件/月），通过转包实现过剩需求（假设有 3 月份剩下的 300 件产品在 4 月份可用）。

（4）计划 D——保持现有劳动力在每月生产 1 300 件的水平上。允许最大可能比率为 20%，额外成本为 40 元/件的超时工作。假设最大库存量为每月 180 件存货。这意味着一旦存货达到 180 件，工厂就应该停工，停工时每件成本为 60 元。过剩需求由转包合同来完成（成本为 60 元/件）。

5. 考虑以下 1 个季度的综合计划问题，如表 7-26 所示。

表 7-26　综合计划信息

项　　目	正常工作	超时工作	转包合同
每月生产能力/件	1 000	200	150
每件生产成本/元	5	7	8

假设没有初始存货，另外这个季度的每月预测需求为 1 250 件。库存持有成本是 1 元/（件・月）。试解决此综合计划问题。

6. 凯丽・玛塔尼丽公司制定了相应的供给、需求、成本及库存数据，如表 7-27 所示。若以最小成本来配置生产能力以满足市场需求，该成本是多少？

表 7-27　凯丽・玛塔尼丽公司的供给、需求、成本及库存数据

时期	正常工作/件	超时工作/件	转包合同/件	预测需求/件
1	30	10	5	40
2	35	12	5	50
3	30	10	5	40
成本数据				
初始库存/件	20			
每件正常工作成本/元	100			
每件超时工作成本/元	150			
每件转包成本/元	200			
每月每件库存持有成本/元	4			

7. 利用表 7-28 给定信息建立运输问题，并实现最小成本计划。

表 7-28　某运输问题的生产能力及成本数据

月　　份	1	2	3
预测需求/件	550	700	750
生产能力/件			
正常时间	500	500	440
加班时间	50	50	50
转包合同	120	120	100

续表

月　　份	1	2	3
期初存货/件	100		
成本/元			
每件正常生产成本	60		
每件加班成本	80		
每件转包成本	90		
每件每月存货持有成本	2		
每件每月延迟交货成本	3		

8. CDM 个人电脑公司生产 RAM 块的计划期是 4 个月，成本数据如表 7-29 所示。

表 7-29　CDM 公司的 RAM 块成本数据

元

项目	成本
每块正常工作成本	70
每块超时工作成本	110
每块转包合同成本	120
每月每块库存持有成本	4

其后 4 个月 RAM 生产能力与需求如表 7-30 所示。

表 7-30　CDM 公司的 RAM 块生产能力与需求预测数据

块

月份	1	2	3	4
预测需求	2 000	2 500	1 500	2 100
生产能力				
正常时间	1 500	1 600	750	1 600
加班时间	400	400	200	400
转包合同	600	600	600	600

CDM 公司期望计划期开始有存货 500 块 RAM，不允许延迟交货（即意味着第一个月的订货不能在第二个月交付）。试制定一使成本最小化的生产计划。

9. 海发仪器设备公司，是一家生产手提肾分析仪及其他医疗设备的公司。制定了一个 4 月期的综合计划，需求与生产能力预测如表 7-31 所示。

表 7-31　海发仪器设备公司的生产能力与需求预测数据

台

月份	1	2	3	4
生产能力				
正常工作	235	255	290	300
超时工作	20	24	26	24
转包合同	12	15	15	17
预测需求	255	294	321	301

生产每台分析仪成本为 985 元/台（正常工作时间），超时工作为 1 310 元/台，转包时间为 1 500 元/台，每月库存持有成本为 100 元/台，无期初、期末存货，试制定一成本最小的生产计划。

10. 某干洗设备制造厂制定了一个 8 月期的综合计划。需求和生产能力预测如表 7-32 所示。

表 7-32　某干洗设备制造厂的需求和生产能力预测数据

件

月份	1	2	3	4	5	6	7	8
劳动力								
正常时间	235	255	290	300	300	290	300	290
加班时间	20	24	26	24	30	28	30	30
转包	12	16	15	17	17	19	19	20
预测需求	255	294	321	301	330	320	345	340

生产每件产品的成本：正常时间为 1 000 元，超时工作为 1 300 元，转包合同为 1 500 元。每件每期库存持有成本是 100 元，各月没有延期交货，也没有期初、期末存货。

（1）制定一个能准确满足需求的、同时成本达到最小的生产计划。劳动力水平可以变动。问该计划的成本是多少？

（2）通过更好的计划，使正常工作时间产量保持在一致的水平（275 件/月），这样改变结果了吗？

（3）若超时工作成本由 1 300 元/件上升至 1 400 元/件，你的答案有变化吗？如果下降至 1 200 元/单位，情况又如何？

五、综合案例

安竹—卡特公司

安竹—卡特公司是加拿大一家户外照明装置的主要生产者和安装者。其照明设备分布于整个北美，并且几年来需求一直很旺。该公司下设有三个工厂负责生产有关装置并将其产品分配到五个分销中心（仓库）。在目前不景气的市场环境下，安竹公司在住房市场低落时其产品需求也明显下降。基于对利率的预测，部门主管感觉到未来可预见时期住宅需求及至其产品需求一直处于低谷。安竹公司考虑关闭一家工厂，因为按预测目前它每周正提供 34 000

件的过剩产品。

未来一年每周需求情况预测如表 7–33 所示。

表 7–33　各分销中心的预测需求

件

仓库 1	9 000
仓库 2	13 000
仓库 3	11 000
仓库 4	15 000
仓库 5	8 000

各工厂每周生产能力如表 7–34 所示。

表 7–34　各工厂每周生产能力

件

工厂 1	
正常工作时间	27 000
超时工作	7 000
工厂 2	
正常工作时间	20 000
超时工作	5 000
工厂 3	
正常工作时间	25 000
超时工作	6 000

如果安竹公司关闭任一工厂，其每周成本将发生变化，因为工厂停产其固定成本下降。表 7–35 表明各厂生产成本。既有正常工作和超时工作时的变动成本，又有生产和不生产时固定成本。表 7–36 给出了由各厂至仓库（分销中心）的分配成本。

表 7–35　各厂的生产成本

美元

工厂	变动成本	每周固定成本	
		生产	不生产
工厂 1：正常时间	2. 80	14 000	6 000
工厂 1：超时工作	3. 52		
工厂 2：正常时间	2. 78	12 000	5 000
工厂 2：超时工作	3. 48		
工厂 3：正常时间	2. 72	15 000	7 500
工厂 3：超时工作	3. 42		

表7-36 各厂至仓库（分销中心）的分配成本

美元

工厂	分销中心				
	1	2	3	4	5
工厂1	0.50	0.44	0.49	0.46	0.56
工厂2	0.40	0.52	0.50	0.56	0.57
工厂3	0.56	0.53	0.51	0.54	0.35

讨论题：

1. 评价能满足需求的各种生产配置，决定使总成本最小的生产配置方案。
2. 讨论关闭一工厂的结果。

实践与训练

一、实训目的

1. 要求学生理论与实际相结合，进一步领会综合计划与主生产进度计划的理论知识。
2. 培养学生运用综合计划的理论和方法，识别企业综合计划和主生产进度计划。

二、实训要求

1. 实训由3~5人小组完成。

2. 选择某些类型的中小企业（如学校附近的快餐店、连锁超市等）进行调查访问，了解企业综合计划与主生产进度计划的管理状况，分析两种计划之间存在的内在逻辑性以及企业是如何处理两者之间的关系。

3. 应进一步对企业进行相关信息的调查和收集，了解企业的顾客需求特点，掌握一年中的不同月份，一个月中的不同时间段，每周七天的营业收入变化规律。

4. 在此基础上，尽可能地对顾客需求、销售量或销售收入做出合理的预测，对企业的综合计划和主生产进度计划制定的合理性作出评价。

三、成果与考核

成果与考核主要依据小组的实训报告以及小组长对小组成员参与度的鉴定评定成绩。

第8章

MRP、MRP Ⅱ与ERP

知识目标

1. 了解 MRP 的基本思想及从 MRP Ⅱ到 ERP 的发展。
2. 领会 MRP 和 MRP Ⅱ系统的结构（输入和输出）和作用。
3. 领会 MRP Ⅱ的特点和 ERP 软件的功能模块。
4. 掌握 MRP 的计算方法。

技能目标

1. 分析从 MRP 发展到 MRP Ⅱ再到 ERP 的过程。
2. 分析 MRP Ⅱ如何统一企业经营管理活动。
3. 计算物料需求量和需求时间。

先导案例

美特斯邦威的 ERP 应用

孙晶是美特斯邦威公司王府井专卖店的店长。3 月 29 日，孙晶发现一种橙色女 T 恤衫卖得不错，决定增加订货。孙晶马上登录美特斯邦威公司的专卖店管理系统，在订货栏内输入橙色 T 恤衫的代码 1160171，再输入订货数量等信息后，经美特斯邦威北京分公司的销售部同步审核后，远在上海的美特斯邦威总部的物流管理部订单履行中心马上就对此订单进行处理，同时在距北京最近的区域配送中心就会自动打出货物分拣单，整个订单的处理过程只需要 5 分钟，几乎是实时的过程，1 个小时后上海配送中心就可以给王府井专卖店发货。如果一切顺利，3 天后，也就是 4 月 1 日，孙晶预订的橙色 T 恤衫就会摆上柜台。美特斯邦威公司副总裁王泉庚说，从专卖店下订单到收到货物，分布在全国 535 个城市 1 000 多家专卖店的平均订货到货周期是 4 天，如果一切顺利，只要两天就能把服装摆上货架；如果用传统手段，至少要半个月才能摆上柜台。

下了女 T 恤衫的订单后，孙晶又打开网上财务对账单，看一看王府井专卖店的货款是否已经打到美特斯邦威的账户上。以前，美特斯邦威公司的每个专卖店都有个厚厚的账本，每天把经营情况上报代理商，代理商再把各专卖店的经营情况汇总成一张报表，与美特斯邦威销售部核对、转账，每个月到15号左右再由财务核算出各个代理商上个月的对账单，再发给代理商对账。现在美特斯邦威公司已经实现了实时网上结算，与上游200多个代工企业(上游OEM工厂)、下游900多个代理商及专卖店之间的所有货款全部在网上自动结算对账，你欠我多少、我欠你多少，网上清清楚楚。2003年美特斯邦威公司的营业额达20亿元，但只有一个出纳员负责收款、划款，往来账是动态实时的，而且往来账还会实时同步协调业务的运转。目前，在美特斯邦威公司总部的销售部和商品规划部负责时时获取外部市场信息，商品规划部的人员每天盯着全国1 000多家专卖店的销售情况随时变更生产订单，同时销售部门不断优化这些数字，使之更加准确。如果商品规划部发现不止孙晶增加了代号为1160171的女T恤衫的订单，就可以马上让代工企业增加生产订单；反之，会很快让代工企业停止生产，减少损失。不仅如此，美特斯邦威商品规划部的人员还可以在网上跟踪代工企业的生产订单执行情况。

从给代工企业发出服装加工订单到物流中心存储、运输服装，再到专卖店销售服装，美特斯邦威公司从头到尾没有接触过一件服装，管理和运营的只有资金和供需信息，而管理、运营资金和供需信息的工具就是美特斯邦威的ERP信息化平台。通过下游的代理商专卖店管理系统、美特斯邦威总部的ERP系统和上游的服装加工制造管理系统，美特斯邦威公司把下游900多家代理商和上游200多家代工企业紧密“团结”在其ERP的平台上，通过与上下游合作伙伴信息的共享及业务流程的一体化，不仅提高了美特斯邦威公司的生产效率和管理效率，还改变了美特斯邦威作为一家传统服装企业的商业模式，2003年其营业额戏剧性地增长到了20多亿元，一跃成为中国休闲服装行业的领袖企业。

（根据 www. ccw. com. cn 载文改编）

8.1 物料需求计划

物料需求计划（MRP）是20世纪60年代发展起来的一种计划物料需求量和需求时间的计算机信息系统，是专为辅助企业进行从属需求库存管理及制定补充订货计划而开发的。物料需求计划起步于1965年美国人J. A. Orlicky博士提出了独立需求与相关需求的概念。这里的“物料”是泛指所有的材料、在制品、半成品、外购件和产成品。开始时，它只计算需求量，是开环的，而且没有考虑生产能力的约束，其作用也很少。后来，从原料供应厂商和生产现场取得了信息反馈，形成了闭环MRP，这才开始成为一种生产方式。

8.1.1 针对相关需求库存控制的物料需求计划

对于许多物品来说，如自行车、电视、盒装冰激凌等产成品，属于独立需求。因为它们只受市场环境的影响，不受对库存的其他型号产成品需求的影响。企业必须对这类需求进行预测。但是当人们需要一辆自行车时，就一定会产生对于车把、脚蹬子、车架及车轮的需求。对于车把、脚蹬子、车架及车轮的需求依赖于对于自行车的需求。因此，我们称这类需求为相关需求或从属需求，因为对这类物品的需求数量是由其他产品的库存需求决定的。车把、脚蹬子、车架及车轮的需求量从属于整车的生产（需求）量。一旦明确了自行车的生产规模，生产管理人员就可以计算出车把、脚蹬子等从属需求产品的需求量。例如，每辆自行车需要一个车把、两个车轮、两个脚蹬子和一个车架，如果需要 100 辆整车，就需要 100 个车把、200 个车轮、200 个脚蹬子和 100 个车架。

自行车或任何其他由一个或多个组件所构成的产品，称为父（母）项，车轮、车架、脚蹬子、车把等是组件。组件可能会经过一次或多次加工转换而成为一个或多个父项的组成部分。车轮等可能会有几个不同的父项，因为它们可能被用于不止一个型号的自行车中。父项—组件关系可能导致组件的从属需求状况不确定。假定每当库存量下降至 50 个再订货点时，就订购 100 辆自行车，如图 8-1（a）所示。然后组装车间从库存中提取 200 个车轮及一定数量的其他组件，对车轮等其他组件的需求如图 8-1（b）所示。可以看出，顾客对自行车的需求是连续且均衡的（表现为市场上分散的连续的对自行车的购买），但对车轮等组件的生产需求却是“整批集中式”的，也就是说它通常以相当大的数量断续地发生。

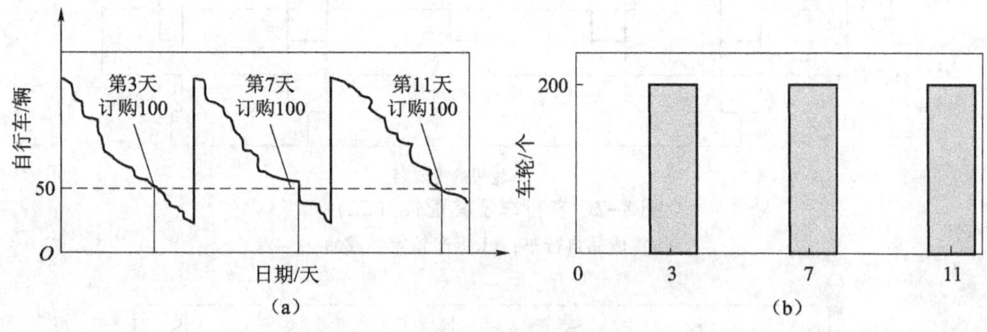

图 8-1　自行车及其配件（一）

在提出 MRP 的管理方法之前，一般依照独立需求物品库存管理的思想，采用订货点系统对相关（或从属）需求物品进行库存控制。我们已经知道，独立需求物品的订货点库存控制系统运行的基本原理。仍然以自行车及其配件的例子来说明。当现有成品自行车的库存数量下降到 50 辆这个预先规定的再订货点时，则将一个数量为 100 辆的订单下发给车间来进行生产。图 8-2（a）表示了这种库存模式，此处对于自行车的需求是稳定且连续的。

如果采用一个类似于管理成品自行车库存的系统来管理生产成品车的车轮或车架等的库存，则会产生如图 8-2（b）所示的效果。图 8-2（b）中正常的库存水平是 X 单位，当图 8-2（a）所示的成品车的库存下降到其再订货点时，则向车间发出生产订单，进而对车轮等物品库存提出所需数量的请求。车轮等物品库存水平则下降了生产该批次自行车所需的数量，从而使其库存下降到其再订货点以下，这就会触发再订购一定数量的车轮等物品，在经过一个采购提前期后完成库存的补充，库存水平有回复到 X 单位。

在图 8-2 中可以看到，车轮等物品的平均库存水平是相当高的，大部分库存只是长期持有而不使用。如果能够预测对于车轮等物品库存的需求时间和数量，然后对采购进行计划就可以满足这一需求。图 8-3 所示便是这种需求预测的结果。图 8-3（a）所示是与图 8-2（a）相同的成品库存模式。图 8-3（b）描绘了恰好在需要之前从发出订购请求到接收车轮等物品的计划安排。这种计划对于库存水平的影响是显而易见的。所有的再订货点系统都假定各个库存物品的需求是独立于其他库存物品需求的。上述假定成立时，这种系统的运行效率是很好的，但对于相关需求的物品，其效果就很糟糕。MRP 系统便是适用于相关需求物品库存控制的一种方法。

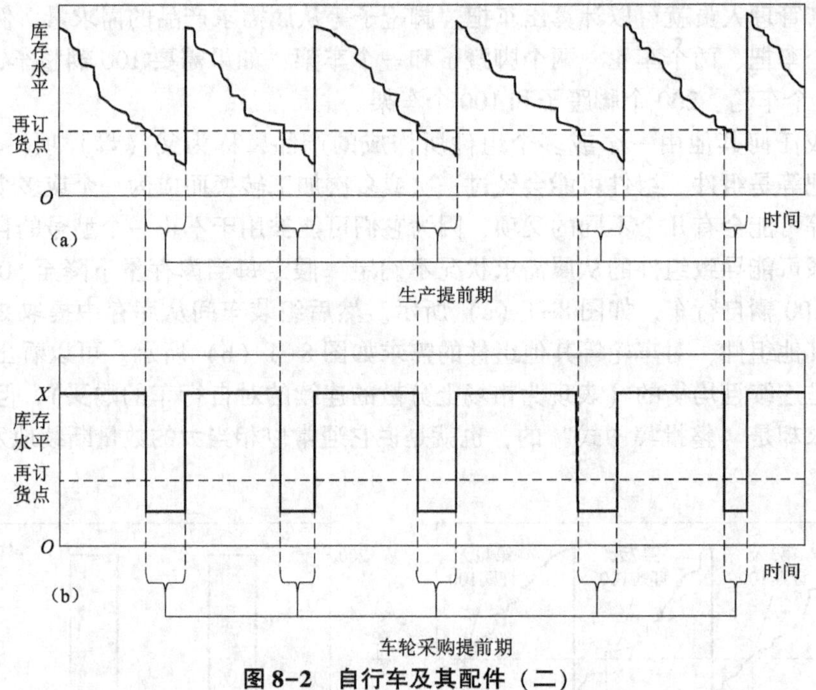

图 8-2　自行车及其配件（二）

（a）成品自行车；（b）车轮等半成品

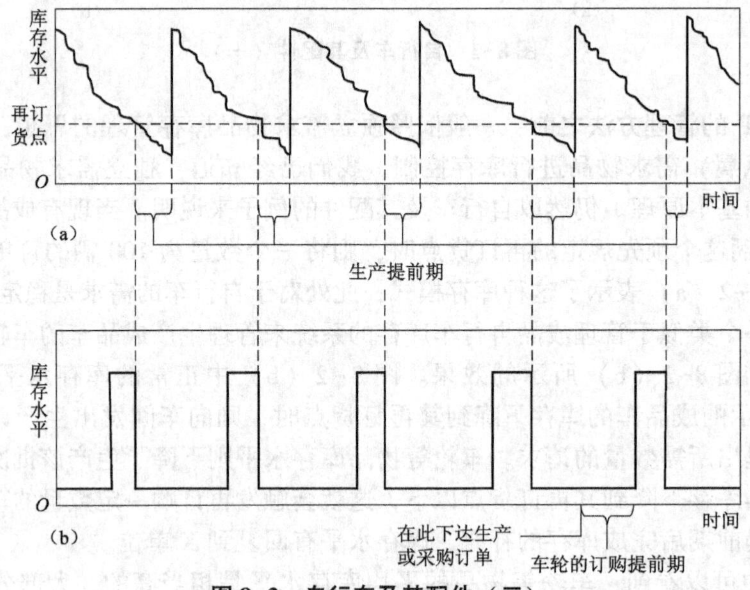

图 8-3　自行车及其配件（三）

（a）成品自行车；（b）车轮等半成品

8.1.2　物料需求计划的基本思想

MRP 的基本思想是围绕物料转化来组织制造资源，实现按需要准时生产。对于加工装配型企业，如果确定了产品出产数量和出产时间，就可按产品结构确定所有部件和零件的需求数量，并可按各种部件和零件的生产周期，反推出它们的出产时间和投入时间。物料在转化过程中需要不同的制造资源（机器、设备、场地、工具、工艺装备、人力和资金）。有了各种物料的投入产出时间和数量，就可以确定对这些制造资源所需要的数量和时间，这样就可围绕物料的转化过程，来组织制造资源，实现按需要准时生产。

MRP 的基本内容是编制零件的生产计划和采购计划。然而要正确编制零件计划，首先必须落实产品的生产进度计划，用 MRP 的术语就是主生产计划（Master Production Schedule，MPS），这是 MRP 展开的依据。MRP 还需要知道产品结构或物料清单，对食品、医药、化工行业则称为“配方”（Bill of Material，BOM），才能把主生产计划展开成零件计划；同时，必须知道库存数量才能准确计算出零件的采购数量。

物料清单（BOM）是定义产品结构的技术文件，又称为产品结构表或产品结构树，是构成父项装配件的所有子装配件、零件和原材料的清单，以及制造一个装配件所需每种零部件数量的清单。它按反工艺顺序来确定零部件、毛坯到原材料的需要数量和时间，并不是什么新的思想，人们早就想到也已开始运用。但由于现代工业产品的结构极其复杂，一台产品常常由成千上万种零件和部件构成。用手工方法不能在短期内确定如此众多的零部件及相应制造资源的需要量和需要时间；另外，由于市场的变化，计划的变更也是常事，变更和制定计划一样费事。据报道，在使用电子计算机以前，美国有些公司用手工计算各种零部件的需要量和时间，一般需要 6~13 周。电子计算机的出现使原来的不可能成为可能，MRP 的实现是电子计算机应用于生产管理的结果。

以物料为中心来组织生产，还是以设备为中心来组织生产，这是生产组织中两种不同的指导思想。前者是体现了以销定产的原则，适应市场经济体制的需要；后者体现以产定销的原则，很难适应市场经济体制的需要。另外，以物料为中心也可达到准时生产，而准时生产是经济的。

8.1.3　MRP 的输入

MRP 的主要输入数据是物料清单数据库、主生产进度计划和库存记录数据库，如图 8-4 所示。利用这类信息，MRP 系统可以确定维持生产进度所必须采取的行动，诸如发出新的生产订单、调整订货量以及对延误的订货加急生产等。

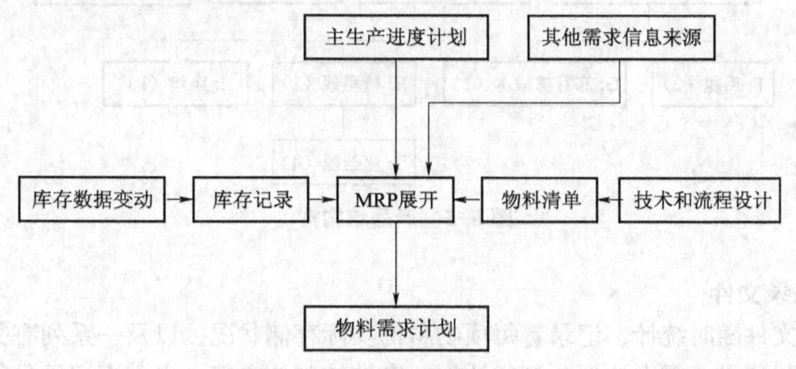

图 8-4　物料需求计划输入数据

1. 主生产进度计划（Master Production Schedule，MPS）

主生产进度计划是 MRP 运行的驱动力量，它所列的是最终产品（父、母）项。它可以是一台完整的产品，也可以是一个部件，甚至是零件，一般情况为一个订单。总之，它是企业向外界提供的东西。表 8-1 说明了如何将一个座椅系列的综合计划分解为每种特定型号座椅的每周 MPS。在表中，计划数量是按周列出的，且必须下达到生产车间，以开始进行产品总装配，从而满足顾客的交货要求。

产品出产计划中规定的出产数量可以是总需求量，也可以是净需求量。如果是总需求量，则要扣除现有库存量。一般来说，由顾客订单确定或预测的总需求量算出净需求量。

表 8-1 座椅系列的综合计划与各种型号座椅的 MPS

张

产品＼时间	4月				5月			
	1	2	3	4	5	6	7	8
梯式靠背椅	150					150		
厨房用椅				120			120	
办公椅		200	200		200			200
座椅系列综合生产计划	670				670			

2. 物料清单（Bill of Materials，BOM）

物料清单不只是所有原材料、元件、组件的清单，还反映了产品项目的结构以及制成最终产品各个阶段的先后顺序。一般用树型图来表示，如图 8-5 所示。通过访问物料清单文档，MRP 计算机系统可以精确地确定为了完成某一产品订单需要什么物品，以及需要多少数量。

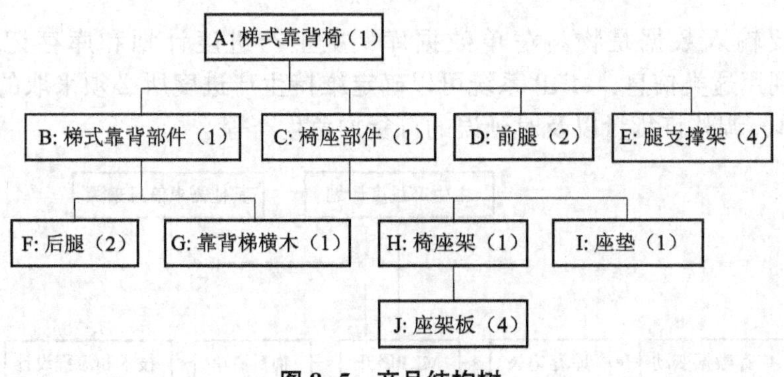

图 8-5 产品结构树

3. 库存记录文件

库存记录文件随时统计、记录着每项物料的实际存储状况，以及一系列有关存储的信息资料，如计划到货量、需求计划、订货计划、存储控制信息等。出入库记录是得到最新库存状态的基本组成部分，包括发出新订单、接收预定到货、对预定到货的期限做出调整、提取库存、取消订单、修正库存数据误差、拒绝发货，以及核定报废损失和审核库存退货。库存记录显示了一种产品的批量策略、提前期以及各时间段的数据。库存记录的目的是保持对库存水平和组件补货需求的监控。库存记录中各时间阶段的信息由以下内容构成：总需要量、预计到货量、预计库存量、计划到货量和计划发出订单。

下面用椅座部件，即如图 8-5 中的相关需求物品 C 为例来对库存记录进行讨论。该部件用于两种产品的组装：梯式靠背椅和厨房用椅。

（1）总需要量。总需要量是从全部父项产品的生产计划中所得出的总需求量，也包括不再另外考虑的需求量，如对已售出产品的维修用零部件的需求量。表 8-2 说明了部件 C 的库存记录。假定部件 C 按照 230 件的批量生产，提前期为 2 周。该库存记录显示了部件 C 在未来 8 周的总需求量，这些数据来源于表 8-1 中的梯式靠背椅和厨房用椅的主生产计划。把来源于每个父项的 MPS 的起始产量相加得到该部件每周的总需要量。椅座部件的总需要量呈现整批集中的特点：在整个 8 周时间中，装配车间分别在 1、4、6、7 周形成对该部件的需求。

（2）预计到货量。预计到货量（未结订单）是已下了订单但至今未了结的订货。对采购品来说，预计到货量可能会处于这么几个阶段：正在由供应商进行加工、正在运往采购方的途中、正在由采购方的收货部门进行验收。如果企业内部生产，则这批订货可能正在车间进行加工、正在等待某种材料或配件的到来、正在等待某台设备提供生产性资源等。根据表 8-2，在第 1 周，有一份订货量为 230 个产品 C 应该交付（预计到货量）。由于提前期是 2 周，因此这份订货应该在往前推 2 周发出订单。

表 8-2　椅座部件的 MRP 记录数据

件

产品 C　说明：椅座部件		批量：230			提前期：2 周				
时间 / 库存记录信息		周							
		1	2	3	4	5	6	7	8
总需求量		150	0	0	120	0	150	120	0
预计到货量		230	0	0	0	0	0	0	0
预计库存量	37	117	117	117	−3	−3	−153	−273	−273
净需求									
计划到货量									
计划发出订单									
说明： 总需要量指对两种座椅的总需求量。 第 1 周的预计库存量为：37+230−150=117（件）									

（3）预计库存量。预计库存量是指每一周在满足总需要量之后，对余下的可用库存量的估计值。表 8-2 中第 1 列（37）所示的起始库存量，指的是对库存记录进行计算时当前可用的现有库存量。与预计到货量一样，录入每次实际出库和入库的数据，以对 MRP 数据库进行更新。该行的其他各列数据显示了未来几周的预计库存量。预计库存量的计算公式：

第 t 周末的预计库存结存量=第（t−1）周末的库存量+第 t 周预计或计划到货量−第 t 周总需要量

（4）计划到货量。计划到货量指的是各期初始显示出来的期望接收量。在按需定量

（配套批量订货）条件下，它等于净需求。在固定批量订货条件下，它大于净需求。计划到货量按以下思路进行安排（计算）：一是在缺货现象出现以前，要预估未来每周的库存量。要安排第一批计划到货量在预计发生缺货（产生净需求）的那一周到达。新增加的计划到货量将使预计库存量的结存量增加，使其等于或大于零。当计划到货量大于计划到达的那一周的净需求量时，结存量就会大于零。二是对未来库存量的预估工作要持续进行，直到下一次缺货现象出现为止。缺货现象的再度发生说明需要安排第二次计划到货。

这个过程要反复进行，直到计划期末为止，通过 MRP 记录一列一列地向前推进——根据需要填入的计划到货量并完成对相应的预计库存量一行的计算。表 8-3 显示了椅座部件的计划到货情况。从表中可以看到，在第 4 周，预计库存量将下降到零以下（总需求量大于预计库存量，产生净需求量），所以，为第 4 周安排了 230 件的计划到货量。更新后的库存结存量为：117（第 3 周末的库存量）+230(计划到货量)−120(总需要量)= 227（件）。由于没有针对总需要量的预计到货量，所以预计库存量在第 5 周仍然保持在 227 件的水平。在第 6 周，预计库存量为：227（第 5 周末的库存量）−150(总需要量)= 77（件）。该数值大于零，所以不需要新的计划到货量。但是，在第 7 周，如果没有更多的椅座部件到货，就会发生缺货。利用第 7 周的一份计划到货量，更新后的库存结存量为：77 件(第 6 周末的库存量)+230(计划到货量)−120(总需要量)= 187 件。

（5）计划发出订单。计划发出订单指的是在何时发出一种产品特定数量的订单。必须在合适的时间段发出适量的计划订单。为此，必须假定所有的库存变动——预计到货量、计划到货量和总需要量等，都在一个时间区间的同一个时间点上发生（如周末或周初）。无论如何假定，计划发出订单都等于减去（或抵消了）提前期后的计划到货量，如表 8-3 所示。

表 8-3　椅座部件的完整库存记录

件

产品 C　说明：椅座部件　批量：230　提前期：2 周								
时间 / 库存记录信息	周							
	1	2	3	4	5	6	7	8
总需求量	150	0	0	120	0	150	120	0
预计到货量	230	0	0	0	0	0	0	0
预计库存量　37	117	117	117	227	227	77	187	187
净需求				3			43	
计划到货量				230			230	
计划发出订单		230			230			

说明：

如果第 4 周没有计划到货，缺货量为：117+0+0−120=−3（件），形成了第 4 周的净需求量。

如果增加了计划到货量，那么就会使库存结存量为：117+0+230−120=227（件）

考虑到需要抵消 2 周的提前期，所以，相应的计划发出订单日期应该往回折算到第 2 周。第 7 周的情形与第 4 周相似。

8.1.4 库存计划因素

库存记录中的计划因素对MRP系统的整体运行绩效起着重要的作用。通过利用这些因素，管理者可以对库存管理应付自如。

1. 计划提前期

计划提前期就是从发出某产品（物料）的订单到把该产品或物料收入库存之间的时间估计值。计划提前期的准确性是很重要的。如果产品入库早于计划所规定的时间，库存持有成本就会增加。如果产品入库时间太迟，就会出现缺货或经常的紧急订货费用。

对于外购产品来说，计划提前期就是发出订单后，从供应商那里收到订货所允许的时间，其中包括下订单的正常时间。采购合同通常会约定交货日期。对自制的产品来说，计划提前期由以下的时间估计值构成：设备调整时间、加工时间、物料在工序间的搬运时间以及等待时间。对于该产品工艺路线的每一道工序，都必须估算上述的每项时间。其中对设备调整时间、加工及物料搬运时间的估计相对较为容易，而对于等待物料搬运或等待完成特定工序的机器所耗费的时间，其估算较为困难。在一个面向订货进行生产的系统，其生产任务变化比较大，导致某一具体订单的实际等待时间产生大幅波动。因此，在估算这类生产系统的计划提前期时，对其等待时间的估计是非常重要的。而对于备货型生产系统来说，例如装配厂，由于产品工艺路线是标准化的，其等待时间一般是比较固定的。因此，其等待时间对于计划提前期就不那么重要。

2. 批量准则

批量准则决定了订货时间和规模。在计算计划到货量和计划发出订单之前，必须确定每种物料的批量准则。批量准则的选择决定了每种物品所需要的设备调整次数（或发出订单次数）和库存持有成本的大小。通常采用的批量准则主要有：固定订货批量、定期订货批量和按需定量法。

固定订货批量（Fixed Order Quantity，FOQ）准则就是每次发出订单时都保持同一订货批量。批量可能由设备生产能力限制所决定，如一次必须将一整批物料装入一座熔炉中。对采购品来说，*FOQ*可以由数量折扣水平、车载能力或最小采购量所决定。批量还可以由经济订货批量（*EOQ*）决定。表8-3说明了*FOQ*准则。但是，如果某种物品在某一周里的需要量突然增加，固定一个批量可能不足以避免缺货。在这种情况下，必须加大采购或生产的批量，以避免缺货。这时可以选择*FOQ*的整数倍的订货批量。

定期订货批量（Periodic Order Quantity，POQ）准则允许每次订货批量不同，但是要按确定的时间间隔发出订货，例如每两周一次。订货批量应等于两次订货之间的固定时间跨度所需要的物料数量，而且其数量必须大到足以防止缺货现象的发生。具体来说，*POQ*的计算公式为：

第t周到达的*POQ*批量$=P$周的全部需要量（含第t周）$-$第（$t-1$）周末的计划库存结存量

通过该式计算的订货量与P周的总需要量完全相符，即第P周末的预计库存量应该等于零。表8-4将表8-3中所使用的*FOQ*准则转换为*POQ*准则，显示了$P=3$周的*POQ*准则应用于椅座部件库存持有的情况。要求在第4周收到第1份订单的订货，因为这是预计库存结存量降到零以下的第1周。运用$P=3$周的第1批订货量为：*POQ*批量=第4~第6周的总需要量-第3周末的库存量=(120+0+150)-117=153（件），第六周末的库存结存量等于零。第二批订货必须于第7周到达，其订货批量为（120+0)-0=120（件）。第2批只反映了距计划期末两周的总需要量。

表 8-4 椅座部件的 *POQ* 准则

件

物料说明：椅座装配	*POQ* 计划期（*P*）：3	批量：*POQ*	提前期：2周	计划期：8周				
时间 / 库存记录信息	周							
	1	2	3	4	5	6	7	8
总需求量	150	0	0	120	0	150	120	0
预计到货量	230	0	0	0	0	0	0	0
预计库存量 37	117	117	117	150	150	0	0	0
净需求				3			120	
计划到货量				153			120	
计划发出订单		153			120			

POQ 准则要求在制定计划时，其批量应该足以满足后续 *P* 周的需求。选择 *P* 值的一种方法是用所求的平均批量，如 *EOQ* 或一些其他的批量，除以每周平均需求量。也就是说，用所希望的供货周数（*P*）来表示目标批量，并取最接近的整数。

按需定量（Lot-for-Lot，L4L）准则所确定的订货批量只满足一周的总需要量，即 $P=1$，其目标是使库存水平最低。该准则能够确保计划订货量恰好大到足以避免所涵盖的那一周的缺货。L4L 批量为：

第 t 周到达的 L4L 批量=第 t 周的总需要量-第（t-1）周末的计划库存结存量

在第 t 周末，结合了新订货量的预计库存量将等于零。紧随第 1 批计划订货之后，另一批计划订货量用来与随后每一周的总需要量相匹配。表 8-5 显示了将 L4L 准则用于椅座部件库存的情况。从表中可以看到，第一批订货在第 4 周到达：L4L 批量=第 4 周的总需要量-第 3 周末的库存结存量=120-117=3（件）。第 6 周和第 7 周的计划到货量分别为 150 和 120。

表 8-5 椅座部件的 L4L 准则

件

物料说明：椅座装配	*POQ* 计划期（P）	批量：L4L	提前期：2周	计划期：8周				
时间 / 库存记录信息	周							
	1	2	3	4	5	6	7	8
总需求量	150	0	0	120	0	150	120	0
预计到货量	230	0	0	0	0	0	0	0
预计库存量 37	117	117	117	0	0	0	0	0
净需求				3		150	120	
计划到货量				3		150	120	
计划发出订单		3		150	120			

3. 安全库存

一项重要的决策就是确定要持有的安全库存数量。只有在未来的总需要量、预计到货的时间和数量以及废料数量处于不确定状态时，具有整批集中需求的从属需求物料的安全库存才有价值。随着引起不稳定的因素被消除，安全库存应该被减少并最终被消除。通常采用的策略是对最终产品和外购品使用安全库存，以防顾客订货量发生变化以及组件供应商交货不可靠，而对中间产品则要尽量避免使用安全库存。通过利用以下准则，可以把安全库存与 MRP 原理相结合：一旦预计库存结存量下降到所预定的安全库存水平以下，就要对计划到货量做出安排。表 8-6 显示了当 *FOQ* 为 230，椅座的组装需要有数量为 80 的安全库存量时的情况。

表 8-6　显示安全库存应用情况的椅座部件的库存记录

件

物料说明：座椅装配		*FOQ* 准则		批量：230		提前期：2		安全库存：80
库存记录信息 ＼ 时间		周						
		1	2	3	4	5	6	7	8
总需求量		150	0	0	120	0	150	120	0
预计到货量		230	0	0	0	0	0	0	0
预计库存量	37	117	117	117	227	227	307	187	187
净需求					83		3		
计划到货量					230		230		
计划发出订单			230		230				

8.1.5　MRP 的输出

MRP 系统可以提供许多报表、进度计划以及通告，以帮助管理者对从属需求库存进行有效控制，如图 8-6 所示。下面主要就 MRP 的展开过程、提醒管理者注意物料需求的行动通告以及物料需求计划所决定的预计能力需求的能力报告等进行介绍。

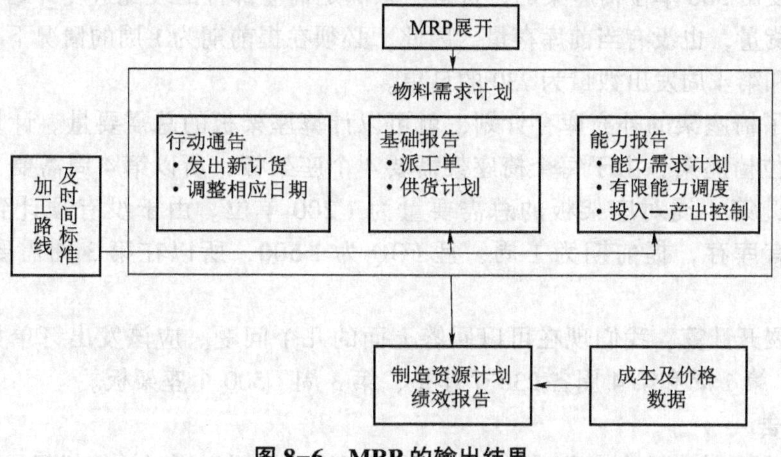

图 8-6　MRP 的输出结果

1. MRP 展开

MRP 将 MPS 和其他需求因素转换或展开为生产父项或母项产品所需要的所有部件、组件以及原材料的需求量。该过程能够生成各组件产品的物料需求计划。

一个产品或物料的总需要量主要来自以下三个方面。

（1）作为最终产品的直接父项的 MPS。

（2）低于 MPS 层次的父项的计划发出订单。

（3）任何最初包含在 MPS 中的其他需求，如维修用的备用件需求量。

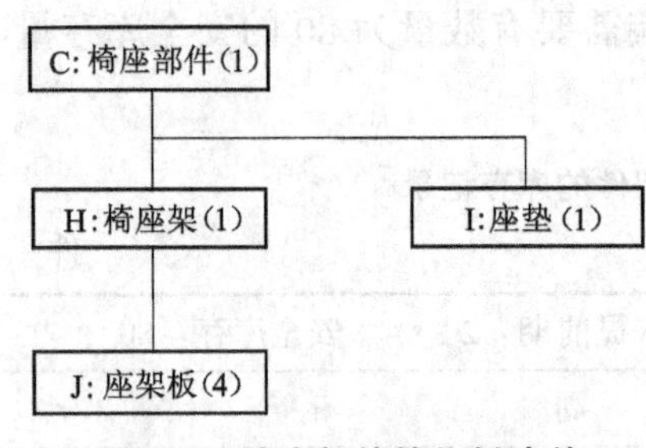

图 8-7　椅座部件的物料清单

现在以上面的椅座部件为例作进一步的说明。如图 8-5 所示，椅座部件需要一个座垫和一个椅座架。而椅座架又需要 4 条座架板。其物料清单（BOM）如图 8-7 所示。应该从供应商那里订购多少座垫？应该生产多少椅座架，以支持椅座部件的生产进度计划？需要生产多少座架板？这些答案取决于已拥有的这些组件（物料）的库存量，以及正在办理的补充订货量。MRP 能够借助于展开过程来回答以上问题。

表 8-7 显示了椅座部件及其组件的 MRP 记录。假定椅座架的批量准则为 300 单位的 FOQ、座垫为 L4L、座架板为 1 500 单位的 FOQ，它们的提前期都是 1 周，椅座架在第 2 周有 300 单位的预计到货量，椅座架和座架板分别有 40 单位和 200 单位的现有库存量。其展开过程的关键是确定每种组件总需要量的适当时间和规模。然后就可以运用前面介绍的原理，推算出有关每种组件计划发出订单的安排。

表 8-7 显示，组件的总需要量来自其父或母项的计划发出订单。椅座架和座垫的总需要量从椅座部件的计划发出订单中得出。两种组件在第 2 周和第 5 周都有 230 件的总需要量，这两周是将要发出订单以装配更多椅座部件的时间。例如，在第 2 周，装配部门的领料工将从仓库中领取 230 单位椅座架和 230 单位座垫，这样，装配部门才能及时生产椅座部件，以免第 4 周缺货。

利用第 2 周和第 5 周的总需要量，可以得到椅座架和座垫的 MRP 记录，如图 8-6 所示。根据第 2 周 300 单位椅座架的预计到货量，数量为 40 的现有库存量以及 1 周时间的提前期，需要在第 4 周发出 300 单位椅座架的订货量，来满足椅座部件的装配进度计划要求。而座垫既没有预计到货量，也没有当前库存量。因此，必须在提前期为 1 周的情况下，使用 L4L 准则，在第 1 周和第 4 周发出数量为 230 的订单。

一旦确定了椅座架的补充库存计划，就可以计算座架板的总需要量。计划在第 4 周开始生产 300 单位椅座架，由于每个椅座架需要 4 个座架板，所以第 4 周需要 300×4＝1 200 条座架板。因此第 4 周对座架板的总需要量为 1 200 单位。由于没有预计到货量，但有 200 单位的现有库存，提前期为 1 周，且 FOQ 为 1 500，所以在第 3 周需要发出订单为 1 500 单位。

通过以上展开计算，我们现在可以回答上面的几个问题。应该发出订单如下：第 4 周 300 个椅座架，第 1 周和第 4 周各 230 个座垫，第 3 周 1 500 个座架板。

2. 行动通告

一旦 MRP 计算完毕，任何以 BOM 表示的库存记录都可以通过计算机显示屏显示出来。

表 8-7 椅座装配组件的 MRP 展开

件

产品：椅座部件 批量：230 提前期：2 周									
时间 / 库存记录信息		周							
		1	2	3	4	5	6	7	8
总需求量		150	0	0	120	0	150	120	0
预计到货量		230	0	0	0	0	0	0	0
预计库存量	37	117	117	117	227	227	77	187	187
净需求					3			43	
计划到货量					230			230	
计划发出订单			230			230			
产品：椅座架 批量：300 提前期：1 周 用量：1									
时间 / 库存记录信息		周							
		1	2	3	4	5	6	7	8
总需求量		0	230	0	0	230	0	0	0
预计到货量		0	300	0	0	0	0	0	0
预计库存量	40	40	110	110	110	180	180	180	180
净需求						120			
计划到货量						300			
计划发出订单					300				
产品：座垫 批量：L4L 提前期：1 周 用量：1									
时间 / 库存记录信息		周							
		1	2	3	4	5	6	7	8
总需求量		0	230	0	0	230	0	0	0
预计到货量		0	0	0	0	0	0	0	0
预计库存量	0	0	0	0	0	0	0	0	0
净需求			230			230			
计划到货量			230			230			
计划发出订单		230			230				
产品：座架板 批量：1 500 提前期：1 周 用量：4									
时间 / 库存记录信息		周							
		1	2	3	4	5	6	7	8
总需求量		0	0	0	1 200	0	0	0	0
预计到货量		0	0	0	0	0	0	0	0
预计库存量	200	200	200	200	500	500	500	500	500
净需求					1 000				
计划到货量					1 500				
计划发出订单				1 500					

库存计划人员可以使用由计算机生成的备忘录——行动通告，来做出有关发出新订单和调整相应的预定到货日期等方面的决策。每当系统数据得到更新，就会生成这些通告。该行动通告只对那些需要关注的产品向计划人员发出警告，比如那些安排在当前时段计划发出订单的产品，或者由于父项产品生产计划的变更或组件供应短缺而需要调整到期日的产品。然后，计划人员就可以对那些物品的全部记录进行检查并采取必要的行动。

3. 能力报告

在对计划订货量进行计算时，MRP 系统自身不会察觉到能力的限制，它得出的计划发出订货量可能超过实际能够生产的数量。管理者的基本职责之一就是要对物料需求计划的能力需求进行监控，当不能满足计划要求时，就要对计划进行调整。为此，管理者必须完成：能力需求计划报告、有限能力调度和投入—产出控制报告。它们构成了管理者进行短期生产进度决策的重要依据。

（1）能力需求计划（Capacity Requirements Planning，CRP）。CRP 的目的是要使物料需求计划与关键流程的生产能力相匹配。它可以用来计算设备的工作负荷，这要根据生产车间完成已发出的预计到货量和完成还没有发出的计划发出订单需要的工作量来进行。它涉及以下资料：库存记录——提供计划发出订单和预计到货量的状态；产品加工路线——说明必须对产品进行加工的工作中心（地）；每个工作中心之间的平均提前期；每个工作中心的平均加工时间和设备调整时间。利用 MRP 系统为避免缺货而制定的某产品补充订货到达日期，能力需求计划（CRP）可以往回追溯该产品的加工路线，从而估算出预计到货量或计划发出订单到达每个工作中心的时间。该系统使用加工时间和设备调整时间，来估算该产品的每批计划发出订单和预计到货量给每个工作中心带来的工作负荷。将各种产品需要在某个特定工作中心加工的时间相加，就可以得到每个工作中心的工作负荷。关键工作中心是那些预计的工作负荷超过其生产能力的工作中心。

表 8-8 显示了椅座部件的车床工作中心的 CRP 报告。该工作中心有 4 台机床，每台每天安排 2 个轮班。工作中心每周最大生产能力为 320 小时。计划小时数表示需要经过该工作中心的产品的全部计划订货所需要的工作量。实际小时数则表示工作中心可见的工作累计量（即预计到货量）。将二者加起来就得到总小时数。把总小时数与实际能力约束进行比较，就可以得到生产进度可能存在的潜在问题的报告。

表 8-8　CRP 报告

小时

物料说明：椅座部件　工厂 01 部门 03：车床工作中心　能力：320 小时/周　周：32						
时间 项目	周					
	32	33	34	35	36	37
计划小时数	90	156	349	210	360	280
实际小时数	210	104	41	0	0	0
总小时数	300	260	390	210	360	280
计划能力需要超过了每周的能力的小时数（34、36）						

（2）有限能力调度（Finite Capacity Scheduling，FCS）。FCS 是一种专门设计出来在整个车间范围内对一批订单进行计划安排的系统。该系统利用所生产产品的加工路线、资源约束、可用能力、排班状况等，来确定订单的先后次序。要使这个系统有效运行，必须与 MRP 结合起来使用。MRP 系统可以下载需要做出计划安排的订单，但是，FCS 系统在比 MRP 更具体的细节上运行，它需要了解每台机器的状态以及当前订单加工完毕的时间、设

备维修计划、加工路线、设备调整时间、机床的速度和性能以及资源的能力等等。FCS 利用这些信息来确定实际的、可实现的工件加工开始时间和结束时间，并把结果上传到 MRP 系统中，以便于今后计划的制定。对于订单的完成时间，FCS 系统提供的情况比 MRP 更准确，因为在工件提前期中，MRP 使用的是工件等待时间的估计值，在制定物料计划时，没有进行能力方面的考虑，而且常常使用整体时间段（如周）。如果这些实际的完成时间与 MRP 的时间安排有冲突，那么可能就要进行修改，重新运行 FCS 系统。

（3）投入—产出控制（Input-output Control Report）。投入—产出控制报告是将计划投入（来自 CRP 或 FCS 报告）与实际投入、计划产出与实际产出进行对比的一份报告。报告中的信息要指出工作中心是否已按计划完成任务，并帮助管理层确定能力问题的根本所在。实际产出可能低于计划产出，其原因有两个：一是投入不足。问题可能出在前面的上游工序，也可能是由于缺少采购品引起的。二是能力不足。即使投入量与计划保持同步，但由于缺勤、设备故障、人员数量不足或生产率低下等原因，产出量可能降到计划水平以下。

表 8-9 显示了某铣床工作中心的投入—产出控制报告，该工作中心正在加工一批办公椅组件。管理层设定的计划累计偏差范围为±25 小时，只要累计偏差不超过这个临界值，就不用关注它。但该报告显示了第 31 周的实际产出比计划少了整整 32 小时，超过了 25 小时的上限，说明其中存在着问题，必须加以关注。

表 8-9　投入—产出控制报告

小时

工作中心：铣床	偏差范围：±25 小时		周：32		
时间 \ 项目	周				
	28	29	30	31	32
投入：					
计划	160	155	170	160	165
实际	145	160	168	177	
累计偏差	−15	−10	−12	+5	
产出：					
计划	170	170	160	160	160
实际	165	165	150	148	
偏差累计	−5	−10	−20	−32 ← 累计偏差超出控制范围，应采取某些措施纠正	

8.2　制造资源计划（MRP Ⅱ）

8.2.1　从 MRP 到 MRP Ⅱ

MRP 是将产品出产计划转化为自制件投入产出计划和外购件需求计划，但这些若不与企业生产能力相联系，计划也会落空的。因此 MRP 首先发展成为闭环 MRP。“闭环”的双重意义为：它不仅考虑到物料的需求，同时还考虑到企业自身的生产能力等，这样从企业外部到企业内部形成闭环；计划制定、实施、修改、控制方面实行信息反馈，从而形成闭环。

闭环 MRP 能准确计算出零部件投入产出的数量和时间，也能精确地计算和记录出所有库存量。但这时的 MRP 仍然只是局限于生产制造领域，其重点在于生产进度计划，其目的是通过该计划去满足 MPS 中所确定的物料需求。当管理人员认识到除了生产运营部门之外，MRP 系统中的信息对其他职能部门也很有用时，MRP 就逐渐发展为制造资源计划。该系统把基本的 MRP 系统与企业的财务系统以及其他核心流程和支持流程紧密联系在一起，涵盖了整个企业，包括销售、生产、库存、成本、人力资源管理等。1977 年 9 月美国著名生产管理专家奥列弗·怀特建议给功能扩大后的 MRP 系统一个新名称——制造资源计划（Manufacturing Resource Planning）。为了表明它是 MRP 的延续和发展，用了同样以 MRP 为首的三个英文字母，同时又为了与第一代 MRP 的区别，取名 MRPⅡ，以示它是第二代的 MRP。

8.2.2 MRPⅡ系统的基本结构和作用

图 8-8 显示 MRPⅡ系统的工作流程图。MRPⅡ的主要作用在于：

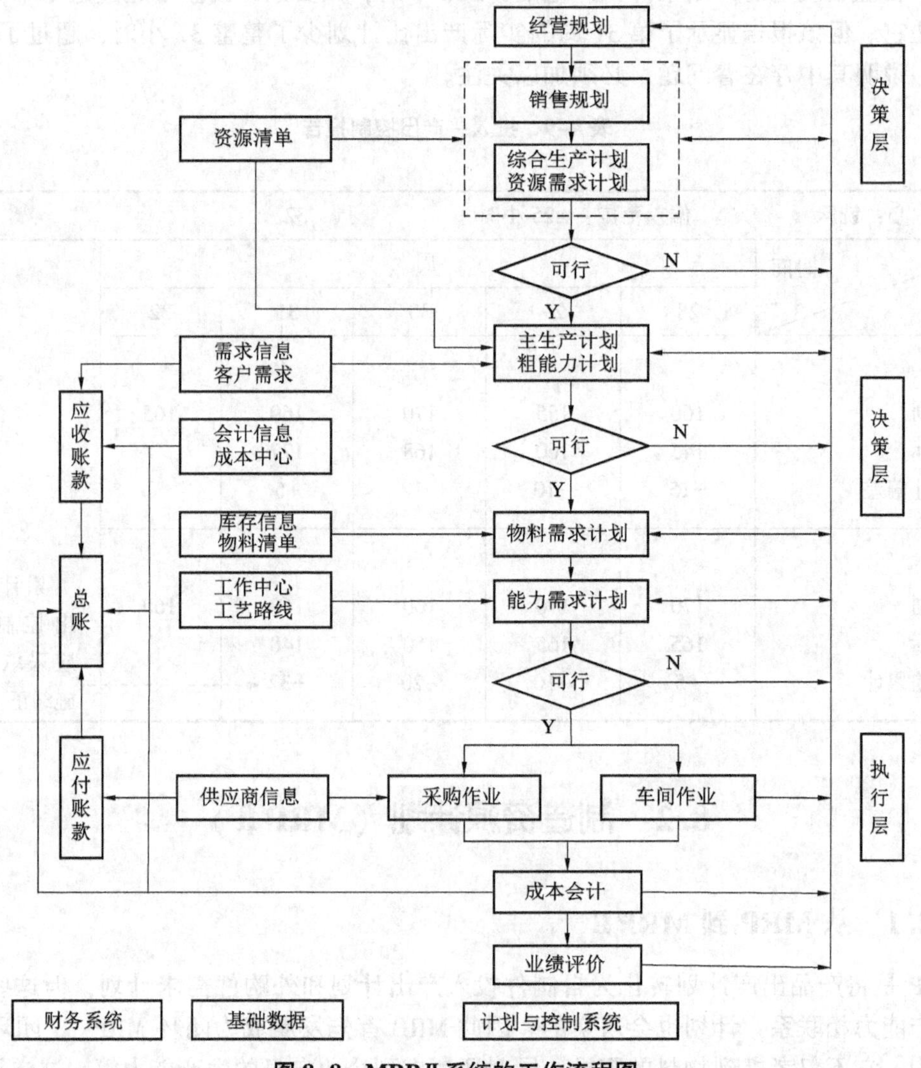

图 8-8 MRPⅡ系统的工作流程图

（1）把基于生产计划的信息提供给所有的职能部门，以此来为企业的资源管理提供支持。

（2）通过仿真，MRP Ⅱ 使管理人员可以对“如果……，则……”情况进行测评。例如，在没有实际执行进度计划的情况下，管理人员可以观察到，通过改变 MPS 对某些关键供应商的采购需求量或瓶颈加工中心的工作负荷所产生的影响。

（3）通过利用 MRP 计划以及来自会计核算系统的价格、产品成本和活动成本，管理层可以推断出下列资金价值：运输、产品成本、管理费用分配、库存、未交付的订货和利润。而且，来自 MPS、预计到货量和计划发出订单的信息，可以转换成为现金流量计划，并可按产品族进行分解。例如，MRP 库存记录中的预计库存量，可以用来计算未来的库存资金量。直接把数量与各产品的单位价值相乘，并把属于同一产品族的所有产品相加，就可得到这些数据。

在实践中，管理人员将来自 MRP Ⅱ 的信息用于生产、采购、营销、财务、会计以及设计。MRP Ⅱ 报告可以协助管理者制定并监控企业总体经营计划，以及确定销售目标、生产能力和现金流量约束。与单独使用 MRP 相比，MRP Ⅱ 的广泛应用所产生的收益要大得多。

8.2.3 MRP Ⅱ 的特点

MRP Ⅱ 的特点可从六个方面来说明，每一个特点都含有管理模式的变革和人员素质或行为规范的变革。

1. 计划的一贯性和可行性

MRP Ⅱ 是一种计划主导型的管理模式，计划层次从宏观到微观、从战略到战术，由粗到细逐层细化，但始终保持与企业经营战略目标一致。“一个计划（one plan）”是 MRP Ⅱ 的原则精神，它把通常的三级计划管理统一起来，编制计划集中在厂级职能部门，车间班组只是执行计划、调度和反馈信息。计划下达前反复进行能力平衡，并根据反馈信息及时调整，处理好供需矛盾，保证计划的一贯性、有效性与可执行性。

2. 管理系统性

MRP Ⅱ 是一种系统工程，它把企业与生产经营直接相关部门的所有工作联系成一个整体，每个部门都从系统整体出发做好本岗位工作，每个人都清醒自己的工作同其他职能的关系。只有在“一个计划”下才能成为系统，条框分割各行其是的局面将被团队合作取代。

3. 数据共享性

MRP Ⅱ 是一种管理信息系统，企业各部门都依据同一数据的信息进行管理，任何一种数据变动都能及时地反映给所有部门，做到数据共享，在统一数据库支持下按照规范化的处理程序进行管理和决策，改变过去那种信息不通、情况不明、盲目决策、相互矛盾的现象。为此，要求企业员工用严肃的态度对待数据，专人负责维护，保证数据的及时，准确和完整。

4. 动态应变性

MRP Ⅱ 是一个闭环系统，它要求跟踪、控制和反馈瞬息万变的实际情况，管理人员可随时根据企业内外部环境条件迅速做出响应，及时决策调整，保证生产计划正常进行。它可以保持较低的库存水平，缩短生产周期，及时掌握各种动态信息，因而有较强的应变能力。为了做到这点，必须树立全员的信息意识，及时准确地把变动了的情况输入系统。

5. 模拟预见性

MRP Ⅱ 是生产经营管理客观规律的反映，按照规律建立的信息逻辑必然具有模拟功能。

它可以解决“如果怎样……，将会怎样……”的问题，可以预见相当长的计划期内可能发生的问题，事先采取措施消除隐患，而不是等问题已经发生了再花几倍的精力去处理。这将使管理人员从忙忙碌碌的事务堆里解脱出来，致力于实质性的分析研究和改进管理工作。

6. 物流、资金流的统一

MRP Ⅱ包罗了成本会计和财务功能，可以由生产经营活动直接产生财务数字，把实物形态的物料流动直接转换为价值形态的资金流动，保证生产和财会数据一致。

8.2.4 MRP Ⅱ统一了企业的生产经营活动

以往，一个企业内有很多系统，如生产系统、财务系统、销售系统、供应系统、技术系统，它们各自为政，缺乏协调，相互关系并不密切。由于 MRP Ⅱ能提供一个完整而详尽的计划，可使企业内部各个部门活动协调一致，享用共同的数据，消除了重复工作和不一致，提高了整体的效率。

1. 营销部门

通过产品出产计划，营销部门与生产部门建立了密切的联系。按照市场预测和顾客的订货制定的产品出产计划更符合市场的要求，有了产品出产计划，签订销售合同时更有可靠依据，并可大大提高按期交货率。由于 MRP Ⅱ有适应变化的能力，可以弥补预测不准的弱点。

2. 生产部门

过去，生产部门的工作是不太正规的。由于企业内外条件的不断变化，生产难以按预定的生产作业计划进行。这使得第一线的生产管理人员不太相信生产作业计划，不喜欢那些流于形式、不能指挥生产的计划。MRP Ⅱ使计划的完整性、周密性和适应性大大加强，使调度工作大为简化，工作质量得到提高。采用电子计算机可以实现每日生产作业计划的编制，充分考虑了内外条件的变化，这就使得人们从经验管理走向科学管理。

3. 采购部门

采购部门往往面临两方面的困难：一方面是供应商要求提早订货，另一方面是本企业不能提早确定物资的数量和交货期。MRP Ⅱ使采购部门有可能做到按时、按量供应各种物资。而且 MRP Ⅱ的计划期可以长到 1~2 年，使得采购部门能较早、准确地得到各种所需物资“期”和“量”方面的有关信息，避免了盲目多订和早订，既节约了资金，又减少了短缺。

4. 财务部门

实行了 MRP Ⅱ，可使不同部门使用共同的数据，一些财务报告只要在生产报告的基础上是很容易作出的。当生产计划发生变更时，马上就可以反映到经营计划上，可以使决策者迅速了解到这种变更在财务上造成的影响。

5. 技术部门

以往技术部门似乎可以超脱于生产活动以外，但 MRP Ⅱ要求技术部门提供的却是该系统赖以运行的基本数据。这要求产品结构清单必须正确，加工路线也必须正确，不能有含糊之处。修改设计和工艺文件也要经过严格的手续，否则会造成很大的混乱。按照用户的经验，产品结构清单的准确度必须达到98%才能运行得比较好。

8.3 从 MRP Ⅱ到 ERP

8.3.1 从 MRP Ⅱ到 ERP

一切有生命力的事物都是在不断发展的，MRP Ⅱ也不例外。当前世界范围内的竞争越来越激烈，各国企业都在不断寻求新方法、改善现有方法，提高企业在国际市场中的竞争力。在这种形式下，MRP Ⅱ也在不断发展，主要体现在以下三个方面。

（1）融合其他现代管理的思想和方法，来完善自身系统。特别是与 JIT 生产方式，全面质量管理（TQM）及同步生产等管理哲理和方法进行融合。

（2）根据现代企业管理发展的需要，为生产厂同分销配送网点信息集成而开发的配送资源计划（Distribution Resources Planning，DRP），为主机厂同配送厂商信息集成而开发的多工厂管理系统，为建立供需双方业务联系的电子数据交换系统等，都与 MRP Ⅱ计划系统集成。

（3）运用计算机技术发展的最新成果，改善 MRP Ⅱ的系统功能和界面。如扩大用户自行定义和设置系统的应用范围；提供计算机辅助软件工程和报表生成等手段，便于用户二次开发；广泛应用窗口技术、图形技术改善屏幕操作和显示功能等。此外，人们还在研究引入智能技术、增强决策支持和方案优化的功能。

在这些发展的基础上，形成了企业资源计划（Enterprise Resources Planning，ERP）。它致力于在企业管理的各个活动环节中，充分利用现代信息技术建立信息网络系统，使企业经营管理活动中的物流、信息流、资源流、工作流加以集成和综合，实现资源的优化配置，加快对市场的反应速度，从而提高企业管理的效率和水平，并最终提高企业的经济效益和竞争能力。这是一种范围更广的、基于计算机信息管理系统的现代企业集成管理模式。同时，ERP 突破了 MRP Ⅱ主要适用于多品种混合生产的加工装配型的企业应用范围，可以为各行各业的企业实现计算机信息管理基础上的集成化管理提供一个强有力的手段。ERP 系统的目标是向整个组织（或企业）中所有需要这些信息的员工以及组织外部的相关人员提供无缝的、实时的信息。

8.3.2 ERP 软件的功能模块

企业资源计划 ERP，主要是通过系统软件来实施的，现在比较著名的有 SAP、Oracle、BAAN、JDE、SSA 的系列产品，国内现有的较著名的 ERP 软件有用友、金蝶、神州数码、天思、新中大、天心、72、速达、八百客、金算盘等。

由于各个 ERP 厂商的产品风格与侧重点不尽相同，因而其 ERP 产品的模块结构也相差较大。对于初次接触 ERP 的人来说，可能会弄不清到底哪个才是真正的 ERP 系统。所以，在这里，我们撇开实际的产品，从企业的角度来简单描述一下 ERP 系统的功能结构，即 ERP 能够为企业做什么，它的模块功能到底包含哪些内容。ERP 是将企业所有资源进行整合集成管理，简单地说就是将企业的三大流：物流、资金流、信息流进行全面一体化管理的管理信息系统。它不仅可用于生产企业的管理，而且在许多其他类型的企业，如一些非生产、公益事业的企业也可导入 ERP 系统进行资源计划和管理。这里仍然以典型的生产企业为例来介绍 ERP 的功能模块。

一般而言，除了 MRPⅡ的主要功能外，ERP 系统还包括以下主要功能：供应链管理、销售与市场、分销、客户服务、财务管理、制造管理、库存管理、工厂与设备维护、人力资源管理、报表、制造执行系统（Manufacturing Executive System，MES）、工作流服务和企业信息系统等方面。此外，还包括金融投资管理、质量管理、运输管理、项目管理、法规与标准和过程控制等补充功能。

在企业中，一般的管理主要包括三方面的内容：生产控制（计划、制造）、物流管理（分销、采购、库存管理）和财务管理（会计核算、财务管理）。这三大系统本身就是集成体，它们互相之间有相应的接口，能够很好地整合在一起对企业进行管理。随着企业对人力资源管理重视的加强，已经有越来越多的 ERP 厂商将人力资源管理作 ERP 系统的一个重要组成部分。ERP 系统功能结构如图 8-9 所示。

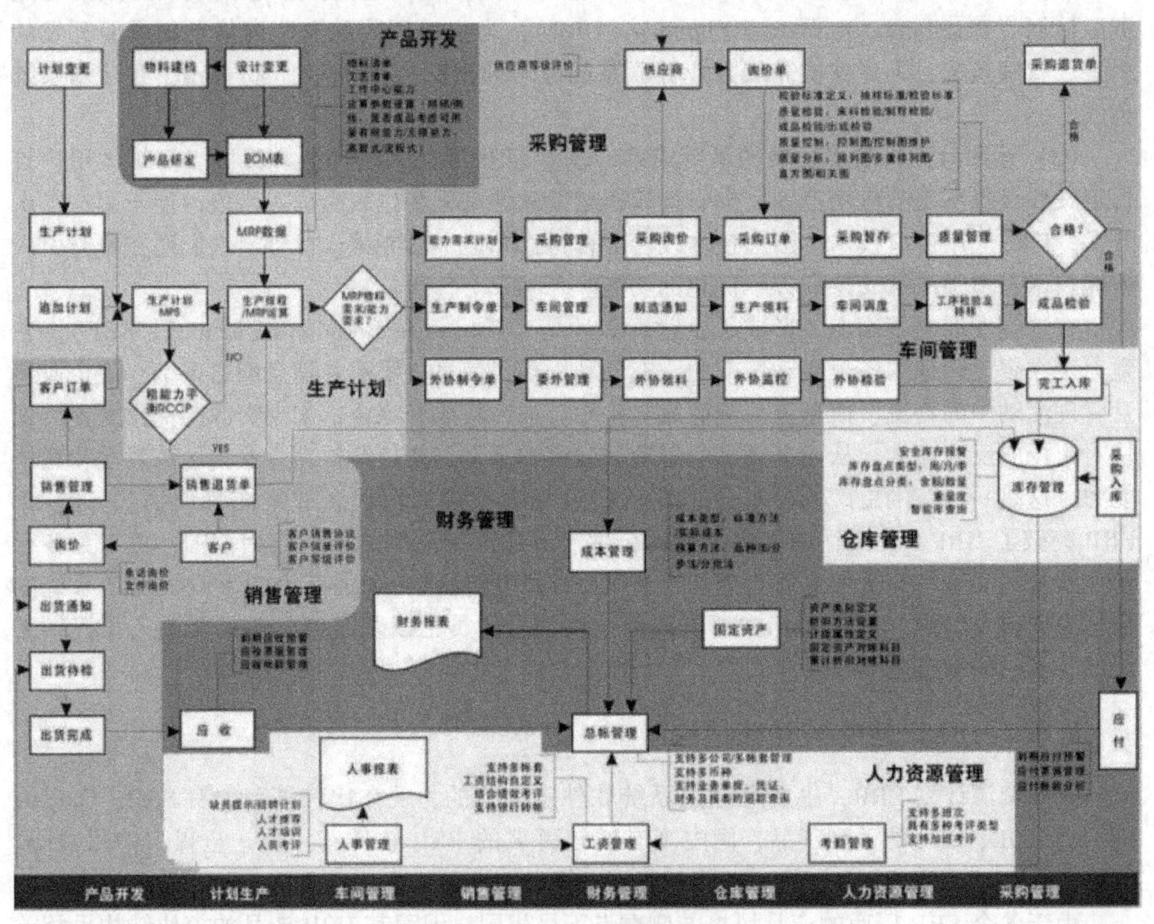

图 8-9　ERP 系统功能结构图

总之，ERP 是建立在信息技术基础上，以系统化的先进管理思想，为企业提供决策、计划、控制与经营业绩评估的全方位和系统化的管理平台。ERP 系统集信息技术与先进的管理思想于一身，成为现代企业的一种运行模式，反映了时代对企业合理配置资源、最大化地创造社会财富的要求，成为企业在信息时代生存、发展的基石。

本章小结

本章介绍 MRP 的基本原理、结构，以及在 MRP 基本上发展起来的综合生产经营计划系统——制造资源计划 MRP Ⅱ和企业资源计划 ERP；分析了 MRP 的输入与输出过程中关于批量选择、物料需求量及时间计算的方法；介绍了 MRP Ⅱ系统的基本结构、功能和特点，MRP Ⅱ统一了企业的生产经营活动，从 MRP Ⅱ到 ERP 的发展，ERP 软件的功能模块。

同步测试

一、单项选择题

1. 在 MRP 系统中起“主控”作用的是（　　）。
   A. 物料清单　B. 库存信息　C. 主生产进度计划　D. 工艺路线
2. 下列属于相关需求的是（　　）。
   A. 客户订购的产品　B. 科研试制需要的样品
   C. 售后维修需要的备品备件　D. 半成品、零部件、原材料需求
3. 不仅解决了企业内部的物流问题，而且形成了从原材料起点到最终用户的一个供销链的是（　　）。
   A. 基本 MRP　B. 闭环 MRP　C. MRP Ⅱ　D. ERP
4. 提出要形成一个虚拟公司的是（　　）。
   A. ERP　B. MRP Ⅱ　C. 敏捷制造　D. 并行工程
5. 是否考虑生产活动与财务活动的联系是（　　）的主要区别。
   A. 基本 MRP 与闭环 MRP　B. 闭环 MRP 与 MRP Ⅱ
   C. MRP Ⅱ与 ERP　D. MRP 与传统制造模式
6. 相关需求物品的需求具有（　　）的特征。
   A. 稳定　B. 连续　C. 分散　D. 整批集中

二、多项选择题

1. MRP 的发展经历了（　　）等阶段。
   A. 基本 MRP　B. 闭环 MRP　C. MRP Ⅱ　D. ERP
2. 下列关于基本 MRP，说法正确的是（　　）。
   A. 涉及企业与市场的界面　B. 一个完整的生产计划与控制系统
   C. 涉及公司与工厂（车间）的界面　D. 考虑了市场需求与生产能力的平衡
3. 基本 MRP 的依据是（　　）。
   A. 主生产计划　B. 工艺路线　C. 物料清单　D. 库存信息
4. MRP Ⅱ统一了企业的哪些生产经营活动（　　）。
   A. 市场销售　B. 生产管理　C. 采购管理
   D. 财务管理　E. 人力资源管理
5. 能力需求计划计算的依据是（　　）。
   A. 主生产计划　B. 工艺路线　C. 工作日历　D. 零部件作业计划
6. 库存记录文件的信息由（　　）等构成。

A. 总需要量　　B. 计划到货量　　C. 计划发出订单

D. 预计库存量　　E. 计划发出订单

7. 确定批量的方法主要有（　　）。

A. 固定订货批量　　B. 定期订货批量

C. 按需定量法　　D. 0折扣批量

三、思考题

1. MRP的基本思想是什么？

2. 简述MRP输入和输出的主要内容。

3. MRPⅡ系统有什么特点？

4. MRPⅡ如何统一企业的生产经营活动？

5. ERP软件一般具有哪些功能模块？

四、练习题

1. 某项顾客服务（A）由1个B、一个C和1个D三个子服务构成。每个B由1个C和1个E构成。C由1个G构成。E由1个C和1个I构成。D包括1个F和1个H。每个F由1个I和1个J构成。每个H由1个J和1个K构成。

（1）为最终服务A建立一个服务树。

（2）要完成80个A服务各需要多少个子服务？

2. 如图8-10所示的物料清单（BOM），并假定当前没有存货，那么响应顾客关于产品A的订单的提前期（以周计）是多长时间？

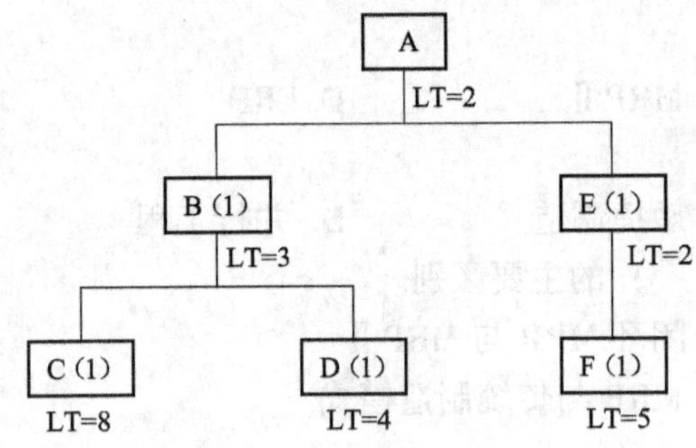

图8-10　产品A的BOM

3. 表8-10是一份没有完成的桌面部件的库存记录，表中显示了总需要量、预计到货量、提前期和现有库存量。

（1）在110件的FOQ准则下，完成记录的最后三行。

（2）运用L4L批量准则，完成记录的最后三行。

（3）运用POQ批量准则，取P=2，完成记录的最后三行。

表8-10　桌面部件的库存记录

件

产品：M405-X	说明：桌面			批量		提前期：2周				
时间 / 库存记录信息	周									
	1	2	3	4	5	6	7	8	9	10
总需求量	90		85		80		45	90		
预计到货量	110									
预计库存量	40									
计划到货量										
计划发出订单										

4. 产品 A 的 BOM 如图 8-11 所示，其库存记录数据如表 8-11 所示。在产品 A 的主生产计划（MPS）中，该 MPS 开始行显示第 6 周的产量为 500，产品 A 的提前期为两周。请制订未来 6 周里对产品 B、C 和 D 的物料需求计划。

在完成该计划之后，识别将会发出的任何行动通告。（提示：只有在知道某一产品所有父项的计划发出订单之后，才能推导出该产品的总需要量）

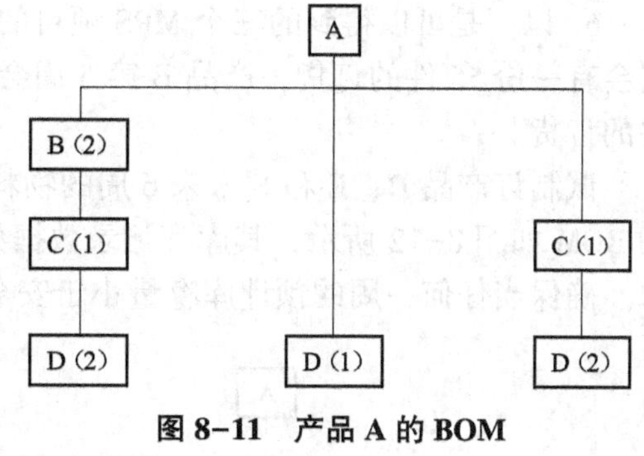

图 8-11　产品 A 的 BOM

表 8-11　库存记录数据

数据类别	产品		
	B	C	D
批量准则	L4L	L4L	*FOQ*=2 000
提前期/周	3	1	1
预计到货量/件	无	无	2 000（第 1 周）
起始库存量/件	0	0	200

5. 在第 45 周开始阶段，座椅装配工作站的生产计划要求：把当前 60 小时工作负荷积压量逐渐减少到第 48 周结束时的 20 小时。这种减少是这样完成的：为桌椅装配工作站安排的工作负荷为平均每周 310 小时，而每周所提供的资源足以完成 320 小时。在第 49 周开始阶段，由表 8-12 表示的投入—产出控制报告引起了你的注意。

（1）产生该报告的原因是什么？（提示：计算累计偏差这一行）

（2）投入—产出控制报告中的数据指出了什么问题？（提示：计算实际积压行，并将其与计划积压行进行对比）

（3）要解决这个问题，可以怎么做？

表 8-12　座椅装配工作站的投入-产出控制报告

工作站：座椅装配　　公差范围：±50 小时　　周：49					
项目 \ 时间	周				
	45	46	47	48	49
投入/件					
计划	310	310	310	310	320
实际	305	285	295	270	
累计偏差					
产出/件					
计划	320	320	320	320	320
实际	320	305	300	290	
累计偏差					
计划期末积压/小时	50	40	30	20	20
实际积压/小时　60					

6. 以下是可以得到的三个 MPS 项目的信息。产品 A 第 3 周会有一份 80 件的订货，第 6 周会有一份 55 件的订货；产品 B 第 5 周会有一份 125 件的订货；产品 C 第 4 周会有一份 60 件的订货。

试制订产品 D、E 和 F 未来 6 周的物料需求计划，确认将会产生的任何行动通告。它们的 BOM 如图 8-12 所示，其库存记录数据如表 8-13 所示。（提示：产品 F 存在安全库存需求。确保当任何一周的预计库存量小于安全库存量时，要为其安排计划到货量）

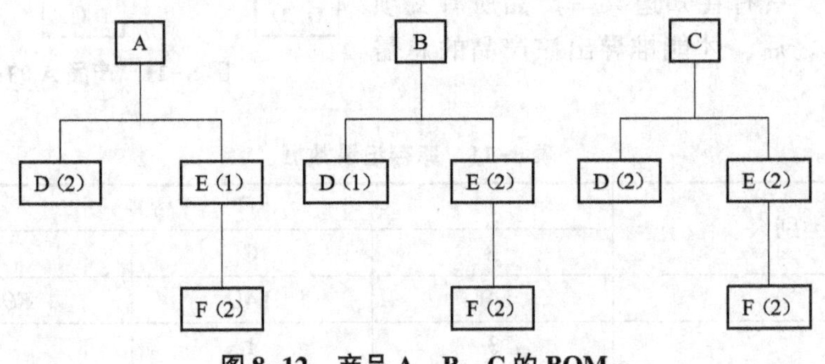

图 8-12　产品 A、B、C 的 BOM

表 8-13　库存记录数据

数据类别	产品		
	D	E	F
批量准则	FOQ = 150	L4L	POQ（P=2）
提前期/周	3	1	2
安全库存量/件	0	0	30
预计到货量/件	150（第 3 周）	120（第 2 周）	无
起始库存量/件	150	0	100

五、综合案例

ERP 上线将意味着什么

王维揉着太阳穴，对着电脑工作了一天，这会儿眼睛和大脑都累到了极点。王维是公司的 ERP 项目经理，几个月下来，开了无数沟通会，开了无数个夜车，ERP 系统终于成功上线了。面对老总的赞扬、业务部门的祝贺、演示结束时的掌声，ERP 项目组每个人都笑成了大花脸。

但让王维没想到的是，ERP 上线后的成功胜利很快遭到了质疑。随着时间的流逝，大家对 ERP 系统的抱怨开始越来越多。表面上看 ERP 运行是风平浪静，但是暗地里却是波涛汹涌，ERP 运行的阻力也越来越大。这让王维想起了一句话“ERP 上线≠ERP 成功”，换句话说，ERP 在上线之后还将面临更多的困难与痛苦，激情过后随时有可能被打回原形。

1. 上线后半年，ERP 像断了线的风筝

软件厂商把 ERP 系统实施到可以试运行，就算成功上线了。但王维却万万没有想到当软件厂商一松手，公司的 ERP 系统就像断了线的风筝一样随风漂流。王维对着阻力重重的

ERP 系统欲哭无泪，他感慨万千地说："ERP 在上线后的 6 个月内，是最辛苦，也是最脆弱的时候。"的确，这段时间是 ERP 项目的成败关键，如果没有坚持，很容易功亏一篑。常见的症状是软件用起来不是很便利，而且效果也没有马上显现出来。所以，上线后常常伴有失落感。

2. 新流程还没有巩固，旧阻力就已死灰复燃

在 ERP 项目中，一般要通过流程重组的手段对原有的流程进行梳理。但是，冰冻三尺，非一日之寒。靠短短的几个月实施时间，就改变员工的操作习惯是不可能完成的任务。随着时间的推移，在 ERP 系统上线后，企业的业务情况、管理情况及人员发生变化是不可避免的事情，故 ERP 系统的参数不断调整也是很正常的事情。在 ERP 运行中如果不能及时对系统参数或业务流程进行调整，系统就会与实际运作脱节。因此，很多 ERP 运行半年，甚至一年后，ERP 的使用效果反而没有刚上线的时候好，很大一部分就是这个方面的原因。

3. 高潮过后，ERP 项目组成了弃儿

公司上线 ERP 项目初始，公司从上到下都兴致高昂，老总也总是问这问那的，部门经理的配合也非常积极。可是 ERP 上线后，他们的这种兴致反而没有开始那么高了，好像 ERP 一上线万事就解决了一样。有一段时间，甚至有媒体讨论，ERP 实施完以后信息中心是否应该寻求新的出路。

现在王维只能打掉牙齿吞到肚子里，痛苦只有自己才知道。实际情况是上线不难，使用才是最大的困难，系统上线后各种烦恼才刚刚开始。当初系统上线时，公司确立了明确的上线目标，从老总到基层员工整个公司的力量都投入进来听从 IT 部门调配，ERP 项目经理往往占据主导地位。系统上线之前各业务部门都非常配合，但是在系统上线之后，业务部门的不适应和小问题几乎是天天发生。而且，业务部门对不适应往往是抵制的。

4. 系统宕机频繁，稳定性成了最多投诉

与此同时，保障系统的稳定性和保障数据的安全，成了王维在系统上线后最大的痛苦。ERP 项目上线与试运行之后，系统的运营维护通常由企业 IT 人员自行负责，不再有顾问支持，尤其缺乏系统性的指导。随着时间的流逝，由于种种原因，ERP 系统慢慢成为一个黑箱，谁也不能清晰地描述 ERP 系统是如何支撑企业业务的。因此，ERP 在做升级、维护时，没有一个很好的依据，频繁的故障就成了稳定性最大的问题，也成了最多人投诉和抱怨的地方。

5. 人才流失严重，疲于培训新员工

曾经有很多企业非常困惑的是，ERP 上线成功后，原来的 ERP 实施团队如何处理。ERP 项目上线后留不住实施人才，这是 ERP 实施公开的秘密。具有 ERP 项目上线实施经验的 IT 人才往往是挖角的对象，而核心组员的流失往往关系到 ERP 系统正常运行的根本利益。另一方面，流失了对系统有丰富经验的人员也意味着公司会整日疲于招聘和培训新员工。正因为如此，王维才会在提到一个不久之前离开的出色员工时，接连用了三个"非常可惜"，核心优秀人才的离开对于 ERP 运行的影响，由此可见一斑。

案例思考题

1. 实施 ERP 一段时间后会遇到哪些问题？
2. 为什么会出现企业实施 ERP 后又回归原型的现象？

3. 如何避免实施 ERP 后企业经营管理回到原来状态？

实践与训练

编制物料需求表

一、实训目标

1. 课程知识的进一步拓展学习；

2. 学会编制物料需求表。

二、实训要求

1. 实训通过建立 3~5 人的小组来完成。

2. 调查一家制造企业的某项产品的生产、销售情况，根据该产品的物料清单和一份订单，编制一份物料需求表。

3. 要求深入到某家企业进行实际调查。该产品的生产工艺不要很复杂，但至少有 5 种以上原材料或零部件。

三、成果与考核

成果与考核主要依据小组的实训报告以及小组长对小组成员参与度的鉴定评定成绩。

第9章

作业进度安排

知识目标

1. 领会作业进度安排对于生产系统和服务系统的重要性。

2. 领会大量生产系统作业进度计划的原因，掌握成批轮番生产系统安排作业进度的方法。

3. 掌握单件小批生产系统工作中心工作载荷的方法、作业排序的规则，比较分析不同排序规则的经济绩效。

4. 领会服务系统作业进度计划的特殊性，掌握服务企业作业进度安排的基本方式。

技能目标

1. 运用作业进度计划的知识和方法，识别不同类型企业作业进度安排的特殊性，评价企业作业进度计划的经济绩效。

2. 运用作业进度安排的知识和方法，联系年度综合计划和主生产进度计划，为企业制定一份作业进度计划的理论方案。

先导案例

排程系统在麦当劳的应用

艾尔·包克斯雷是一位积极上进的企业主，他拥有四家麦当劳餐厅。他遇到一个常出现于小商业中的运作问题：每周各餐厅的经理都得花费 8 个多小时为 150 个员工亲手准备工作排程。这项每周的例行工作包括预测每小时销售量；将这些销售量转变成每小时在烤肉间、柜台及各工作间的传递等岗位对人员的需求。然后使可用的兼职工人数及其工作技能与麦当劳每小时需求相匹配。这种耗时很多的活动随着高离职率、员工在各饭店之间的自由流动及学生兼职人数不断变化等变得更加复杂。

包克斯雷意识到他需要一种既便宜又简单易用的以电脑为基础的排程系统，以大大减少经理的时间损失。借助于线性规划，他发现一家餐厅有 3 个工作间，150 个员工和 30 个工作班次。要明确表达这个排程问题需要100 000个决策变量和3 000个限制条件。十分明显，这样一个庞大的问题在PC机上不可能很快解答出来。但把这个线性规划问题分解成许多简单的子问题（用一种称为“分解成网状系统流”的方法）时，排程可在短短15分钟内得到解决。

结果是令人满意的：经理报告说他们在员工排程方面所花时间减少了80%～90%。由于减除了过多配备人员的情况，成本一直下降，员工士气和效率也大大改善。另外，经理现在有一套很有价值的条件推理式方法工具来衡量员工排程对各种运作条件的敏感性。

作业进度安排是在企业选址、设备选择、系统能力选择、产品与服务设计等已确定决策的约束范围内，对内部各项资源的使用进行时间上的选择。作业进度安排位于决策等级的最后一环，实际运作开始之前。无论是制造系统还是服务系统，一切组织都有作业进度安排。如制造系统必须做生产作业进度安排，为工人、设备、材料采购、维修等做出时间安排；服务系统也必须制定作业进度安排，比如，医院必须安排好门诊、急诊、外科、护理等，并对安全、维护、清洁等辅助性服务做出时间进度安排，大学必须对教室、学生、老师、课程做好时间进度安排。

通常，作业进度安排的目的是为了使那些互相矛盾的目标达到相对平衡。这些目标包括有效利用人员、设备、厂房与使顾客等候时间、存货、加工时间降到最少。比如，在医院，有效的作业计划能够帮助医院更好、更及时地提供服务，挽救病人的生命。正如本章的先导案例所揭示的，服务系统人员工作时间（作业进度）安排是一件非常复杂的工作，占用了运营经理的大量时间。如果由于员工工作时间安排不合理，不仅会大量增加员工数量，形成不合理的分工，而且会影响员工士气，降低生产效率，从而增加运营成本。企业必须加强这方面的投入，开发一些适合于自己的作业排程系统，以有效提高作业进度安排工作的效率和质量，使企业的作业进度安排能够更加切合市场需求。

本章将从制造系统的作业进度安排、作业排序、优先调度规则和方法以及服务系统的作业进度安排等方面，对作业进度安排做一个简单的介绍。

9.1 制造系统的作业进度安排

按照生产批量的大小，制造系统的生产可以分为大量生产（流水线生产）、成批轮番生产和单件小批量生产三种基本类型。大量生产系统所需的作业计划的方法与中小批量生产系统的作业方法有着明显的、本质的不同。本节主要介绍大量生产企业和成批轮番生产系统的作业进度安排问题，第二节专门讨论单件生产系统的作业进度安排问题。

9.1.1 大量生产系统的作业进度安排

大量生产系统的产品需求量一般很大，市场比较稳定。因此，一般都采用流水线的生产模式，通过标准化的设备和作业活动，重复地、平滑地生产标准化的产品。大量生产系统作业进度安排的内容包括为各工作中心分配工作量，以及确定各工序的作业顺序。该生产系统作业进度安排的目标是使产品以平滑的速度通过整个系统，提高设备和人力的利用率。大量生产的产品有汽车、个人电脑、收音机、电视机、立体音响系统、玩具、器械等。

大量生产系统的作业进度安排的大半工作量和作业顺序在系统设计阶段就已完成。这是由于这种生产系统具有大量重复生产的特征，使用专业化程度很高的工具设备和材料处理设施，设备布置与劳动分工等都紧紧围绕整个系统的作业流程进行设计，从而使所有物品都按照完全一样的作业顺序流动。实际上就是我们在设施布置中讨论过的对象原则布置——生产线平衡——问题，即通过生产线的平衡，使分配到各个工作地的作业所需要的时间等于流水线的节拍或节拍的倍数，实现生产线上各项活动的同步进行，最有效地利用工人和设备，持续不断地提供均衡的产出率。

尽管如此，大量生产系统仍然有许多作业进度安排问题需要处理。这主要是由于实际生产活动中很少有只生产一种产品的单一品种流水线，许多生产线需要面对各种不同规格或型号的产品。比如，空调制造商要组装多种不同的空调——一匹的与二匹的，单冷的与冷暖的，挂机的与柜机的等。其他产品如汽车、电子设备、玩具等生产商也面临同样的情形。虽然不同产品可能在零部件装配、材料与所需工序投入等方面存在微小的差异，但是如果要实现生产线的平滑运转，管理者就必须根据不同的生产对象，作出不同的进度安排，协调好物料流和工作流，合理安排针对不同产品的采购、投入、加工、装配和产出。

大量生产系统需要考虑作业进度安排问题的另一个原因，就是系统的期望产出与实际产出可能会出现偏差。当实际的正常产出大于期望产出时，为了控制库存水平，避免过多的存货，就要减缓产出率。但由于生产线是预先设计好了的，系统的运转速率不可能改变，因此只能采取缩短工作时间的措施。如从每天工作 8 小时缩短为 6 小时。相反的情况也可能发生，那就是由于设备故障、物料短缺、意外事故、人员出勤率下降等原因，使实际产出低于期望产出。此时系统也必须做出一定的作业进度安排。但由于生产线是预先设计好了的，增加产出弥补由生产中断造成的产出损失往往也是不可能的。因此，管理者常常要对转包或加班做出具体安排。

综合以上分析，可以说明大量生产系统做好作业进度安排工作的重要性，并且因为这种生产组织形式采用的是非常昂贵的自动化或专业化的加工处理设备，如何维持系统大量、稳定的产出就显得更加重要。为了实现系统的连续性，维持系统平滑运转，企业生产运作的各个部门必须密切协作，使所设计的流程更平滑，使产品设计得更具可制造性，设备管理要实行预防维修制，提高故障发生时的快速修理能力，加强生产过程中的质量控制，提高原材料、零配件供应的可靠性等，才能确保生产系统高效运转。

9.1.2　成批轮番生产的作业进度安排

成批轮番生产的产出水平处于标准化的大量生产系统产出量与单件小批生产系统产出量之间。和大量生产系统一样，成批轮番生产系统生产的也是标准化的产品。由于产出量没有大到需要连续生产的地步，成批轮番生产采用的是间歇性生产模式，生产系统的各个工作地定期地从一项作业（一种产品或服务的生产）转换到另一项作业（另一种产品或服务的生产）。用这种系统生产的产品有罐头食品、报纸和杂志的印刷、化妆品、洗涤用品等。

成批轮番生产系统的作业进度安排需要解决三个基本问题：批量大小、作业时间选择、作业排序。

批量是指同一种产品（或零部件）一次出产或投入的数量，或花费一次准备结束时间所生产的同种产品数量。批量大小涉及存货成本和换产成本，经济运作批量就是使存货成本与换产成本之和最低的批量。有时，利用独立需求库存管理中的经济订货批量模型，就能解

决生产批量问题。能使换产成本与存货成本降到最低的生产批量是

$$Q_0=\sqrt{\frac{2DS}{H}}\sqrt{\frac{p}{p-u}}$$

一般来说，用上述公式计算出的经济批量，还要根据其他因素进行调整，以利于简化作业管理，协调生产运作各个环节的活动，降低其他费用的开支。这些因素主要有：批量大小应与各个主要工序的一个轮班或半个轮班的产量相等；各个生产车间（或工艺阶段）的生产批量应相等或成倍数关系；同时，批量大小还应尽可能与工具使用寿命期间内的产量相等，或是它的简单倍数。

在确定运作批量的基础上，可以对运作间隔期做出选择。在计划期生产任务一定的情况下，运作批量越大，运作次数就少，而运作间隔期就越长；相反，运作批量越小，计划期内的运作次数就越多，运作间隔期也越短。

以上模型只是孤立地就某种产品的最优批量所进行的分析，并不涉及不同产品相互之间的作业顺序对换产成本的影响。如果换产成本依赖于加工顺序，不同的作业排序可能会导致差异极大的换产总成本。如果有些产品的准备工作差不多，那么顺序排列它们就可使成本较低。另外，由于使用量（指销售量、消耗量等）并不总是如模型中假设的那么均衡（平滑），有的产品可能会比预期更快地消耗，因此必须提前补充；还由于这种生产系统需要加工多种产品，作业进度安排并不总能使根据经济运作批量确定的最佳运作间隔得以实现。

我们在第7章和第8章分别讨论了综合计划及主生产进度计划和非独立需求物料需求计划——MRP。装配型的成批轮番生产系统可以用MRP的方法确定构成产品的不同层次的零部件及材料的数量和作业时间选择。然后，管理者对计划需求与计划能力进行比较，并从中制定一份切实可行的作业进度安排。

成批轮番生产系统还可以通过采用“平准物料使用”进行排序，以便达到降低存货投资、减少进货批量、提高设备利用率、改进操作，从而更好地满足顾客需要的目标。“平准物料使用”要求采用连续的、高质量的、有助于满足准时制生产需要的小进货（或小生产）批量。

假设某成批轮番生产者按月进行批量生产，利用“平准物料使用”进行排序，用周循环、日循环、小时循环代替原来的月循环，缩短了生产周期。

制定“平准物料使用”排序的一种方法是首先确定保持生产过程正常运转的最小进货批量。理想的情形是，每次只有一个单位的产品从一个工作中心流到下一个工作中心；较为现实的做法是，在决定进货批量大小的时候，要综合考虑运输时间、过程分析及运输用的容器等因素。这种分析将会产生最小批量且一定大于1。一旦最小批量确定后，就可以利用经济订货批量模型来确定期望准备时间。

9.2 单件小批生产的作业进度安排

单件小批生产的基本特点是：产品根据订单生产，不同产品的订单在加工需求、需要材料、加工时间、加工顺序、换产时间等方面有着很大的差异。因此，单件小批生产系统的作业进度安排非常复杂。并且由于厂商不可能在接到订单之前制定作业进度安排，这种系统的

作业进度安排就更加复杂了。

单件小批生产系统的作业计划需要处理两个基本问题：怎样分配各工作中心的工作量；使用哪种作业顺序。

9.2.1　工作中心的工作载荷

载荷或称加载，指的是为各工作中心分配工作任务，包括将特定任务分配进各工作中心以及各中心的各台机器。当某项业务加工过程只发生在一个特定中心时，载荷比较简单。但当两项或两项以上业务发生于一个特定中心，或好几个工作中心都能够完成所需工作时，问题就产生了。这时，作业经理需要使用一些向工作中心分配工作的方法。作业经理在将工作分配至工作中心时要使作业成本、工作中心闲置时间及完成时间达到最小。下面介绍三种工作中心载荷的方法。

1. 甘特图法

甘特图是较为直观的可用于解决负荷和排序问题的工具之一。其名称来源于亨利·甘特，是他早在上个世纪初首先把这些图表用在企业作业进度安排中的。使用甘特图的目的，是为了阐明在某个时间段中组织的各种资源的实际或预期使用计划。甘特图中的横轴表示时间，纵轴表示被分配的资源。资源的使用反映在表中。

甘特图有很多不同类型，最常用的两个是负荷图和时间序列图。

负荷图描述的是一组机器或部门的载荷情况与时间空闲情况。典型的负荷图如图 9-1 所示。图中，工作中心 3 在整整一个星期中满负荷运转，工作中心 4 则在星期一下午之后随时可用，另外两个中心的空闲时间散布于一周之中。这些信息能够帮助管理者重新进行载荷安排，更好地利用各个工作中心。这张图还显示了各项作业开始与结束的时间，以及哪里能够得到空闲时间等信息。

工作中心	时间				
	星期一	星期二	星期三	星期四	星期五
1	工作3（运行）	闲置	闲置	工作4	闲置
2	闲置	工作3		闲置	停工
3	工作1（运行）	停工	工作6		工作7
4	工作2（运行）	闲置	闲置	闲置	闲置

图 9-1　甘特负荷图

时间序列图的纵轴表示订货和正在进行中的作业，横轴表示时间。从时间序列图上可以看出时间进度安排中有哪些作业，以及哪些在前哪些在后。典型的时间序列图如图 9-2 所示。图中显示了景观美化作业的现状，包括五个作业阶段的计划与实际开始、结束时间。从图上可以看出，批准和树木、灌木的订购符合进度安排，定址准备稍落后于原计划。树比计划收到得早，种植也比计划早。但灌木却还没有收到。计划中，在灌木的接收与种植之间有一点空隙，所以如果本周末之前能收到的话，就还能符合进度要求。

作为一种最常用的时间进度安排工具，甘特图除具有直观、简单等优点外，也存在一定的局限性，其中最主要的就是需要不断更新图表，保持信息的准确性。而且甘特图无法直接显示各种作业的成本，也无法显示各项作业之间在作业顺序上的逻辑关系，从图上看不清楚哪些作业必须先于哪些作业进行，哪些作业必须在哪些作业完成后才能开始。

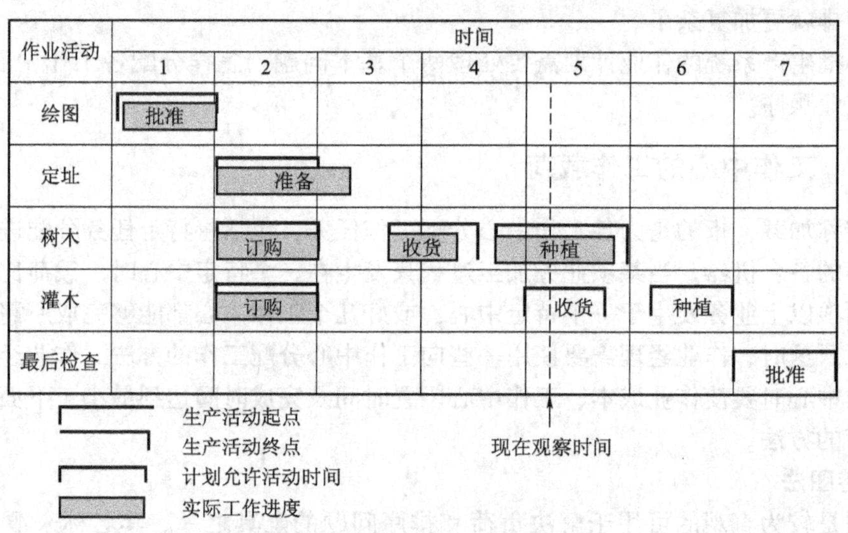

图 9-2 景观美化工作进度图

2. 投入/产出法

投入/产出控制是指对工作中心的作业流量和队列长度进行控制。其目的是控制作业流量，使队列长度和等候时间尽在掌握之中。如果没有投入/产出控制，需求可能超过加工能力，使工作中心超负荷。相反，工作也可能比工作中心的处理速度来得慢，使工作中心得不到充分利用。如果投入产出速度能够达到完美的平衡，那么在没有排队等候的情况下工作中心负荷能力也就能够得到有效利用。

【例 9-1】表 9-1 表示凯跃碾磨厂生产中心 8 周的生产能力（从 6/6 至 25/7）。计划投入是每周 280 个标准工时，实际投入接近于这个数字，在 250~285 之间变动。产出计划为 320 标准工时（按照假设生产能力），工作中心可存在 300 小时的积压工作量。然而实际产出（270 小时）明显小于计划产出，故投入计划与产出计划均未实现。确实，此工作中心的积压工作量在第 4 周末已增加到 5 个小时，意味着增加了在制品存量，最终将转化为成本的增加。

表 9-1 凯跃碾磨厂工作中心（标准工时）

小时

周末日期	6/6	13/6	20/6	4/7	11/7	18/7	25/7	
计划投入	280	280	280	280	280	280	280	280
实际投入	270	250	280	285	280	285		
累积偏差	−10	−40	−40	−35	−35	−30		
计划产出	320	320	320	320				
实际产出	270	270	270	270				
累积偏差	−50	−100	−150	−200				
积压工作量的累积变化	0	−20	−10	+5				
注：积压工作量的累积变化=实际投入量−实际产出量								

3. 匈牙利法

匈牙利法是一种特殊的可将任务或工作分配给相应的工作中心的线性规划模型。例如，将一种工作分配给某台机器，某一合约分配给某个投标人，将人员分配到一定的项目上，推销员分派到一定区域等等。其主要目标是达到任务与资源的最佳组合，使完成任务的成本或时间达到最少。

【例 9-2】 典型的分配问题见表 9-2。在此需要将三件工作分配给三台机器。表中的数字表示与各工作-机器组合相关的成本（或价值）。本例中数字代表成本。即用机器 A 做工作 R-34 的成本是 11 元/单位，用机器 A 做工作 S-66 的成本是 8 元/单位，依此类推。如果问题只涉及使 R-34 的成本最小，显然应该把它分配给机器 C。然而，这个分配方案没有考虑其他工作及成本。任何一个作业的成本最小化分配方案都不可能符合考虑所有工作时的成本最小方案。

表 9-2　一个典型的分配问题

元

机器 / 工作	成本		
	A	B	C
R-34	11	14	6
S-66	8	10	11
T-50	9	12	7

下面介绍如何运用匈牙利法找出将三种工作分配给三台机器的成本最低的“工作-机器”组合方案。匈牙利法适用于一对一配对组合，即每项工作只分配给一台机器。这种方法假定每台机器都可以处理所有工作，各分配组合的成本或价值已知且固定，行数与列数相等。

匈牙利法是在表中增加或减少一适当的数字以找到各种分配的最小机会成本。一般有四个步骤。

（1）将每行数字减去该行最小数字，将每列数字减去该列最小数字。这一步可达到使表中数字减小的效果，直至一系列零机会成本的出现。

（2）画数量最少的水平线和垂直线以盖住表中所有的 0。若直线数等于表的行或列数，那么我们就可以进行最优分配（见步骤四）；若直线数少于行或列数，接着开始步骤三。

（3）从未被直线盖住的所有数中减去其中最小的数，并将此最小数加到所有直线两两相交之处的数上。再回到步骤二往下操作直至出现可能的最佳分配。

（4）最佳分配总是在表中零位置出现。分配的方法是首先选择仅含有一个 0 的行或列，我们可以给该零所在位置作一次分配。然后分别在该位置所在行和列画两条直线（表明该行和列所对应的作业和机器已分配完毕）。从剩下的行和列中选择另一仅含一个 0 的行或列，再作一次分配，继续上述步骤，直至我们将每个人或每台机器分配给每件任务才结束。

下面运用匈牙利法的上述步骤来找到将各项工作分配到每台机器的最小成本的分配方案。

步骤一　运用表 9-2，从各行数字中减去其中最小的数字，结果如表 9-3 所示。

表 9-3　各行数字减去其中最小值后得到一个新表

元

工作＼机器	A	B	C
R-34	5	8	0
S-66	0	2	3
T-50	2	5	0

步骤二　再运用表 9-3，从各列数字中减去其中的最小数，结果如表 9-4 所示。

表 9-4　各列数字减去其中最小值后得到一个新表

元

工作＼机器	A	B	C
R-34	5	6	0
S-66	0	0	3
T-50	2	3	0

步骤三　画最少数量的直线并盖住所有的 0，如表 9-5 所示。由于两条直线即可（少于行或列数），故此答案非最优。

表 9-5　用直线盖住所有 0 的数字

元

工作＼机器	A	B	C
R-34	5	6	0
S-66	0	0	3
T-50	2	3	0

步骤四　从表 9-5 中没有被直线盖住的数字中减去其中最小数字，并将该最小数字加到两条直线相交处的数字上（上表中 2 为最小数）。计算结果如表 9-6 所示。

表 9-6　没有盖住的数字减去其中最小数并将最小数加到两直线相交的数字上

元

工作＼机器	A	B	C
R-34	3	4	0
S-66	0	0	5
T-50	0	1	0

步骤五 再以直线盖住所有的0，如表9-7所示。

表9-7 用最少直线盖住所有0的数字

元

工作＼机器	A	B	C
R-34	3	4	0
S-66	0	0	5
T-50	0	1	0

由于至少需要三条直线才能盖住所有的零，这样所画直线数恰等于行或列数，因而可以进行最佳分配。分配方法是从只有一个0的行和列开始，匹配所有零成本的工作和机器。其分配方案为：首先将R-34分配给机器C（第一行），划去第一行和第三列；其次将S-66分配给机器B（第二列），划去第二列和第二行；最后剩下第三行和第一列交叉处的0，对应的工作与机器组合是T-50与机器A，如表9-8所示。

表9-8 匹配所有0成本的工作和机器

元

工作＼机器	A	B	C
R-34	3	4	0
S-66	0	0	5
T-50	0	1	0

最小总成本=6+10+9=25（元）

另外一些分配问题所追求的目标是使人对任务或工作对机器的分配所产生的利润、效率、总报酬达到最大化。通过将表中每个数字（表示利润、收入）转化成机会损失从而可以转换为一等价最小化问题。为使最大化问题变成等价最小化问题，我们用原报酬表中最大的数字减去表中每个数，然后从以上四步分配方法中第一步开始操作下去。

9.2.2 工作中心的作业排序

尽管载荷决策确定了用于特定工作加工的机器或工作中心，但却没有说明各种工作在工作中心的加工顺序。“排序”就是确定每一工作中心该做哪些工作的顺序。例如，有10个病人来到一个医疗诊所接受治疗，他们应按什么顺序来接受治疗？是按到达顺序，还是先救治危重病人？如果工作中心负荷小，或者每项工作的加工时间相等，排序就不会特别困难。但对于负荷重的工作中心，尤其又牵涉相对作业时间较长的工作来说，根据与作业等候过程的相关成本，以及工作中心的空闲时间，确定加工顺序非常重要。这部分内容将讨论一些作业排序的方法。

1. 作业排序的优先规则

在通常的情况下，许多工作都会面临等候处理的情形。“优先规则”是对作业加工顺序进行选择的指导性框架。这些规则适用于工艺导向的工作环境，如诊所、印刷厂、制造车间等。优先规则试图使作业完成时间、系统中作业数及作业延迟时间最小化，同时使设备利用率最大化。

最常用的优先规则有：

（1）FCFS（先到先服务）：作业按照到达机器或工作中心的顺序进行加工处理。

（2）SPT（最短加工时间）：作业顺序取决于它在机器或工作中心的加工时间，加工时间最短的优先处理。

（3）EDD（预定日期）：根据预定到期时间长短确定作业顺序，最早到期的作业优先处理。

（4）LPT（最长加工时间）：时间越长的作业往往是十分重要的工作，因而应优先处理。

（5）CR（关键比率）：选取最小关键比率的作业优先处理。关键比率是一个以期限所剩余时间除以未完成工作所需时间而得到的指数。关键比率计算公式是

$$CR=\frac{\text{期限所余时间}}{\text{未完成工作所需时间}}=\frac{\text{到期日}-\text{现在日期}}{\text{未完成工作所需时间}}$$

优先规则的使用是建立在许多假设的基础上，如表9-9所示。实际上，优先规则是一种静态方法：它假定换产时间、加工时间与作业顺序无关。这些假定简化了排序问题的管理。但在实践中，作业有可能延迟或撤销，还有可能出现新的工作，这些情形都需要修正排队序列。

表9-9　优先规则的假设条件

作业系列已知；处理过程开始后不再有新作业；作业不会被撤销
换产时间独立于加工顺序
换产时间确定
加工时间确定，不可变
不存在加工过程的中断，如机器故障，意外事故，工人病休等

通过以上规则所形成的作业排队序列的实效性通常用多种绩效评价指标进行衡量，最常用的绩效评价指标有以下五种。

（1）作业流动时间——作业从到达车间、工作中心开始，到离开车间、工作中心的时间长度。它不仅包含实际加工时间，还包含等候加工的时间、各操作之间的运送时间，以及与设备故障、不可用零件、质量问题等有关的等候时间。一组作业的平均流动时间等于作业总流动时间除以作业数。

（2）作业延期时间——预期的作业完工日期超过作业预定日期或向顾客许诺的交货日期的时间长度，是实际完成时间与预定日期之差。

（3）作业生产时间——完成一组作业所需全部时间，是从组中第一项作业开始到组中最后一项作业结束的时间长度。

（4）系统中平均作业数（平均在制品库存）——车间中被认为是在制品存货的作业数。一组作业的平均在制品数的计算公式：

$$\text{系统中平均作业数}=\frac{\text{作业总流动时间}}{\text{作业生产时间}}$$

（5）利用率——作业生产时间除以作业总流动时间。

下面举例说明作业排序最常用的优先规则。

【例9-3】 表9-10是某工作中心等候加工的六项作业的加工时间（包含换产时间）与

预定日期。假设工作到达顺序与表中字母顺序相同。求解作业，平均流动时间，平均延期天数工作中心的平均作业数和时间利用率。按照以下规则：FCFS，SPT，EDD，CR 计算。

表 9-10　作业信息

天

作　业	加工时间	预定日期
A	2	7
B	8	16
C	4	4
D	10	17
E	5	15
F	12	18

解：(1) 按照 FCFS 规则排序是简单的 A—B—C—D—E—F，如表 9-11 所示。

排队序列绩效评价为

平均流动时间 = 120/6 = 20（天）

平均延期天数 = 54/6 = 9（天）

系统中平均作业数 = 120/41 = 2.93

利用率 = 41/120×100% = 34.2%

表 9-11　FCFS 的作业排序

天

排序	加工时间（1）	流动时间（2）	预定日期（3）	延期天数（2）-（3）
A	2	2	7	0
B	8	10	16	0
C	4	14	4	10
D	10	24	17	7
E	5	29	15	14
F	12	41	18	23
合计	41	120		54

(2) 按照 SPT 规则排序，作业顺序是 A—C—E—B—D—F，如表 9-12 所示。

表 9-12　SPT 的作业排序

天

排序	加工时间（1）	流动时间（2）	预定日期（3）	延期天数（2）-（3）
A	2	2	7	0
C	4	6	4	2
E	5	11	15	0

续表

排序	加工时间（1）	流动时间（2）	预定日期（3）	延期天数（2）-（3）
B	8	19	16	3
D	10	29	17	12
F	12	41	18	23
合计	41	108		40

排队序列绩效评价为

平均流动时间=108/6=18（天）

平均延期天数=40/6=6.67（天）

系统中平均作业数=108/41=2.63

利用率=41/108×100%=37.6%

（3）按照EDD规则排序，作业顺序为C—A—E—B—D—F，如表9-13所示。

排队序列绩效评价为

平均流动时间=110/6=18.33（天）

平均延期天数=38/6=6.33（天）

系统中平均作业数=110/41=2.68

利用率=41/110×100%=37.3%

表9-13　EDD的作业排序

天

排序	加工时间（1）	流动时间（2）	预定日期（3）	延期天数（2）-（3）
C	4	4	4	0
A	2	6	7	0
E	5	11	15	0
B	8	19	16	3
D	10	29	17	12
F	12	41	18	23
合计	41	110		38

（4）用关键比率CR（预定日期-当前日期）/加工时间，作业序列为C—F—D—B—E—A，如表9-14所示。

表9-14　CR的作业排序

天

排序	关键比率（1）	加工时间（2）	流动时间（3）	预定日期（4）	延期天数（5）
C	1.0	4	4	4	0
F	1.5	12	16	18	0

续表

排序	关键比率（1）	加工时间（2）	流动时间（3）	预定日期（4）	延期天数（5）
D	1.7	10	26	17	9
B	2.0	8	34	16	18
E	3.0	5	39	15	24
A	3.5	2	41	7	34
合　计		41	160		85

排队序列实效性评价为

平均流动时间 = 160/6 = 26.67（天）

平均延期天数 = 85/6 = 14.17（天）

系统中平均作业数 = 160/41 = 3.90

利用率 = 41/160×100% = 25.6%

总结以上四个规则的排序效果，如表 9-15 所示。

表 9-15　例 10-3 中四个规则的排序结果对比

规则	平均流动时间	平均延期天数/天	系统内平均作业数	利用率/%
FCFS	20.00	9.00	2.93	34.2
SPT	18.00	6.67	2.63	37.6
EDD	18.33	6.33	2.68	37.3
CR	26.67	14.17	3.90	25.6

正如在表 9-15 中所看到的，在四个规则的排序中，效率指标最差的是 CR 规则和 FCFS 规则。SPT 在三个指标上表现最好，而 EDD 在平均延期天数上最优。在现实世界中也是如此，我们可以发现没有一种排序规则在所有指标上都表现最优。

以上介绍的是多种作业在一个工作中心的作业排序问题，而实际上，很多作业必须经过多个工作中心的加工才能完成。因此，下面介绍一组作业通过两三个工作中心的作业排序问题。

2. 通过两个工作中心的作业排序：约翰逊规则

约翰逊规则是一种管理者用来使一组待加工作业通过两台机器或两个连续工作中心的操作时间和机器空闲时间降至最小的技术。利用约翰逊规则必须满足以下五个假设条件。

（1）各项作业在各工作中心的作业时间（包含换产与加工时间）必须已知且固定。

（2）作业时间独立于作业顺序。

（3）所有作业都必须遵循同样的两步式作业顺序。

（4）没有作业优先级（所有作业都同样重要）。

（5）在作业被移送到第 2 个工作中心之前，其在第 1 个工作中心的所有工作内容都必须完全结束。

约翰逊规则包含四个步骤。

（1）列出全部作业及其在各工作中心的作业时间。

（2）选取时间最短的作业。如果最短时间在第一个工作中心，就将该作业排在序列的第一位；如果在第2个工作中心，则将其排在序列的最后一位。

（3）划掉这项作业及其时间，进行下一步的选择。

（4）重复第二、三步，从两边向序列中心排，直到所有作业都已进入序列。

【例9–4】 在某工具冲模工厂有五项特殊的工作需通过两个工作中心（钻机和车床）的操作，各项工作的操作时间如表9–16所示。

表9–16 各项工作操作时间

小时

工　作	工作中心1（钻机）	工作中心2（车床）
A	5	2
B	3	6
C	8	4
D	10	7
E	7	12

解：

（1）选出加工时间最短的作业，即作业A，耗时2小时。

（2）由于这个时间在第2个工作中心，就把作业A排在序列的最后一位，从待安排的作业中划掉它。

（3）下一个最短作业时间是作业B，耗时3小时。由于这个时间在第一个工作中心，因此安排在序列的第一位并划掉它。

B				A

（4）第三个最短时间的作业是C，耗时4小时，在第2个工作中心，因而排在序列的倒数第二位。

B			C	A

（5）剩下的作业及其时间为

工　作	工作中心1（钻机）	工作中心2（车床）
D	10	7
E	7	12

余下的两项作业中的最短时间相同，耗时同为7小时，可以任选其中一项作业进行排序。我们首先安排作业D在序列的倒数第3位或安排作业E在序列的第2位。最后的排序如下。

B	E	D	C	A

（6）求解各工作中心的流动时间与空闲时间可以通过图示表现出来，如图 9-3 所示。

时间	0　3	10	20	28	33　35
钻机	B	E	D	C	A
车床	空闲	B	（空闲） E	D	C　A

图 9-3　作业在两个工作中心的加工顺序

这样，五项工作需要 35 小时即可完成。第 2 个工作中心等待第一件工作的到来需要 3 小时，在工作 B 完成后也要停工 1 小时等待下一工作的到来。

3. 通过三个工作中心的作业排序：约翰逊扩展规则

要找出在三个工作中心上将 N 件工作进行排序的最佳方案是非常复杂的。然而，若下述的两个条件之一满足或均可满足，则按约翰逊规则求解是可以找到令人满意的排序的。

（1）作业在工作中心 1 上的最短作业时间至少等于工作中心 2 上的最长作业时间。

（2）作业在工作中心 3 上的最短作业时间至少等于工作中心 2 上的最长作业时间。

以上两个条件的数学表达式为

$$\min t_{iA} \geqslant \max t_{iB}$$
$$\min t_{iC} \geqslant \max t_{iB}$$

式中　$\min t_{iA}$——第 1 个工作中心的最短作业时间；

$\mathrm{man} t_{iC}$——第 3 个工作中心的最短作业时间；

$\max t_{iB}$——第 2 个工作中心的最长作业时间。

只要满足其中一个条件，就可以将三个工作中心转化为虚拟的两个工作中心，其表达式为

$$t_{iG} = t_{iA} + t_{iB}$$
$$t_{iH} = t_{iC} + t_{iB}$$

式中　t_{iG}——虚拟工作中心 G 各项工作的作业时间；

t_{iH}——虚拟工作中心 H 各项工作的作业时间。

下述例子将对这个问题作进一步的说明。

【例 9-5】有四件工作等待加工，它们在三个工作中心上的加工时间如表 9-17 所示。

表 9-17　作业时间

小时

工　作	工作中心 1	工作中心 2	工作中心 3
J_1	13	5	9
J_2	5	3	7
J_3	6	4	5
J_4	7	2	6

根据约翰逊扩展规则，只要满足其中一个条件就可以该规则求得最佳作业排序。在本例中，由于约翰逊扩展规则的两个条件均满足，因此，我们可以运用这个规则为四件工作进行排序。

首先建表，将三个工作中心转化为两个虚拟的工作中心，如表9-18所示。

表9-18　作业在虚拟工作中心的作业时间

小时

工　作	虚拟工作中心G：$t_{iA}+t_{iB}$	虚拟工作中心H：$t_{iC}+t_{iB}$
J_1	18	14
J_2	8	10
J_3	10	9
J_4	9	8

现在，可以使用前面所介绍的 N 种工作在两个工作中心的排序规则——约翰逊规则进行排序，可以得到最佳排序：B—A—C—D。

4. 换产时间依赖作业顺序的作业排序

前面所讨论的都是假定机器换产时间独立于作业加工顺序，但在很多时候这种假定是不成立的。因而，管理者在为工作中心内的各项作业排序时，需要考虑换产时间等成本因素，目标是使总换产成本最小。

工作中心内的机器换产时间以作业加工顺序为基础，如表9-19所示。例如，假如作业B在作业A之后，则B的换产时间就是6小时。假如某项作业最先进行，则其换产时间就是表中换产时间那一列的数值。比如，如果B最先进行，其换产时间就是2小时。

表9-19　作业顺序与换产时间

小时

前序作业	换产时间	作为结果的后序作业换产时间		
		A	B	C
A	3	—	6	2
B	2	1	—	4
C	2	5	3	—

要找到一种序列能使总换产时间最小的最简单方法，就是列出所有可能序列并计算它们各自的总换产时间。一般情况下，不同序列总数等于 $n!$。n 代表作业数。此处的 n 为3，因此 $n!=3\times2\times1=6$。6种排序方案及其总换产时间如表9-20所示。

表9-20　各种作业序列与换产时间

小时

序　列	换产时间总计
A—B—C	3+6+4=13
A—C—B	3+2+3=8

续表

序　列	换产时间总计
B—A—C	2+1+2=5（最好）
B—C—A	2+4+5=11
C—A—B	2+5+6=13
C—B—A	2+3+1=6

从以上分析中可以看出，为使总换产时间最小，管理者应该选择序列 B—A—C。

当作业为数不多时，人工选取还比较容易。但当作业数增加时，排序方案列表将会变得很长。比如，6 项作业就有 720 种序列。在这种情况下，管理者就应该使用计算机生成序列表，从中找出最佳排序方案。

5. 排序规则的局限性

（1）排程是动态的，所以规则需要适当的修改以适应生产过程、设备、产品组合的变化等。

（2）规则看不到上游或下游的情况，因此可能注意不到其他部门中的闲置资源及瓶颈资源。

（3）规则不能看到期限之外的变量。例如，有两批订货可能同时到期，一种订货是给批发商补充库存；另一种订货是买方订货，若订货不能及时完成，可能导致买方工厂关闭。两种订货有一样的期限，但很明显后者更紧迫。

因此，作业排序可能会很难实现或可能产生较差的效果——不是一个效果很好的序列。例如，作业经理可能选择一种决策规则，如“先开始余留空闲时间最少的订货生产”或“先开始使用同一机器设置的订货生产”。它们可能都是合理的决策。前者强调订货到期时间，后者着眼于提高效率。但“余留空闲时间最少的订货”可能在机器使用上效率很差，而且同一“机器设置”的订货可能在一周内不需要。总的来说，即使有十分复杂的规则系统，也很难制定一个完美的排序。

9.3　服务系统的作业进度安排

服务系统的作业进度安排与制造系统的作业进度安排在几个方面有所不同。首先，在制造系统中，部门经理进行作业进度安排的重点在于物料，而在服务系统，其重点在于人员配备水平。其次，服务系统中没有服务存货，而在制造系统中有产品及材料存货。最后，服务系统是劳动密集型的，劳动力需求变动很大。在顾客化的服务系统中，由于顾客需求的随机性，使服务的输出与劳动力的最佳规模之间的关系很难确定；而在制造系统中，两者之间有比较确定的关系。

服务系统作业进度安排的一个重要目标就是实现顾客需求与服务能力互相匹配，使顾客平滑地流过服务系统，每一位顾客都恰好在前一位顾客的服务刚刚完成的精确瞬间抵达。这种情形使顾客等候时间降至最小，服务系统的全体人员与设备利用充分。但是，实际中的各种服务系统，由于顾客需求的随机性使得需求与服务能力相互匹配几乎不可能实现。而且，如果服务时间可变（即由于加工需要的不同），服务系统的无效性还会增加。如果顾客到达时间能够事先安排好（例如预约或预订），无效性就会降低，例如医生和律师等。但是许多服务系统是不能预约的，如超级市场、加油站、剧院、医院急诊、设备故障等。因此，服务系统的时间进度安排比制造系统更加困难，对服务系统的运作绩效的影响也更大。

一般来说，有两种基本的作业排序方式：将顾客需求分配到服务系统的不同时间段内；将服务人员安排到顾客需求的不同时间段内。

9.3.1 安排顾客需求

这种方式就是根据不同时间内可利用的服务能力为顾客排序。在这种方式下，服务能力保持一定，而顾客需求被适当安排，以提供准时服务和充分利用能力。通常有三种方法：预约、预订和排队等候。

（1）预约。通过预约，控制顾客到达的时间，即控制顾客到达率，从而有效地利用服务能力。预约系统的应用在现实生活中是很常见的，比如，外科医生、牙医、律师、房产租售中介服务等。然而，预约系统并不能保证完全有效地控制顾客到达的时间。因为，顾客可能因为其他原因取消预约或迟到。为了减少意外状况给服务系统带来的影响，为了方便调整，在进行预约时，最好采用按照顾客特殊的需求安排特定的预约时间，而不是采用固定时间间隔的预约方法。

（2）预订。通过预订来安排顾客需求也是很多服务系统经常采用的作业排序方法。比如，到餐馆吃饭的预订、机票预订、酒店预订等。预订系统的设计能够使服务系统对特定期间的系统需求做出比较精确的估计，使顾客由于长时间等待、得不到服务等而产生的失望感降至最小。比如餐馆实施预订系统，管理者就能疏散或集中顾客，使需求与服务能力互相匹配。

（3）排队等候。一种为顾客排序的不太准确的方式是允许需求积压，让顾客排队等待。例如，餐馆、银行、零售商店、理发店等通常采用这种方式。在这种系统中，顾客到达服务系统后不知道何时轮到为自己服务，提出服务要求后就等待着。各种优先规则可用来决定服务顺序，最常用的也是最公平的规则是先到先服务。对于某些特殊的或重要的客户，也允许某种优先权，比如为某类顾客开辟专门窗口。采用这种服务系统的一个重要问题是，应尽量缩短顾客的等待时间。

9.3.2 安排服务人员

安排顾客需求是需求管理，安排服务人员是服务能力管理。当需要快速响应顾客需求且需求总量大致可以预测时，通常使用这种方法。在这种情况下，可以通过服务人员的适当安排来调整服务能力，以满足不同时间段内的不同服务需求。采用这种方式的典型例子有：零售商店、餐馆、客运、剧院、酒（旅）店、邮局营业、警察的工作日及休假日安排等。

影响服务人员排序的限制因素很多，其中一个因素是劳动力柔性（多技能）能够匹配多大范围内的顾客需求变化。因此，服务能力应通过经受过交叉培训的员工来调整，这些员工在需求高峰期被派往瓶颈环节开展临时救援。其他限制因素还有：法律的、行为的、技术的和预算的限制等。

服务人员排序的方法有很多，这里以某邮局的包裹服务部的人员排序计划为例来说明保证员工有连续两天休息日的排序方法。具体步骤如下：

（1）确定每周对员工的需求量，找出员工需求量总和最少的两天，作为员工 1 的休息日。

（2）员工 1 休息的 2 天中的需求量不变，将员工 1 工作的 5 天中的需求量各减去 1，再找出员工需求量总和最少的连续 2 天，作为员工 2 的休息日。

（3）重复进行上面的步骤，直至所有的员工休息日确定完毕。

注意：如果有两组连续日期的需求总和是最小的，就根据约定好的排序原则选择，否则，任选一组。比如，想要尽量安排在周末休息，而如果周二和周三、周五和周六的需求都是最少的，那么根据排序原则，就选择在周五和周六休息。

【例 9-6】 假设某邮局的包裹服务部有 10 名员工，据估计每天员工的需求量如表 9-21 所示。试为该服务部的 10 名员工制定一个每人都保证两日连休的排程的工作日和休息日。

表 9-21 一周内各日的员工需求量

人

日 期	周一	周二	周三	周四	周五	周六	周日
人员需求量	8	9	2	12	7	4	2

解：应用上述排序步骤，得到的排序结果如表 9-22 所示。方框所在的日期即为该员工的休息日。

表 9-22 员工排序过程

人

日 期	人员需求量						
	周一	周二	周三	周四	周五	周六	周日
A	8	9	2	12	7	[4]	[2]
B	7	8	1	11	6	[4]	[2]
C	6	7	0	10	5	[4]	[2]
D	5	6	0	9	4	[4]	[2]
E	4	[5]	[0]	8	3	4	2
F	3	5	0	7	2	[3]	[1]
G	[2]	4	0	6	1	3	[1]
H	2	3	0	5	[0]	[2]	1
I	[1]	2	0	4	0	2	[0]
J	[1]	1	0	3	0	1	[0]

员工工作日就是未被框住的非零值所对应的日期，每天工作的员工数量是未被框住的非零值的员工数量之和。比如，员工 C 和 D 在周一、周二、周四、周五工作，周三、周六、周日都是空闲时间。工作人数周一有 8 人，周二有 8 人，周三 2 人，周四有 10 人，周五有 7 人，周六 3 人，周日有 2 人。

员工排序总人数结果如表 9-23 所示。

表 9-23 员工排序总人数结果

人

日 期	周一	周二	周三	周四	周五	周六	周日	合计
所需员工	8	9	2	12	7	4	2	44
实际人数	8	9	2	10	7	3	2	41

表 9-23 显示的并不是既保证每人都有两日连休，又使人员的富余能力最小的唯一排序结果。根据预期员工需求总量（合计：44 人）和按照排序所得到的在岗员工实际总人数（合计：41 人），显然这个计划如果执行下去是不能满足需求的。而另一方面，如果每个员工 1 周工作 5 天，该服务部每周可用员工总人数有 50 人次。如果与需求相比富余人员为 6 人次；如果与该排程计划所确定的计划在岗人数相比，富余人员有 9 人次，其中员工 C、D、F、G、H、I、J 除了每周两天连休日外，还有 1 到 2 天不等的空闲时间。因此，为了解决周四和周六人员不足的问题，该服务部经理可以考虑安排员工 C、D、F、G、H、I、J 轮流在这两天加班工作。也可把这些人在其他人在某些时候因故缺勤时用作临时替补人员。

9.3.3 产出/收入管理及超额预订

产出管理也称收入管理，是指将固定的服务能力加以分配使之与市场上收入最高的需求相匹配的活动。一些航空公司是最早开发和应用这种系统的机构，其应用范围已扩展到酒店、游轮及其他服务业，这些机构都有着固定的产能服务于产生收入的顾客、作业、产品等。按照凯姆斯的分析，产出/收入管理最适合于以下情况：

（1）能力固定。一个期间内只有有限且不可分割的可用能力，在能力分解或寻找额外能力方面没有灵活性。如一家酒店的房间、飞机的座位等。

（2）能力不易保存。某个时段一旦过去，对应于该时段的能力就不可再用。

（3）可细分的市场。对能力的需求必须细分为不同的收入/利润等级，如商务的或娱乐的，周末晚过夜与否，豪华或是经济等。

（4）能力提前出售。能力通过预订售出。应用产出管理方法，某些等级的能力可以保留给某些更获利的预订等级或季节。到某个时点当高获利预订等还未填满时，其中的一些能力就提供给获利稍低的等级。这种随着目标期间的临近，这一程序沿预订等级和时间点逐级下落。

（5）需求不确定。尽管可以预测每个顾客预订等级的需求，但每个时段出现的每个等级的实际需求是不确定的。

（6）低边际销售成本，高边际能力增加成本。增加一个单位能力的成本非常高，但出售（或出租）目标时段单位能力的成本很低。

用于确定如何在不同等级间分配能力的方法类似于超额预订所用的方法。超额预订是一种通过良好的作业进度安排来减少成本的做法。一些航空公司就是这样做的，如斯堪的纳维亚航空公司（Scandinavian Airlines，SAS）和美洲航空公司（American Airline，AA）。SAS 的机队由 110 座的 DC—9 飞机所构成。如果这个公司只接受 110 个座位的预订，“未现身者”（预订了航班但未搭乘的顾客）将不会为其预订付费，公司会损失 5%～30% 的可用座位。而 AA 公司估计这个比例平均在 15%。如果每天有 100 个航班，这些未现身者将给航空公司造成每年 500 万美元的损失。为了避免这种损失，所有的航空公司都会采取超额预订的做法，以一个固定的百分比接受超出实际可用座位数的预订。其目的就是减轻旅客未现身给航空公司带来的不利影响。

为此，许多航空公司开发了一个自动的超额预订优化模型，其中考虑了等级、目的地、出发前的天数、当前预订情况以及已取消的预订等参数。该系统的目标是确定每个航班不同等级座位的最佳超额预订政策，为此需要综合考虑商誉损失的成本、备选航班安排、空座情况以及提升或降低旅客的舱位等级等。

为了更好地理解这种情形并对这些解决方案加以说明，假定一架飞机的座位数固定为 28 个。表 9-24 给出了未现身乘客的概率，在这种情况下，航空公司应当接受多少预订？例如，当接受 32 个预订时，则只有 30 位乘客搭乘的概率是 35%。

表 9-24　航班未现身者的概率

未现身者人数/个	概　率
4	0.10
3	0.20
2	0.35
1	0.25
0	0.10
	1.00

假定每位搭机乘客的利润是 50 美元，但若已预订座位的乘客被拒绝登机也会产生损失，这种损失可能是一张免费机票、怨愤、改乘其他航线等。如果这一损失较低，比如说低于利润，则适当的超额预订对于航空公司就是有利的（虽然未必是定出 32 个座位，因为这样必然会有 90% 的概率发生超售损失）。另一方面，假设损失非常高，远远超过利润，则航空公司会因担心支付超售成本而不愿超售太多。表 9-25 给出了对应于不同的超售情况各种需求发生的概率。假定让乘客不能登机的损失是 20 美元，应该接受多少预订？若损失为 100 美元又该如何？

表 9-25　预订数与需求发生的概率

概　率	预定数/个				
	28	29	30	31	32
0.10	24	25	26	27	28
0.20	25	26	27	28	29
0.35	26	27	28	29	30
0.25	27	28	29	30	31
0.10	28	29	30	31	32
1.00					

借助于表 9-24 给出的未现身者的概率，可以根据表 9-26 来计算成本和利润。(接受 32 人以上预订是没有意义的。因为这种情况下飞机肯定会满载。) 这里我们看到总利润是 1 359 美元。表 9-27 给出预订人数为 31 人时的计算结果。表 9-28 给出了预订数分别为 30、29、28（接受少于 28 人的预订也是没有意义的）时的计算结果。显然，当预订人数为 31 人时所获利润最大。如果使乘客不能登机的损失提高到 100 美元，则其结果如表 9-29 所示，这时利润最高的是预订 29 人。

表 9-26　预订数为 32 人时的期望利润

需求/个	28	29	30	31	32	总计
概率	0.10	0.20	0.35	0.25	0.10	
满座（S）/个	28	28	28	28	28	
利润 50S/美元	1 400	1 400	1 400	1 400	1 400	
拒绝登机（T）/个	0	1	2	3	4	
成本：20T/美元	0	20	40	60	80	
净利润/美元	1 400	1 380	1 360	1 340	1 320	
期望净利润/美元	140	276	476	335	132	1 359

表 9-27　预订数为 31 人时的期望利润

需求/个	27	28	29	30	31	总计
概率	0.10	0.20	0.35	0.25	0.10	1.00
满座（S）/个	27	28	28	28	28	
利润 50S/美元	1 350	1 400	1 400	1 400	1 400	
拒绝登机（T）/个	0	0	1	2	3	
成本：20T/美元	0	0	20	40	60	
净利润/美元	1 350	1 400	1 380	1 360	1 340	
期望净利润/美元	135	280	483	340	134	1 372

表 9-28　让乘客不能登机的损失为 20 美元时的期望利润

预订数/个	期望利润/美元
32	1 359
31	1 372（最好）
30	1 371
29	1 345.5
28	1 302.5

表 9-29　让乘客不能登机的损失为 100 美元时的期望利润

预订数/个	期望利润/美元
32	1 195
31	1 280
30	1 335
29	1 337.5（最好）
28	1 302.5

本章小结

本章分析大量制造系统作业进度安排的原因，介绍了制造业的轮番生产系统和单件小批生产系统的作业进度安排的内容、作业排序的规则和方法，对不同作业排序规则的优劣势进行了分析；分析了服务系统作业进度安排的特殊及基本内容，介绍了服务系统确保员工有连续两天休息的排序方法、产出/收入管理等几种类型服务系统作业进度安排的方法。

同步测试

一、单项选择题

1. 单件小批生产系统中，作业排序在多项绩效指标上均能取得最好或较好效果的排序规则是（　　）。

A. FCFS　B. EDD　C. SPT　D. CR

2. 使用预约、预订、排队等候等方法安排服务系统的作业进度，是对企业的（　　）进行管理。

A. 服务能力　B. 顾客需求　C. 服务时间　D. 人员

3. 相对来说，在大量生产、成批轮番生产和单件小批生产中，作业进度安排最为简单的是（　　）。

A. 大量生产　B. 成批轮番生产　C. 单件小批生产　D. 一样复杂

4. 在排队等候的服务系统中，最常用的安排顾客服务的优先规则是（　　）。

A. 重要的客户先服务　B. 军人先服务

C. 老幼病残的先服务　D. 先到先服务

二、多项选择题

1. 大量生产系统需要对其生产任务进行作业进度安排，是因为（　　）。

A. 产品品种单一　B. 不是一种产品的生产

C. 期望的产出与实际产出的差异　D. 产品是标准化的

2. 单件小批生产中心的工作载荷的方法主要有（　　）。

A. 甘特图　B. 投入产出法　C. 线性规划分配法　D. 运输模型

3. 甘特图的形式有（　　）。

A. 投入产出图　B. 时间序列图　C. 负荷图　D. 网络图

4. 服务系统的作业进度安排的基本方式有（　　）。

A. 安排顾客需求　　　　　　　　B. 安排服务人员

C. 维持有序的服务队列　　　　　D. 安排营业时间

E. 服务现场商品有序展示

5. 单件小批生产系统作业排序遵循的最基本的优先规则有（　　）。

A. FCFS　　B. EDD　　C. CR

D. MOPNR　　E. SPT

6. 投入/产出控制是指对工作中心的（　　）进行控制。

A. 投入时间　　B. 产出时间　　C. 作业流量　　D. 序列长度

三、思考题

1. 请分析服务系统与制造系统的作业进度安排有什么不同。

2. 请分析单件小批生产作业排序的各项优先规则的相对优点和缺点。

四、练习题

1. 戴维斯的公司有五件工作正在进行中，今天是第7天，戴维斯重新观察了描述这些排程的甘特图。

工作A安排于第3天开始，需要6天。现在已提前1天完成。

工作B安排于第1天开始，需要4天。现在已按时完成。

工作C安排于第7天开始，需要3天。实际第6天开始，正按计划进行运作。

工作D安排于第5天开始，但由于缺少设备而推迟到第6天开始，正按计划进行操作，将要3天。

工作E安排于第4天开始，需要5天。它准时开始工作，但要延误2天完成。

根据以上信息，画出戴维斯所看到的甘特图。

2. 智投财务公司，总部设在上海，想要分配郭丹、陈强、赵勇这三个新聘的研究生到地区办事处工作。表9-30给出了三人在三个地区办事处人员配置成本。但是该公司在上海总部也有一个空缺。如果比分配到武汉、郑州或济南更经济节约的话，该公司准备在这三人中挑选一人去上海就职。如果重新安置郭丹到上海需要费用为1 000元，重新安置陈强到那儿需要费用为800元，重新安置赵勇需要费用1 500元。那么最佳人员配置方案是什么？

表9-30　智投财务公司人员配置成本

元

雇员＼地点	武汉	郑州	济南
郭丹	800	1 100	1 200
陈强	500	1 600	1 300
赵勇	500	1 000	2 300

3. 艾利斯公司期望将一系列工作分配到一组机器上，表9-31提供了关于各台机器完成确定工作的生产率数据。

（1）决定最适当的工作对机器的分配以使总生产率最大化。

（2）分配的总成本是多少？

表 9-31　艾利斯公司的生产成本数据

元

工作＼机器	A	B	C	D
1	7	9	8	10
2	10	9	7	6
3	11	5	9	6
4	9	11	5	8

4. 在中国西南部有一小工厂的计划员，他有六件工作能在六台机器中任一台上操作。各自时间如表 9-32 所示。试决定工作对机器的分配以使操作时间达到最少。

表 9-32　某工厂的生产效率数据

分钟

工　作	机　器					
	A	B	C	D	E	F
1	60	22	34	42	30	60
2	22	52	16	32	18	48
3	29	16	58	28	22	55
4	42	32	28	46	15	30
5	30	18	25	15	45	42
6	50	48	37	30	44	60

5. 某医院的行政管理者必须任命新建四个部门的护士长：泌尿科、心脏病科、整形外科和产科。为解决这个人员配备问题，该管理者聘用了四位护士：徐帆、张荔、胡秀贞和郑娉，并面试了各位护士：考察了他们的背景、个性及技能，并制定了用于分配的从 0~100 不同等级的成本，如表 9-33 所示。若护士徐帆被分配到心脏病科的成本为 0，表示她完全适合于这种工作；另一方面，若其成本值接近于 100，表示她几乎一点也不适合于主管那个部门。下面的表给出了一系列成本数据，是医院行政主管认为代表所有分配可能的成本，试问哪一个护士应分配到哪一个部门？

表 9-33　某医院护士配置成本

元

护　士	部　门			
	泌尿科	心脏病科	整形外科	产科
徐帆	28	18	15	75
张荔	32	48	23	38
胡秀贞	51	36	24	36
郑娉	25	38	55	12

6. 下列工作在同一机器上等待操作。工作按其到来顺序记录由表 9–34 给出。

表 9–34　某机器设备完成多项工作的时间数据

天

工　作	期　限	持续时间
A	313	8
B	312	16
C	325	40
D	314	5
E	314	3

根据以下决策规则，应按什么顺序来排列工作？（1）FCFS，（2）EDD，（3）SPT。所有日期按生产计划日程来确定，假设所有工作在第 275 天到来，问哪一个决策最好，为什么？假设今天是第 300 天（按计划日历），并且我们还未开始任一工作的操作。使用关键比率规则，你将按什么顺序安排这些工作？

7. 表 9–35 显示下列工作在某工作中心等待操作。

表 9–35　某工作中心完成多项工作的时间数据

天

工　作	接到订货期	所需的生产天数	订货到期时间
A	110	20	180
B	120	30	200
C	122	10	175
D	125	16	230
E	130	18	210

（1）根据下列规则按什么顺序排列工作？

a. FCFS，b. EDD，c. SPT，所有日期根据车间日程来确定。按计划日程表今天是第 130 天，试问哪一个规则是最优的？

（2）假设今天按计划日程表是第 150 天，且尚未开始任一工作，使用关键比率规则，如何排列这些工作？

8. 有六件工作等待通过两步操作。第一步操作是磨光，第二步操作是上漆。操作时间如表 9–36 所示。

表 9–36　操作 1 和 2 完成 6 项工作的时间数据

小时

工　作	操　作　1	操　作　2
A	10	5
B	7	4

续表

工　作	操　作　1	操　作　2
C	5	7
D	3	8
E	2	6
F	4	3

决定一个使这些工作完成的总时间达到最小的排序，用图表示。

9. 考虑以下工作及其在三台机器上的操作时间，如表 9-37 所示。不允许出现工作遗漏的现象。使用约翰逊规则，找出各件工作的操作排序。

表 9-37　机器 1、2、3 完成五项工作的时间数据

小时

工　作	机器 1	机器 2	机器 3
A	6	4	7
B	5	2	4
C	9	3	10
D	7	4	5
E	11	5	2

10. 表 9-38 包含三项换产时间独立于排列顺序的作业，求使总换产成本最低的加工顺序。

表 9-38　作业换产时间数据

小时

时间 / 作业类型		换产时间	后续作业的换产时间		
			A	B	C
前序作业	A	2.4	—	1.8	2.2
	B	3.2	0.8	—	1.4
	C	2.0	2.6	1.3	—

五、综合案例

老俄勒冈木材场

在 2015 年，乔治·布朗开始在老俄勒冈木材场生产旧式俄勒冈圆桌。每张圆桌用手工仔细制成，且使用优质的橡树为材料。生产过程有四步：准备、装配、抛光及包装。每一步由一人完成。除了监督整个操作过程以外，乔治要完成所有产品的抛光。索奥斯基·汤姆完成准备工序，斯塔克·凯斯完成包装工序，戴维斯·里昂完成装配工序。其中准备工序包含切割及构造桌子的各种基本部件。

尽管每个人仅负责生产过程中一道工序，但每个人都能完成其中任一步骤。乔治制定了一个措施，即每个人偶尔由自己完成几张桌子的四道工序而无需他人的帮助，引进这一小小的竞争用于鉴别谁能以最少的时间完成一张完整的桌子。乔治特别强调平均的和中间完成时间，其数据如图 9-4 所示。

凯斯制作一张旧式俄勒冈桌子所花时间多于其他员工。除了比其他员工做得慢以外，她对目前负责包装工序很不满，因为这使她每天空闲了大部分时间。她的第一选择是抛光工序，第二选择是准备工序。

除了质量以外，乔治还关心成本和效率。当某天一个员工没有上班，就会产生一个重大的排程问题，超时工作成本很高。若等着那位员工回来上班，会导致误工，有时会使整个生产过程停止。

为克服这些问题，又聘用了一位员工连·冉迪。冉迪的职责是做各种各样的临时工作。当某员工没来时，即让他代替工作。乔治给予冉迪各道工序的培训。他特别满意冉迪学会如何完成旧式俄勒冈桌装配工序的速度。冉迪总的和各道工序完成时间由图 9-5 给出。

案例思考题

(1) 原始成员制作一张旧式俄勒冈桌最快的方式是什么？

(2) 如果乔治让冉迪完成四道工序之一，并使一名原始成员作为后备人员，这会大大改变生产率和数量吗？

(3) 若凯斯被换到准备工序或抛光工序，则原始成员制作一张旧式俄勒冈桌最快时间为多少？

(4) 不论谁完成包装工序，都会造成严重的低利用率。你能找到一个要么给每个人单项工作，要么让每个人各自生产完整的圆桌更好的办法吗？（使用 4 个或 5 个人的小组）若按此计划每天可生产多少张圆桌？

0 100 160 250 275
汤姆 准备 装配 抛光 包装
0 80 160 220 230
乔治 准备 装配 抛光 包装
0 110 200 280 290
里昂 准备 装配 抛光 包装
0 120 190 290 315
凯斯 准备 装配 抛光 包装

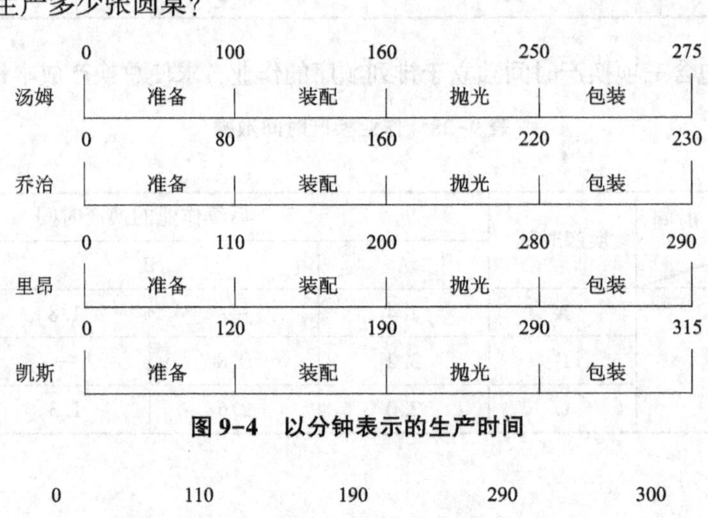

图 9-4 以分钟表示的生产时间

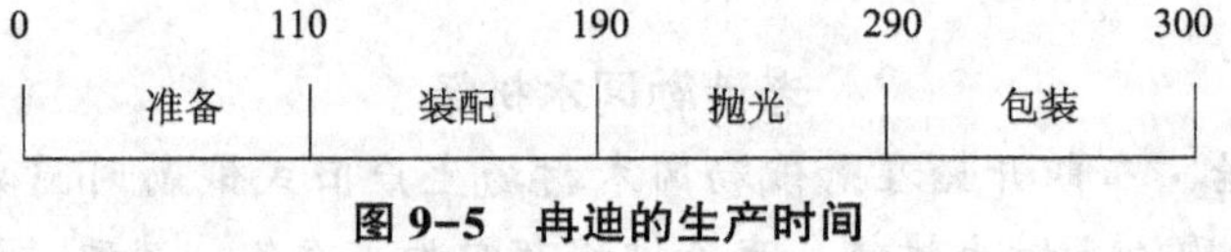

0 110 190 290 300
准备 装配 抛光 包装

图 9-5 冉迪的生产时间

实践与训练

一、实训目的

1. 要求学生理论与实践相结合，深入领会作业进度安排的理论知识和方法。

2. 培养学生运用作业进度安排的理论和方法，根据某种类型的连锁店或其他类型的中小企业下一年的年度综合计划和主生产进度计划的要求，制订某月份或某一周的作业进度计划。

二、实训要求

1. 实训由 3~5 人的小组完成。

2. 在前期某些实训项目的基础上，为某种类型连锁店或其他类型的中小企业制定一份适当的作业进度计划（需求管理和员工管理），形成由年度综合计划、主生产进度计划和作业进度计划构成的相对完整的企业计划体系。

3. 应在过去对企业调查的基础上，进一步了解该类型连锁店的顾客需求管理和服务人员管理的具体方法。

4. 完成实训报告。

三、成果与考核

成果与考核主要依据小组的实训报告以及小组长对小组成员参与度的鉴定评定成绩。

第 10 章

项目管理

知识目标

1. 了解项目及项目管理的基本概念、特点及其目标。
2. 了解网络计划技术的概念、优点、网络图的构成要素。
3. 掌握网络图的逻辑表示方法和网络时间的计算方法。
4. 掌握网络计划优化的原理及其方法。

技能目标

1. 能够绘制较为简单的项目网络图。
2. 能够根据相关条件粗略估计活动的时间。
3. 能够根据网络计划优化原理对较为简单的项目进行时间、时间与资源、时间与成本的优化。

先导案例

克莱斯勒 Viper 开发开发团队

克莱斯勒 Viper 开发团队持续了 3 年时间，完成了从概念到跑车的开发任务。它包括开发全新的 8.0 升 V-10 铝制引擎和高性能的 6 速变速器。这种开发项目在克莱斯勒通常需要 5 年时间。因而，从项目一开始，克莱斯勒的管理人员就认识到环环相扣、协调一致的项目管理的重要性。

他们精心挑选了项目团队的成员，同时选用了一套名为 Artemis Prestige 的项目管理软件系统作为管理项目的工具。按照克莱斯勒的管理人员的说法，该项目管理系统必须具备同时追踪多个项目的能力，能够让使用者进行交互式应用，能够向项目人员提供关于整个项目的全景，并且有助于识别每项活动对项目最终完成的影响。应用这些能力可以进行“如果……就……”的分析，以评估资源分配变化和设计变更的影响。借助于这些能力，人们可以在实际实施某一变更之前就确定其影响。总的来说，Artemis 软件包提供了一个重要的沟通网络，有助于确保项目不同部分间的关键联系按计划建立起来。

从各方面来看，Viper 项目都是一个巨大的成功，并产生了几项重大的创新。例如，第一台试验引擎的开发只用了不到一年。这一点特别重要，因为包括变速箱在内的其他几个主要部件均依赖于引擎的开发。变速箱的开发用了 1 年半，而通常要用 5~6 年。此外，在车架、车身和刹车方面的许多重要创新也都应用在 Viper 上。

10.1　项目管理概述

10.1.1　项目的基本概念及其特点

1. 项目的概念

项目是一种一次性的工作，它应当在规定的时间内，在明确的目标和可利用资源的约束下，由专门组织起来的人员运用多种科学知识来完成。美国项目管理学会（Project Management Institute，PMI）对项目所下的定义是：项目是一种目的在于创造某种独特的产品或服务而进行的临时性努力。项目的定义多种多样，一般来说，项目包括以下四个基本要素。

（1）项目实质上由一系列工作（或活动、作业、工序）所组成。

（2）项目是一个临时性、一次性的任务。

（3）项目都有一个特定的目标。

（4）项目受资金、时间和资源等多种条件的约束。

2. 项目的特点

项目可以是建造一栋大楼、一座工厂或一个水利枢纽工程，也可以是解决某个研究课题，比如研制一种新产品，设计、制造一种新型设备；项目也可以是组织一次大型活动，比如奥运会、世博会、某个歌手的个人音乐会等。这些活动或任务都是一次性的，都要求在一定的期限内完成，有明确的预算限制，并有一定的质量要求等。

由此可见，在各种不同的项目中，项目的内容可以说是千差万别的。但项目本身有其共同的特点，这些特点可以概括如下。

（1）有明确的目的性。通常项目的开展都是为了实现某种目的。比如，北京奥运会燃放的烟花数量为历届奥运会之最，总数达 12 万多发，是以往所有 28 届奥运会燃放总数的 4 倍，创造了吉尼斯世界纪录。作为一个项目，其目的很明确，就是为了展示我国改革开放 30 多年来经济发展所取得的巨大成就，在世人面前弘扬我们的国力。

（2）项目需要多方参与。它是一个跨越多个组织、部门的任务，需要来自多个职能部门的人员同时协力。

（3）有着明确的时间和费用约束。项目的时间期限一般很严格，同时有明确的费用预算。

（4）单一的可辨认的任务。项目是一次性的任务，这是项目区别于一般的重复性的常规性活动或任务的基本标志。

10.1.2　项目管理的概念、特点及目标

与项目的概念相对应，项目管理是指在一个确定的时间期限内，通过特殊形式的临时性

组织运行机构，充分利用既定的有限资源，对项目进行计划、组织、领导和控制，旨在实现项目的特定目标的一种系统管理方法。

1. 项目管理的基本特点

（1）项目管理是一项复杂的工作。项目管理与一般的职能管理有着很大的差别。在项目管理中，由于项目一般由多个部分组成，涉及多个领域的专业知识，另外参与项目的人员来自于多个组织或职能部门，这些人员有着不同的经历，同时项目任务是临时性的或一次性的，也就是说项目完成后，人员又会重新回到原来的组织或部门中去。因此，对于项目管理来说，就面临着如何协调任务和人员的问题。另外，由于项目的单一性特点，项目工作通常很少有以往的经验可供借鉴，在项目的实施过程中存在着许多不确定因素。所有这些因素决定了项目管理是一项非常复杂的工作。

（2）项目管理是一项创造性的工作。由于项目管理是一次性的工作，又缺乏以往的经验，因此，对于项目经理来说，项目管理是一项创造性的工作。由于项目管理复杂，而且存在着许多不确定因素，因此，项目管理具有很高的风险，其失败的概率也很高。

（3）项目管理是一项临时性的工作。项目管理的本质是计划、组织和控制一次性的工作，在规定的期限内完成预期的目标。一旦目标实现，项目管理的任务就结束了，项目小组就会解散。因此，项目管理是一项临时性的工作，有着预定的时间周期。在这个时间周期内，通常存在着明确的阶段顺序，即立项、计划、执行和完工。

（4）项目经理在项目管理中起着重要的领导作用。项目经理在项目管理中负责按时、按质、按量地完成整个项目的目标，他有权独立进行计划、资源分配、领导和控制。以往的项目经理主要是专业技术人员，但现代项目管理更加强调项目经理的管理能力，项目经理必须运用他的专业项目管理技能有效地组织一支能够默契配合的项目团队，在项目实施过程中协调好各方的关系和控制好项目的进度和费用预算。

2. 项目管理的目标

在项目管理中，通常有三种不同的目标：质量、费用和进度。项目经理就是要通过自己的工作，做到以较低的费用、在较短的时间内高质量地完成项目任务。

（1）质量。质量是项目的生命。通常来说，大型项目无论是完成还是后期产生的影响都会持续很长的时间，具有很广泛的影响力。比如三峡工程，从论证到施工完成，持续了半个世纪以上的时间，其费用预算达数千亿之多，而其作用可能要持续上百年甚至几百年的时间。如果项目的质量差，就会造成巨大的经济损失，而且还会给社会、生态环境带来很多危害，严重的会祸及后世。如果项目是一种新机器的研发，那么质量就是新机器的规格和性能。如果项目是制作一部电影，那么质量就是制作的电影的音效、影像、演员及票房收入。因此，项目的质量管理必须贯穿于项目实施的全方位、全过程和全员中。

项目的全方位质量管理指的是在项目的每一个子项目、每一项任务中，都需要保证质量，才能确保整个工程的质量。

项目的全过程质量管理，指的是从项目的立项开始、可行性研究、决策、规划设计、项目采购、施工、调试、试运转，到正式投产的整个项目管理过程中，都要保证质量第一。

项目的全员质量管理指的是参与项目建设的每一个人，从项目经理到专业技术人员到普通人员，都要对本岗位以及整个项目的工作质量负责。

（2）费用。项目费用包括直接费用和间接费用。项目经理的一项重要工作是通过合理组织项目的实施，控制各项费用支出，使整个项目的各项费用支出之和不超过项目的预算。由于大型项目需要的资金巨大，在进行项目费用预算时应尽量考虑全面。由于没有进行很好的预算或在项目实施过程中没有进行很好的费用控制所导致的资金缺位问题，通常会影响整个项目的按期完成，造成巨大损失。

（3）进度。项目的进度控制是项目管理的核心内容。在项目开始时，一般都会设定项目完工时间和过程中的重要节点。项目的完工期限一旦确定下来，项目经理的任务就是要以此为目标，通过控制各项活动的进度，确保整个项目按期完成。在进行项目进度控制时，项目经理需要采用网络计划技术，进行科学的管理。质量、费用、进度对所有项目都是很重要的，但在不同的情况下，在不同的项目阶段和子项目中，目标会有所侧重，项目质量、进度和费用常常会有冲突，在处理这三者的关系时，要以质量为中心，通过科学的管理，实现三个目标之间的优化组合。

10.1.3　项目管理的组织要素

在项目开始前，高层管理者必须要先确定采用何种组织结构，以便能将该项目的活动与企业的其他经营活动紧密联系。在项目管理中采用的组织结构的主要类型有：纯项目、职能项目组和矩阵制。如果采用了矩阵制，不同的项目（矩阵的行）都要向职能区域（矩阵的列）领取资源。高层管理者需要决定采用哪种形式：弱式、平衡式还是强式。不同的形式决定了项目经理同他们要与之进行资源谈判的职能管理者相比所具有的权力大小。同时，管理者还要考虑项目经理的特点。由于在管理学基础等相关管理课程中已经对组织结构类型及其优缺点有所了解，因此，在这里仅对纯项目组织结构进行简要的介绍。

纯项目组织结构就是半永久性的相对独立的工作机构。在这种结构形式中，由一个装备齐全的项目小组负责该项目全部的工作，如图 10-1 所示。纯项目组织结构的优缺点如表 10-1 所示。

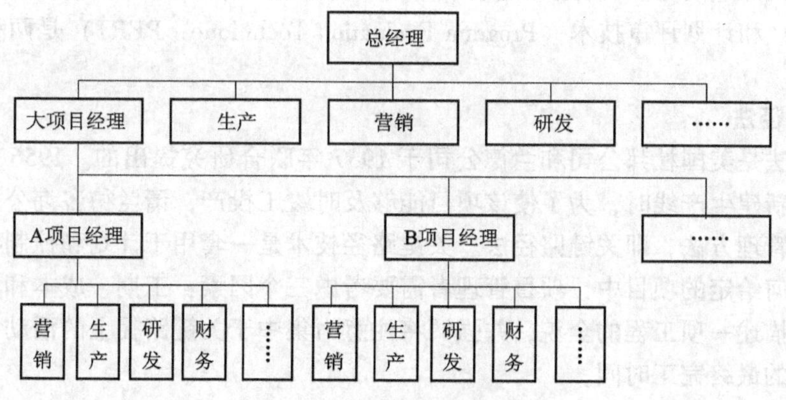

图 10-1　纯项目的组织结构

表 10-1　纯项目组织结构的优缺点

优　点	缺　点
① 项目经理对项目拥有充足的权力 ② 小组成员只向一个上司汇报。他们不必担心必须分出部分精力向职能部门的管理者负责 ③ 联系线路缩短，可以迅速做出决策 ④ 小组成员的自豪感、士气以及信誉都很高	① 资源重复配置，设备和人员都不能跨部门共享 ② 忽视了组织目标和企业政策，小组成员无论在精神上还是在实质上都与组织发生了偏离 ③ 由于削弱了职能区域的权力而使组织在新技术和新知识方面落后了 ④ 因为小组成员没有职能领域的"家"，因此他们缺乏安全感，他们会为项目结束后的生计而担忧，并且由此导致项目结束时间的延迟

10.2　网络计划技术

网络计划技术是项目计划管理和控制的一种科学管理方法。通过前面的介绍，我们已经了解了项目的主要特点之一就在于有严格的期限要求，因此，项目进度计划在项目管理中具有重要的作用。网络计划技术是项目进度计划的有力工具，能够有效地控制项目的时间进度。

10.2.1　网络计划技术概述

网络计划技术是项目计划管理的重要方法，它是伴随着建设和管理庞大、复杂的项目的需要而产生的。由于项目具有任务繁多、协作面广的特点，常常需要动用大量的人力、物力和财力，因此，如何合理而有效地组织项目的各项具体任务，使之相互协调，在有限的资源约束条件下，以最短的工期和最少的费用，最佳地完成整个项目，是项目管理者所面临的一个重要挑战。网络计划技术就是在这种背景下产生的。其中，关键路径法（Critical Path Method，CPM）和计划评审技术（Program Evaluation Technique，PERT）是两种主要形式的网络计划技术。

1. 关键路径法

关键路径法是美国杜邦公司和兰德公司于1957年联合研究提出的。1956—1957年，美国杜邦公司在新建生产线时，为了使该项目能够及时竣工投产，请兰德咨询公司研究开发了一种新的计划管理方法，即关键路径法。关键路径技术是一套用于计划和控制项目实施的图形技术。在任何给定的项目中，项目管理者需要考虑三个因素：工期、成本和资源。关键路径技术用图形描述一项工程的全貌，并强调将注意力集中于关键路径上的活动，因为关键路径决定了项目的最终完工时间。

关键路径技术最适合用于具有以下特点的项目：

(1) 工作或任务可以明确定义。

(2) 工作或任务互相独立，即可以分别开始、实施和结束。

(3) 工作或任务必须按一定的顺序依次完成。

关键路径技术在建筑业、飞机制造业以及造船业等领域得到了广泛的应用。

2. 计划评审技术

计划评审技术是在 1958 年由美国海军特殊项目办公室和洛克希德航空公司在规划和研究在核潜艇上发射“北极星”导弹的计划中提出来的。1958 年美国海军特殊项目办公室启动研制北极星导弹系统项目，参加该项目研制的主要承包商有 200 多家，加上转包商共达 10 000 多家。通过应用计划评审技术，美国海军特殊项目办公室把由这么多厂商参加的如此复杂的工程项目有效地组织起来，加强了工程的进度管理，并使该项目比预定计划提前两年完成。

3. 关键路径法和计划评审技术的区别

关键路径法和计划评审技术在初期发展阶段的主要区别在于以下三点。

(1) 计划评审技术在网络图中用箭线表示活动，即 AOA 规则；而关键路径法则用结点表示活动，即 AON 规则。

(2) 关键路径法假设每项活动的作业时间是确定的，只使用最可能的估计时间，而计划评审技术中的作业时间是不确定的，对完成活动所需时间采用三种估计——乐观时间、悲观时间和最可能时间。

(3) 关键路径法不仅考虑时间，还考虑费用，重点在于费用的控制，而计划评审技术则考虑了大量不确定性因素，重点在于时间控制。

因此，在产生初期，关键路径法主要用于例行性的或已有先例的工程项目的计划，这类项目的特点是不确定性程度小。而计划评审技术主要用于研究与开发项目，这些项目的主要特点是具有很大的不确定性。随着这两种计划技术的发展，它们之间的差异变得越来越小。

尽管这两种计划技术存在着一定的差异，但其基本原理是一致的，即用网络图来表示项目中各项活动的进度及其相互关系，并在此基础上进行网络分析，计算网络中各项时间参数，确定关键路径和关键活动，利用时差不断地调整与优化计划方案，以求得最短工期。在本教材中，我们将这两种计划技术统称为网络计划技术。

4. 网络计划技术的优点

网络计划技术和传统的计划方法相比，具有如下四个优点。

(1) 网络图不仅反映了每项活动（或每道工序）的进度，而且还反映了各项活动间的先后顺序和相互关系，因此，通过网络图，可使整个项目及其各组成部分之间的关系一目了然。

(2) 可使参加项目的各单位和有关人员了解他们各自的工作及其在项目中的地位与作用。

(3) 网络图指出了项目的关键路径，便于项目管理者抓住关键环节。

(4) 用网络计划技术编制计划的过程，不仅是一个能力平衡和进度安排的过程，而且也是一个最优规划过程。

10.2.2 网络图的组成及绘制规则

如前所述，CPM 和 PERT 方法在它们的早期发展过程中有很大的不同，由于二者分别吸取了对方的有益特征，今天两种方法所剩的区别仅为描述活动关系时的图形表示的差异。这两种方法分别是“结点—活动（与 CPM 相关）”和“箭线—活动（与 PERT 相关）”。

“结点—活动（AON）”图形使用圆圈代表项目中的各项活动，用箭线代表各项活动间的顺序。AON 网络较为容易构造，因为它避免了连接虚拟活动的需要。但 AON 图形中每个活动的时间跨度用结点表示，这样就比用箭线表示要缺乏直观感。

箭线—活动（AOA）图形使用箭线代表项目中的各项活动，用结点代表活动间的关系。在这种网络图中，活动需要消耗资源和时间。这里介绍 AOA 网络图形及其绘图规则。

1. 网络图的组成要素

网络图由结点、活动和路径三个部分组成。

（1）结点。结点是指某一项工作开始或完成的瞬时点。它不消耗资源，也不占用时间，是表示某些活动开始与结束的瞬间。在网络图中，一般以"圈"来表示，是两条或两条以上箭线的交接点，标志着先行工序（或活动）的结束和后道工序（或活动）的开始。网络图中的第一个结点（即第一个圆圈）叫网络的始结点，它表示一项计划（或工程）的开始；最后一个结点（即最后一个圆圈）叫网络的终结点，它表示一项计划（或工程）的结束；介于网络始结点与终结点之间的结点叫中间结点。所有的中间结点所代表的意义都是双重的，既表示与之相连的箭头箭线所代表的作业结束的瞬间，也表示与之相连的箭尾箭线所代表的作业开始的瞬间，如图 10-2 所示。比如结点 1 是这个网络图的始结点，表示这个项目计划由这个时刻开始；结点 4，既表示作业 B_2 和 X（虚拟作业）结束的时刻，也表示作业 C 从这里开始；结点 6 是终结点，表示整个项目计划到这个时刻结束。

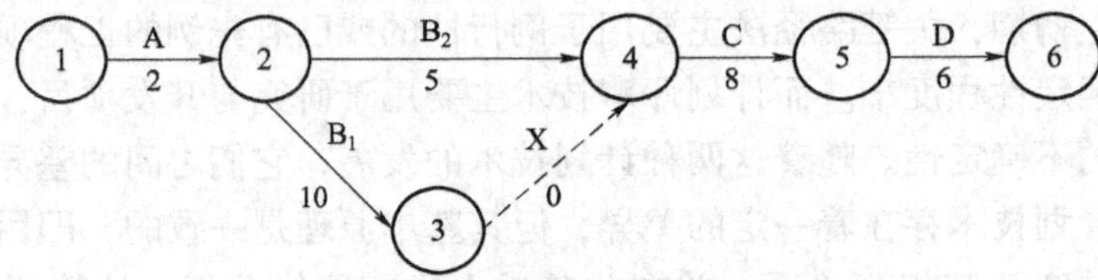

图 10-2 某产品开发网络图

图中代码说明：

A—产品设计开始；B_1—自制零部件；B_2—外购零部件；C—装配活动；D—样品鉴定；X—虚拟活动

（2）活动。活动是指一项工作或一道工序。在网络图中用箭线（→）来表示。其内容可多可少，范围可大可小。例如，可以把整个产品的设计过程作为一项活动，也可以把产品设计过程中的各个环节如测绘、翻译、审图、描图、晒图等分别作为一项活动。完成一项活动需要消耗一定的资源和时间，由于技术原因所引起的停歇（例如混凝土浇灌后的养护、油漆后的干燥、工件的自然冷却等），这些活动虽不消耗资源，但却占用时间，在网络图中也算作一项活动。有些活动既不消耗资源，也不占用时间，称为虚活动，用虚箭线（---▸）来表示。在网络图中设立虚活动主要是表明一项活动与另一项活动之间的相互依存和相互制约关系，是属于逻辑性的联系，可消除工序间模棱两可、含糊不清的现象，便于计算机进行识别运算。例如，在图 10-2 中，A、B_1、B_2、C、D 五项活动之间的关系是：A 必须在 B_1、B_2 两项活动之前完成，B_1 和 B_2 是同时平行进行，B_1 和 B_2 都完成后，C 才能开始。要在网络图中正确地表示出它们之间的关系，就必须引入虚活动，否则如图 10-3（a）所示，②→③既是活动 B_1，又是活动 B_2，难以将 B_1 与 B_2 区别开来，这种表示方法是不合网络规则的错误方法。箭线长短与完工时间没有联系。箭线下方的数字表示各项活动所占用的时间。如图 10-2 所示，活动 A 的作业时间为 2 个单位，活动 B_1 的作业时间为 5 个单位，其他活动的作业时间看箭线下方的数字。虚活动不占用时间也不消耗资源，其作业时间为零。

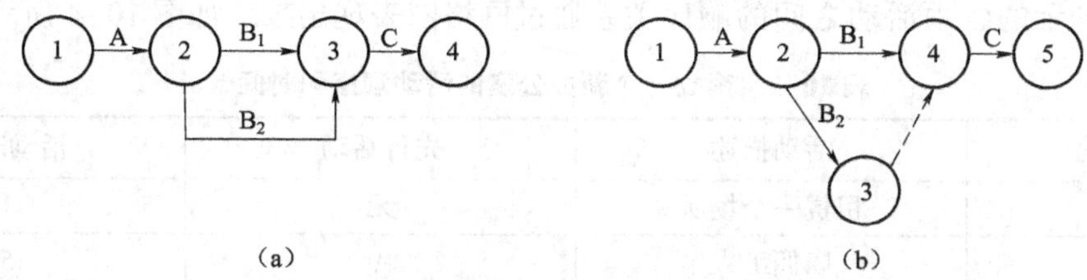

图 10-3　网络图的正确表示方法

(a) 错误的表示方法；(b) 正确的表示方法

(3) 路径。在网络图中，路径是指从始结点开始，顺着箭头所指方向，从左向右连续不断地到达终结点为止的一条通道。一条路径上各项活动的作业时间之和，为路径的时间总长度。在一个网络图中，有很多条路径，每条路径所需要的时间是不一样的，其中时间最长的一条叫作关键路径。关键路径所需的时间也就是完成整个计划任务所需要的时间。位于关键路径上的作业，称为关键作业或关键活动，这些作业完成的快慢直接影响着整个项目的工期。

在网络图 10-2 中，有两条路径，分别是：$A \to B_1 \to C \to D$，$A \to B_2 \to X \to C \to D$，两条路径上各项活动时间总和分别是 21 单位和 26 单位。显然的，$A \to B_2 \to X \to C \to D$ 是关键路径。

2. 网络图的绘制规则

绘制一个网络图，一般可以分为以下四个步骤。

(1) 分解项目。把一个项目（或工程）的生产制造过程分解为若干个活动（作业）。

(2) 列出各项活动名称以及活动之间的相互关系，以确定各活动之间的先后顺序，并根据各个活动的逻辑顺序，由小到大编排结点的号码，确定活动的代号。

(3) 确定各项活动的作业时间。

(4) 画图。绘制网络图时应掌握以下原则和方法（这里介绍 AOA 规则的网络图）。

- 自左向右。始结点通常都安置在图的左端，终结点安置在右端，网络图从左至右，箭线方向不可指向左边。
- 无循环回路。即箭线不能从某一结点出发，经过若干其他结点，又回到原来的结点上去。
- 结点编号不能重复。网络图中的每一项活动都有自己的结点编号，号码不能重复使用。
- 箭线首尾应有结点。箭线必须从一个结点开始，到另一个结点结束，其首尾都应有结点，不能从一条箭线的中间引出另一条箭线来。箭头结点的编号大于箭尾结点的编号。
- 多箭线应以虚线连接。在两结点之间，如遇有几道工序平行作业和交叉作业时，必须引进虚工序，虚工序是指作业时间为零的一项虚任务。
- 条条路径都应通终结点。网络图上不允许有不能通向终结点的路径，也不能出现没有先行工作或没有后续工作的中间结点。

以上是绘制网络图必须遵循的要求，违背这些要求，就不可能正确地解决作图问题。

【例 10-1】 某公司计划建立一个新办公室。这个过程需要完成的活动包括租赁一个场所、雇佣工人、布置设计、设施安装、电话布置、电话安装和搬进新办公室。

解： 现在利用以上信息解释如何利用网络图的方法来进行该项目的进度安排。首先，需要确定各项活动的先后顺序关系和持续时间，这些在表 10-2 中进行了总结。其次，将

表10-2中列示的各项活动之间的顺序关系通过网络图表现出来，如图10-4所示。

表10-2 建立一个新办公室的活动顺序和时间

活　动	活动描述	先行活动	活动时间
A	租赁一个场所	无	1
B	雇佣工人	A	5
C	布置设计	A	1
D	设施安装	C	2
E	电话布置	A	1
F	电话安装	D、E	1
G	搬进办公室	B、D、F	2

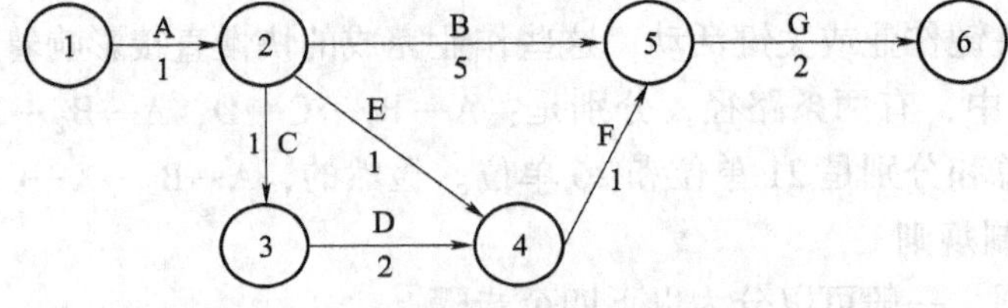

图10-4 建立一个新办公室的网络

10.2.3 网络的时间计算

网络计划技术是从控制时间，合理安排时间进度，寻求一项工程最佳完成时间开始的。一项工程或一件生产任务总是在一定的时间和空间内进行的。因此，正确地制定计划并进行有效地控制，必须对一项工程或任务所需时间进行科学地估计。在网络图中所指的时间，一是指活动的延续时间，二是指活动开始与结束的时间。具体内容包括：作业时间、结点时间、作业开始与结束时间、时差。

1. 作业时间计算（$T_E^{i,j}$）

作业时间指的是使用或消耗资源完成一项活动所需要的时间，也就是一项活动的延续时间。作业时间具体采用什么单位，应随任务的性质而定。一般来说，作业时间就是这些活动所需的工时定额。估计并确定作业时间一般有以下两种方法。

（1）单一时间估计法。关键路径法（CPM）对各项活动的作业时间，仅确定一个时间值。估计时，应以完成各项活动可能性最大的作业时间为准。这种方法适用于在有类似的工时资料或经验数据可资借鉴，且完成活动的各有关因素比较确定的情况下使用。

（2）三种时间估计法。计划评审技术（PERT）包含了概率分析，它对每项活动进行三种时间估计而不是一种。这三种时间估计值分别如下。

第一，最乐观时间，用a表示，指当每项活动都无一例外地顺利完成时，活动完成的最小可能时间。这种可能性很小，其概率仅设定为1%。

第二，最保守时间，用b表示，指当每项活动都未能顺利进行时，活动完成的可预计到的最大可能时间。这种可能性也很小，其概率仅设定为1%。

第三，最可能时间，用m表示，指在一般正常情况下的最大可能完成任务的时间。

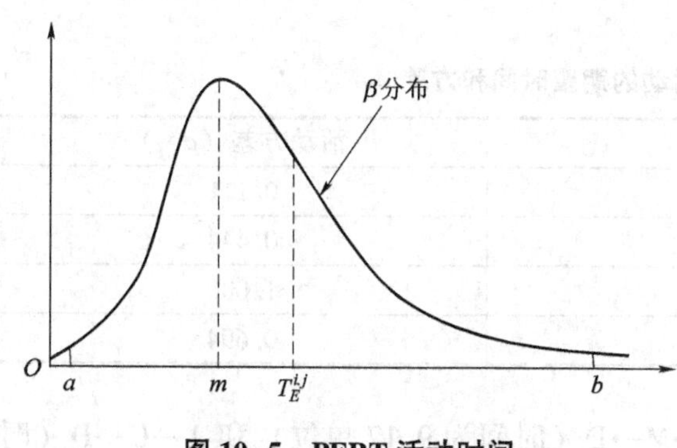

图 10-5　PERT 活动时间

PERT 技术假设项目中各项作业的实际活动时间服从 β 概率分布，如图 10-5 所示。β 分布向右侧倾斜，时间估计更容易超过均值，而不是少于均值。经验显示，对于项目活动时间估计往往会超过最可能的时间或者最好的时间估计，因为人们总是对时间估计过于乐观。因此，实际的时间经常会超过最有可能的时间，而不是在此之前就完成。

根据经验，通过三种时间估计可以计算完成某项活动的期望（平均或折中）持续时间（$T_E^{i,j}$）和方差（σ_i^2），计算公式分别为

$$T_E^{i,j}=\frac{a+4m+b}{6}$$

$$\sigma_{i,j}^2=\left(\frac{b-a}{6}\right)^2$$

上面的公式中，预期完工时间是三种估计时间的加权平均，权重分别为 1、4、1，分母的 6 就是权重之和。但在方差的公式中，6 这个取值来自乐观时间与悲观时间距均值各有三个标准差的偏离这一假设。

假设 T_E 是整个项目的总完成时间，则计算如下

$$T_E=\sum_{\text{关键路径}} T_E^{i,j}$$

$$\sigma^2=\sum_{\text{关键路径}} \sigma_{i,j}^2$$

式中　σ^2——T_E 的方差。

假设项目完成时间是服从正态分布的。这个假设基于中心极限定理，即在一般情况下，随机时间倾向于服从正态分布。项目完成的概率通过计算指定完成时间与期望完成时间之间的正态标准差的大小，然后利用正态概率分布表就可以查到。其计算公式为

$$Z=\frac{T_X-T_E}{\sigma}$$

式中　T_X——项目指定完成时间。

【例 10-2】 PERT 网络和每项活动的三种时间估计值（箭线下方的三个数字）如图 10-6 所示。计算在 12 个单位时间内完成项目的概率。

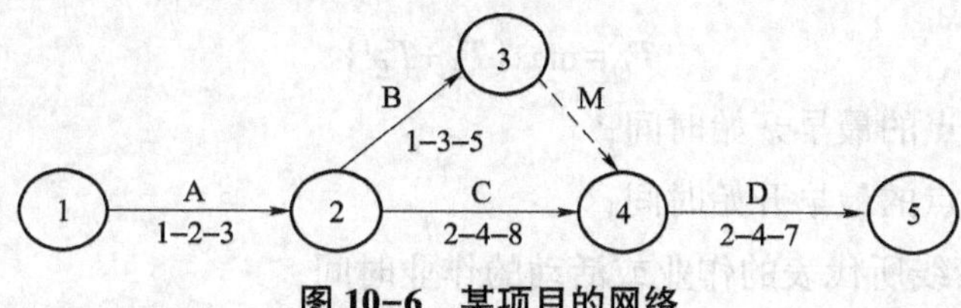

图 10-6　某项目的网络

解： 依据网络图中给出的各项活动三种时间估计值，计算每项活动的期望时间和方差，

如表 10-3 所示。

表 10-3 某项目各项活动的期望时间和方差

活 动	期望时间（$T_E^{i,j}$）	活动方差（$\sigma_{i,j}^2$）
A	2.00	0.111
B	3.00	0.444
C	4.33	1.000
D	4.17	0.694

这个网络图中有两条路径：分别是 A→B→M→D（时间为 9.17 单位）和 A→C→D（时间为 10.5 单位，是关键路径）。项目完成时间的方差是关键路径上各项活动方差之和，即

$$\sigma^2 = \sum_{\text{关键路径}} \sigma_{i,j}^2 = 0.111 + 1.000 + 0.694 = 1.80$$

假设项目的完成时间服从正态分布，均值为 10.5，标准差 $= \sqrt{1.80} = 1.342$。项目在 12 天内完成或更少的时间内完成的概率是通过正态标准差来计算的。

$$Z = \frac{T_X - T_E}{\sigma} = \frac{12 - 10.5}{1.342} = 1.12$$

根据正态概率分布表，就可以得出 12 单位时间内完成项目的概率（$Z = 1.12$）为 0.8686。

2. 结点时间计算

结点本身并不占用时间，它只是表示某项活动应在某一时刻开始或结束。因此，结点时间有两个，即结点最早开始时间和最迟结束时间。

（1）结点最早开始时间（T_E^j）。结点最早开始时间指的是从该结点出发的各项活动最早可能开工时间。它等于从始结点到该结点的各条路径中最长先行路径上的作业时间之和。

其计算方法是从始结点开始，自左至右顺着网络图的箭线方向逐个结点进行计算，其中始结点的最早开始时间为

$$T_E^1 = 0$$

中间结点的最早开始时间的计算有两种情况。

第一，如果到达某一结点的箭线只有一条，其计算公式为

$$T_E^j = T_E^i + T_E^{i,j}$$

第二，如果到达某一结点的箭线有两条或两条以上，则该结点的最早开始时间的计算公式为

$$T_E^j = \max\{T_E^i + T_E^{i,j}\}$$

式中 T_E^i——箭尾结点的最早开始时间；

T_E^j——箭头结点的最早开始时间；

$T_E^{i,j}$——该条箭线所代表的作业或活动的作业时间；

i 取值从 1 到 n，j 取值从 1 到 n，n 为终结点的代码。

【例 10-3】 以图 10-4 所示网络图中的数据为基础，计算各个结点的最早开始时间。

解：各个结点的最早开始时间计算如下：

$T_E^1=0$

$T_E^2=T_E^1+T_E^{1,2}=0+1=1$

$T_E^3=T_E^2+T_E^{2,3}=1+1=2$

$T_E^4=\max\{(T_E^2+T_E^{2,4}),(T_E^3+T_E^{3,4})\}=\max\{(1+1),(2+2)\}=\max\{2,4\}=4$

$T_E^5=\max\{(T_E^2+T_E^{2,5}),(T_E^4+T_E^{4,5})\}=\max\{(1+5),(4+1)\}=\max\{6,5\}=6$

$T_E^6=T_E^5+T_E^{5,6}=6+2=8$

(2) 结点最迟结束时间（T_L^i）。结点的最迟结束时间指的是进入该结点的各项活动必须最迟完工的时间，若不能按时完工将影响后续活动的开工时间和完工时间，从而使整个项目不能在计划期限内完成。

其计算方法是从终结点开始，自右至左逆着网络图的箭线方向逐个结点进行计算，其中终结点的最迟结束时间等于其最早开始时间，即

$$T_L^n=T_E^n$$

中间结点的最迟结束时间的计算也分两种情况。

第一，如果由某一结点引出的箭线只有一条，则该结点的最迟结束时间的其计算公式为

$$T_L^i=T_L^j-T_E^{i,j}$$

第二，如果由某一结点引出的箭线有两条或两条以上，则该结点的最迟结束时间的计算公式为

$$T_L^i=\min\{T_L^j-T_E^{i,j}\}$$

式中 T_L^j——箭头结点的最迟结束时间；

T_L^i——箭尾结点的最迟结束时间。

【例 10-4】 以图 10-4 所示网络图中的数据为基础，计算各个结点的最迟结束时间。

解：各个结点的最迟结束时间计算如下：

$T_L^6=T_E^6=8$

$T_L^5=T_L^6-T_E^{5,6}=8-2=6$

$T_L^4=T_L^5-T_E^{4,5}=6-1=5$

$T_L^3=T_L^4-T_E^{3,4}=5-2=3$

$T_L^2=\min\{(T_L^5-T_E^{2,5}),(T_L^4-T_E^{2,4}),(T_L^3-T_E^{2,3})\}=\min\{(6-5),(5-1),(3-1)\}$

$=\min\{1,4,2\}=1$

$T_L^1=T_L^2-T_E^{1,2}=1-1=0$

3. 作业开始与结束时间计算

作业开始与结束时间包括作业最早开始时间、作业最早结束时间、作业最迟结束时间和作业最迟开始时间。

(1) 作业最早开始时间（$T_{ES}^{i,j}$）。作业最早开始时间指的是某项作业最早可能开始的时间。它等于代表该作业的箭线箭尾结点的最早开始时间。其计算公式为

$$T_{ES}^{i,j}=T_E^i$$

【例 10-5】 以图 10-4 所示网络图中的数据为基础，计算各项活动的最早开始时间。

解：各项活动的最早开始时间计算如下：

$$T_{ES}^{1,2}=T_E^1=0$$
$$T_{ES}^{2,3}=T_E^2=1$$
$$T_{ES}^{2,4}=T_E^2=1$$
$$T_{ES}^{3,4}=T_E^3=2$$
$$T_{ES}^{2,5}=T_E^2=1$$
$$T_{ES}^{4,5}=T_E^4=4$$
$$T_{ES}^{5,6}=T_E^5=6$$

（2）作业最早结束时间（$T_{EF}^{i,j}$）。作业最早结束时间指的是某项作业最早可能结束的时间。某作业的最早结束时间等于该作业的最早开始时间加上它的作业时间。计算公式为

$$T_{EF}^{i,j}=T_{ES}^{i,j}+T_E^{i,j}$$

【例 10-6】以图 10-4 所示网络图中的数据为基础，计算其中两项活动的最早结束时间。

解：某些活动的最早结束时间计算如下

$$T_{EF}^{2,4}=T_{ES}^{2,4}+T_E^{2,4}=1+1=2$$
$$T_{EF}^{4,5}=T_{ES}^{4,5}+T_E^{4,5}=4+1=5$$

其他作业的最早结束时间在这里不一一计算。

（3）作业最迟结束时间（$T_{LF}^{i,j}$）。作业最迟结束时间是指某作业必须结束的最迟时间。它等于代表该作业的箭线箭头结点的最迟结束时间。计算公式为

$$T_{LF}^{i,j}=T_L^j$$

【例 10-7】以图 10-4 所示网络图中的数据为基础，计算其中两项活动的最迟结束时间。

解：某些活动的最迟结束时间计算如下

$$T_{LF}^{4,5}=T_L^5=6$$
$$T_{LF}^{2,4}=T_L^4=5$$

其他作业的最迟结束时间在这里不一一计算。

（4）作业最迟开始时间（$T_{LS}^{i,j}$）。作业最迟开始时间是指某作业必须开始的最迟时间。某作业的最迟开始时间等于该作业的最迟结束时间减去它的作业时间。计算公式为

$$T_{LS}^{i,j}=T_{LF}^{i,j}-T_E^{i,j}$$

【例 10-8】以图 10-4 所示网络图中的数据为基础，计算其中两项活动的最迟开始时间。

解：某些活动的最迟开始时间计算如下

$$T_{LS}^{4,5}=T_{LF}^{4,5}-T_E^{4,5}=6-1=5$$
$$T_{LS}^{2,4}=T_{LF}^{2,4}-T_E^{2,4}=5-1=4$$

其他作业的最迟开始时间在这里不一一计算。

4. 时差和关键路径

（1）活动总时差。活动总时差是指在不影响整个项目完工时间的前提下，某项活动最迟开工时间与最早开工时间的差。它表明该项活动开工时间允许推迟的最大限度，也称为"宽裕时间"或"富余时间"。设活动（I，j）的总时差为 $TF_{i,j}$，则其计算公式为

$$TF_{i,j}=T_{LS}^{i,j}-T_{ES}^{i,j}=T_{LF}^{i,j}-T_{EF}^{i,j}=T_{LF}^{i,j}-T_{ES}^{i,j}-T_E^{i,j}$$

活动总时差的计算如表 10-4 所示。

（2）活动单时差。活动单时差是指在不影响下一个活动的最早开工时间的前提下，该活动的完工期可能有的机动时间，又称为“自由富余时间”。设活动（I，j）的单时差为 $EF_{i,j}$，则其计算公式为

$$EF_{i,j}=T_E^j-(T_E^i+T_E^{i,j})=T_E^j-T_{EF}^{i,j}=T_{ES}^{j,k}-T_{EF}^{i,j}$$

式中 $T_{ES}^{j,k}$——工序（i-j）的紧后工序（j-k）最早开始时间。

活动单时差的计算如表10-4所示。

时差表明各项活动的机动时间，即有时间潜力可以利用。时差愈大，说明时间潜力也愈大。网络图的精髓就在于利用时差来规定和调整整个项目的进度，以求提高效率。

（3）关键路径。在一个网络图中，总时差为零的活动为关键活动，时差为零的结点称为关键结点。一个从始结点到终结点，沿箭线箭头方向由时差为零的活动所组成的路径就是关键路径。

某公司新建办公室网络项目的关键路径为：A→B→G，如表10-4所示。

表10-4 某公司新建办公室项目网络时间参数

活动	持续时间	最早时间		最迟时间		总时差	单时差	关键作业
		开始时间	结束时间	开始时间	结束时间			
A	1	0	1	0	1	0	0	A
B	5	1	6	1	6	0	0	B
C	1	1	2	2	3	1	0	
D	2	2	4	3	5	2	0	
E	1	1	2	4	5	3	2	
F	1	4	5	5	6	1	1	
G	2	6	8	6	8	0	0	G

关键路径通常是从始结点到终结点时间最长的路径，要想缩短整个项目的工期，必须在关键路径上想办法，即缩短关键路径上的作业时间。反之，若关键路径工期延长，则整个项目的完工期将延长。

10.3 网络计划的调整与优化

通过绘制网络图、计算时间参数和确定关键路径后得到的是一个初始的计划方案。通常还要对初始方案进行调整和完善。网络计划的优化就是在资源、费用等条件的约束下，通过利用时差，不断改善网络计划的初始方案，使之获得最低成本、最佳周期和对资源的最有效利用，最终确定最优的计划方案。网络计划的优化，通常包括时间优化、时间—费用优化和时间—资源优化。

10.3.1 时间优化

时间优化是在人力、物力、财力等资源基本上有保证的前提下，寻求项目的最短生产周期，从而争取时间，迅速发挥项目的投资效益。

时间优化的方法如下：

（1）利用时差，从非关键路径上抽调人力、物力，集中于关键路径，以缩短关键路径的时间。

（2）在关键路径上采用新工艺、新技术、新方法，缩短关键活动时间。

（3）对关键活动的作业进一步分解，采取平行交叉作业，或采取增加作业班次的方法缩短作业时间。

10.3.2 时间—费用优化

时间—费用优化，是指根据计划规定的期限和成本，或根据最低成本的要求，寻求最佳生产周期。项目作业的成本由直接费用和间接费用组成的。

1. 直接费用

直接费用与生产过程中各个活动或工序的延续时间有关，包括直接生产工人的工资及附加费、材料费、工具费等。缩短生产周期，需要采取一定的技术组织措施，相应地要增加一部分直接费用。

2. 间接费用

间接费用与生产过程无直接关系，包括管理人员工资、办公费、租金、利息、违约金等，它按活动的作业时间长短分摊到每项活动。在一定的生产规模内，活动的作业时间越短，分摊的间接费用越少。

完成项目的直接费用、间接费用、总费用与完工时间的关系，通常情况下如图10-7所示。图中的正常时间 T' 是在现有的生产技术水平下，由各项活动的作业时间所构成的项目完工时间。对应于正常时间的直接费用就是正常直接费用。极限时间是为了缩短各项活动的作业时间而采取一切可能的技术组织措施后，可能达到的完成项目的最短时间。对应于极限时间的直接费用就是极限直接费用。

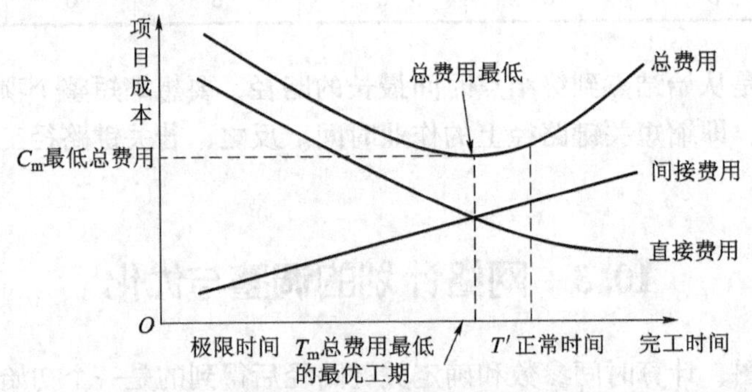

图10-7 直接费用、间接费用、总费用和项目完工时间之间的关系

从图10-7中可以看出，缩短项目工期会引起直接费用的增加和间接费用的减少，而延长项目工期则会引起间接费用的增加和直接费用的减少。时间—费用优化就是以这两种性质不同的费用为分析对象，确定缩短项目工期降低成本的方法。

这两种费用与工期之所以形成这种关系，是因为直接费用是直接分摊到每项活动的，为了缩短活动时间，就需要采取一定的技术组织措施，所以相应地要增加一部分直接费用，如加班工资；而间接费用，在某些工程项目中，是按照各项活动所消耗的时间比例进行分摊的，活动时间越短，分摊到该活动的间接费用就越少，工程周期越短，则工程项目的间接费用就越低。

网络计划中，由于间接费用与网络时间成某种固定比例变动关系，而直接费用变动与活动种类有关，不同的活动其直接费用水平是不同的。因此，在网络计划中，着重分析的是直接费用和活动时间的关系，如图 10-8 所示。

图 10-8 中临界点是无论再增加多少直接费用，也不能再缩短活动时间的那一点。对应于该点的时间与费用分别为临界时间与临界费用。正常点就是无论将活动时间延长到多长，也不能再减少直接费用的那一点。对应于此点的时间与费用分别为正常时间与正常费用。连接正常点与临界点的曲线就是直接费用曲线。为了计算方便，我们假定正常点与临界点之间可由直线连接，并称此直线的斜率为成本斜率。成本斜率就是单位时间内直接费用变化率。其计算公式为：

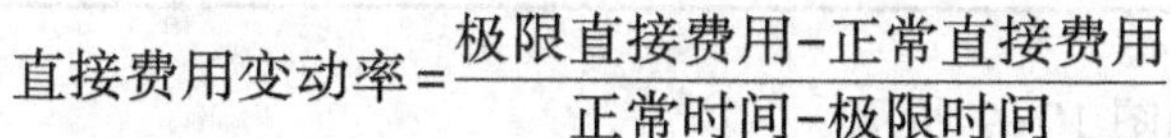

$$直接费用变动率=\frac{极限直接费用-正常直接费用}{正常时间-极限时间}$$

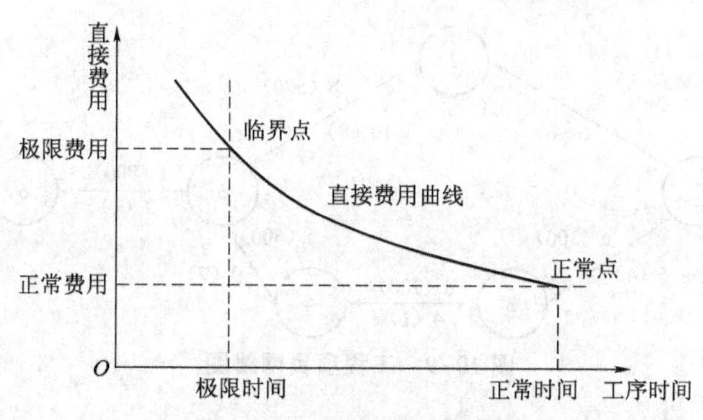

图 10-8　直接费用变动率

由于各关键活动的临界点和正常点不同，因而各自的费用斜率也就不同。在整个项目的时间—费用图上，直接费用表现为一个斜率小于零的曲线，间接费用可简单地表示为一条斜率大于零的曲线。总成本就是由直接费用曲线和间接费用曲线叠加而成的，如图 10-7 所示。

总费用曲线上的最低点就是项目或计划任务的最优计划方案。此方案所对应的费用 C_m 和时间 T_m 分别为最低费用和最优工期，时间—费用优化就是找出曲线中的这一最优点。为了找到这样一个费用最低的优化方案，下述基本原则和步骤具有实际的指导意义。

时间—费用优化的基本原则：

（1）优先缩短关键路径上活动的作业时间。

（2）优先缩短直接费用变化率小的活动的作业时间。

（3）缩短活动的作业时间以不超过极限时间为限。

时间—费用优化的一般过程：

（1）获得各项活动正常时间、极限时间与成本费用估计值；

（2）计算所有路径的时间与时差；

（3）找出关键路径和关键活动；

（4）缩短关键活动时间，只要时间缩短所增加的直接费用不超过所减少的间接费用，就可以继续缩短；

（5）当初的关键路径时间缩短以后，又会出现两条或两条以上新的关键路径。于是，随后的改进工作需要同时缩短这几条路径的时间。

【例 10-9】利用表 10-5 中的信息，做出最佳时间—成本选择。间接费用为 1000 元/天。

表 10-5 工程项目时间、费用信息表

活　动	正常时间/天	极限时间/天	每天直接费用变动率/元
a	6	6	
b	10	8	500
x	5	4	300
d	4	1	700
e	9	7	600
f	2	1	800

工程项目网络图如图 10-9 所示。

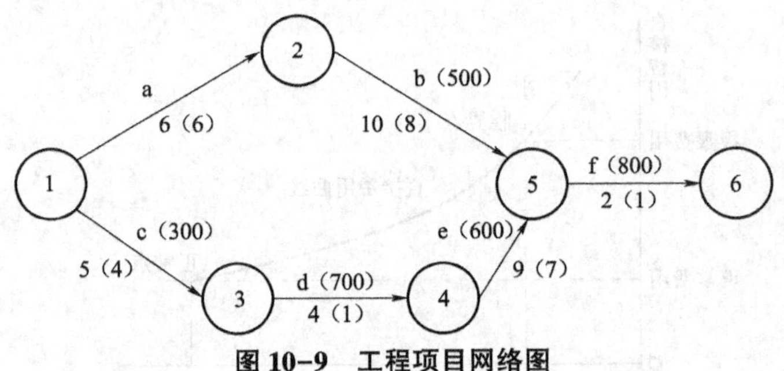

图 10-9 工程项目网络图

解：首先计算网络图中各条路径的时间。网络图有两条路径：a—b—f，时间为 18 天；c—d—e—f，时间为 20 天。由于 c—d—e—f 的时间最长，是关键路径，相应的 c、d、e、f 是关键活动。其次，将关键路径上的活动按直接费用率从小到大排列，其排列顺序为：c—e—d—f。第三步，选择费用率最小的关键活动 c，缩短工期 1 天。整个工程项目的工期缩短 1 天，增加直接费用 300 元，减少间接费用 1000 元，费用净节约 700 元（1000-300）。第四步，计算优化后的项目时间，找出新的关键路径（注意，经过时间费用优化后的网络图，其关键路径及时间可能会发生变化，可能会有新的关键路径出现）。关键路径依然是原来的那条，不过时间已缩短为 19 天。审查经过优化后的关键路径上各项活动的正常时间和极限时间，找出具有时间弹性的活动。从图中可以看出，时间上具有弹性的活动依照直接费用变动率排序应为：e—d—f。因此，选择直接费用率最低的关键活动 e，缩短工期 1 天（注意：e 有两天的时间弹性），工程项目时间缩短为 18 天，增加直接费用 600 元，减少间接费用 1000 元，费用净节约为 400 元（1000-600）。第五步，继续计算经过优化后的工程项目的网络时间，找出新的关键路径。这时出现了两条关键路径，即 a—b—f 和 c—d—e—f，时间都是 18 天。由于有两条关键路径，必须同时缩短两条路径上某些活动的时间才能使整个项目的时间缩短。比如，可以同时缩短 b 和 e 的时间各 1 天，使工程项目总工期缩短 1 天，变成 17 天。但由于直接费用率为 1100（500+600）元大于所减少的间接费用 1000 元，工程项目总费用净增加 100 元。因此这种选择是不可行的。是否还有其他选择呢？有。f 是两条路径上的共同活动，因此，如果能够缩短活动 f 的时间，就可以使整个工程项目的时间缩短。

f 有 1 天的时间弹性，因此，缩短活动 f 的时间 1 天，增加直接费用 800 元，减少间接费用 1000 元，工程项目总费用减少 200（1000-200）元。工程项目时间缩短为 17 天。至此，如果继续缩短工程项目时间，会使总费用增加。我们可以统计一下经过优化后的工程项目的工期和费用变化情况。工程项目总工期缩短了 3 天，总费用减少了 1300 元。

10.3.3　时间—资源优化

时间—资源优化，是指在一定的工期条件下，通过平衡资源，求得工期与资源的最佳结合。时间—资源优化是一项工作量大的工作，往往难以将工程进度和资源利用都作出合理的安排，常常是需要进行几次综合平衡，才能得到最后的优化方案。

时间—资源优化主要靠试算；对于比较简单的问题，可以按以下步骤进行。

（1）根据日程进度绘制线条图。

（2）绘制资源需要动态曲线。

（3）依据有限资源条件和优化目标，在坐标图上利用非关键工序的时差，依次调整超过资源约束条件的工作时期内各项作业的开工时间，直到满足平衡条件为止。

【例 10-10】某项工程各道工序的作业时间及每天需要的劳动力数量如图 10-10 所示。图中，箭线上方的英文字母表示工序，字母右边括号内的数字表示该工序的总时差；箭线下方左边的数字表示工序的作业时间，右边括号内的数字表示该工序每天所需要的劳动力数量。

从表 10-6 中可以看到，企业资源进度很不平衡。在第 2、3 天，每天需要 31 个劳动力，

表 10-6　工程项目作业日程和资源进度初始表

天

工序	时间	时差	日程进度															
			1	2	3	4	5	6	7	8	9	10	11	12	13	14	15	16
A	1	1	6															
B	5	0	14	14	14	14	14											
C	3	1		8	8	8												
D	2	8		9	9													
E	6	0						7	7	7	7	7	7					
F	5	3						12	12	12	12	12						
G	5	0												8	8	8	8	8
H	3	2												16	16	16		
所需劳动力/人			20	31	31	22	14	19	19	19	19	19	7	24	24	24	8	8

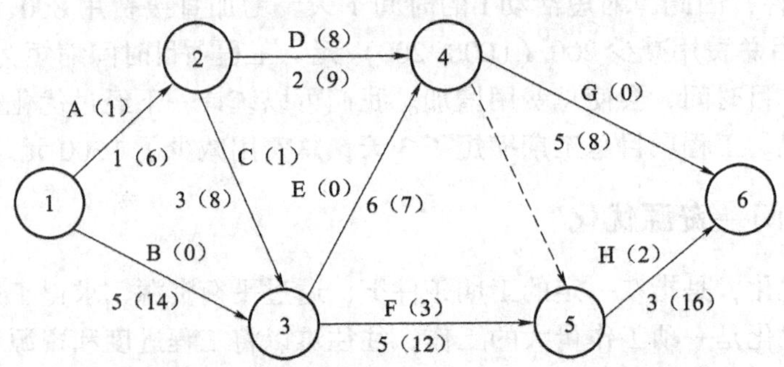

图 10-10　某工程项目各道工序时间、所需劳动力数量

资源需要达到最高峰，而在第11天、15天、16天，每天需要劳动力为7~8个，资源需要降到谷底。这样大幅度的需求波动，不利于企业对劳动力的组织管理，增加企业的管理成本。因此，如何通过对劳动力在不同工序之间的合理调配，使每天的劳动力需要量与工序作业进度更加匹配，是时间—资源优化所要实现的目标。其基本方法是首先识别关键工序与非关键工序；其次，通过抽调非关键工序上的劳动力支援关键工序，利用时差适当延长非关键工序的时间（以不超过时差为限）。通过对劳动力资源的重新调配，实现劳动力使用量的基本均衡。改进后的工程项目作业日程和资源进度表如表10-7所示。

表 10-7　改进后的工程项目作业日程和资源进度表

天

工序	时间	时差	日程进度															
			1	2	3	4	5	6	7	8	9	10	11	12	13	14	15	16
A	1	1	6															
B	5	0	14	14	14	14	14											
C	3	1		6	6	6	6											
D	2	8						9	9									
E	6	0						7	7	7	7	7	7					
F	5	3								12	12	12	12	12				
G	5	0												8	8	8	8	8
H	3	2													12	12	12	12
所需劳动力/人			20	20	20	20	20	16	16	19	19	19	19	20	20	20	20	20

本章小结

本章主要阐述了项目及项目管理和网络计划技术的相关内容，其中介绍了项目管理的基础知识包括项目的概念、特点，项目管理的概念、特点及目标，介绍了网络图的构成要素、网络图的逻辑表示方法、网络图的绘制方法、网络时间的计算。通过网络时间计算从而确定关键路径，实现网络项目的时间、资源、费用优化，是本章学习所要掌握的最重要的技能。本章介绍了时间优化、时间—费用优化、时间—资源优化三种优化方法，其中的时间—费用优化需要重点掌握。

同步测试

一、单项选择题

1. 间接费用是随着完成计划任务时间的缩短而呈（　　）。

A. 比例减少　　B. 比例增加　　C. 边际递减　　D. 边际递增

2. 某项目网络图及各项活动历时如图 10-11 所示，各项活动的作业时间分别为：A=4，B=5，C=3，D=5，E=4，F=5，G=6，H=6，I=3，J=2，K=3，M=0（时间单位：周），该项目的总工期是（　　）。

A. 20 周　　B. 17 周　　C. 18 周　　D. 16 周

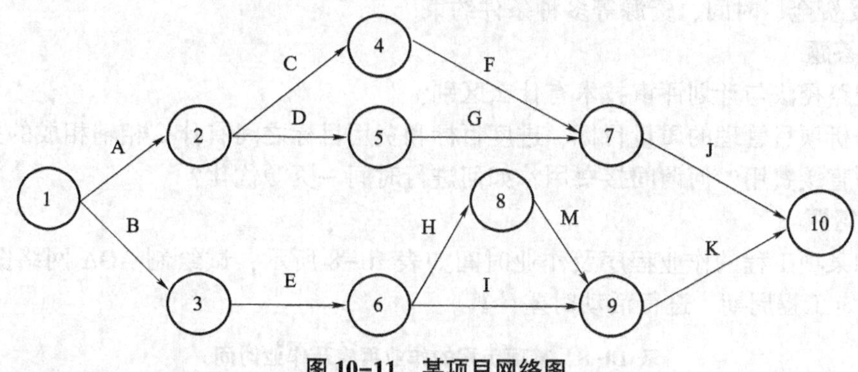

图 10-11　某项目网络图

3. 项目管理的核心是（　　）。

A. 项目质量管理　　B. 项目的进度控制

C. 项目费用控制　　D. 项目的组织机构

4. 某项任务工期的最乐观时间为 3 天，正常时间为 6 天，最悲观时间为 9 天，此任务的预期工期为（　　）

A. 3 天　　B. 6 天　　C. 9 天　　D. 8.5 天

5. 项目的生命是（　　）。

A. 项目质量控制　　B. 项目费用控制

C. 项目进度控制　　D. 项目决策与控制

二、多项选择题

1. 下列表述正确的是（　　）。

A. 最早完成时间可在这项活动最早开始时间的基础上加上这项活动的工期估计

B. 活动的最迟完成时间以项目预计完成时间为参照点进行逆向计算

C. 最近完成时间可在前置活动的最近开始时间基础上计算出来

D. 最迟开始时间可在该活动最迟完成时间的基础上加上该活动的工期得出

2. PERT 计划适用的项目有（　　）。

A. 不可预知因素较多的项目　　B. 过去未做过的新项目

C. 复杂的项目　　D. 研制新产品的项目

3. 下列表述正确的是（　　）。

A. 关键路径法主要应用以往在类似项目中已取得一定经验的项目

B. 计划评审法更多地应用于研究与开发项目

C. 如果任务工期无法正确估计，一般采用计划评审法

D. 关键路径法属于非肯定型，计划评审法属于确定型方法

4. 项目费用包括（　　）。

A. 直接费用　　B. 间接费用

C. 材料订购费用　　D. 材料库存持有费用

5. 项目具有（　　）等特点。

A. 目的性　　B. 项目是由一系列工作所组成

C. 项目需要多方参与　　D. 单一性

E. 受资金、时间、资源等多种条件约束

三、问答题

1. 关键路径法与计划评审技术有什么区别？

2. 请分析项目管理的质量目标、进度目标和费用目标之间有什么相辅相成的关系？

3. 何谓直接费用？何谓间接费用？如何进行时间—资源优化？

四、练习题

1. 已知某项工程的作业程序及作业时间如表 10-8 所示，试绘制 AOA 网络图，并根据关键路径确定工程周期，进行活动时差计算。

表 10-8　某项工程的作业程序及作业时间

活动名称	紧前工序	活动时间/周	活动名称	紧前工序	活动时间/周
A	—	4	F	C、D	9
B	—	6	G	C、D	7
C	A	6	H	E、F	4
D	B	7	I	G	8
E	B	5			

2. 长征研究院培训中心负责明年春天的基层干部工商管理培训，培训中心列出有关培训组织的各项活动的信息，如表 10-9 所示，要求绘制出统筹方法的 AOA 网络图，设法求出网络时间和关键路径，并确定开始这个组织工作的时间以保证培训工作如期举行。

由于是第一次搞培训，缺乏统计数据来确定完成每个活动所需时间，但对所需时间做了三种估计，如表 10-10 所示。

（1）乐观时间。指所需最少时间，用 a 表示。

（2）最可能时间。指正常时间，用 m 表示。

（3）悲观时间。指不顺利情况下，最多时间，用 b 表示。

表 10-9 干部培训任务的工作环节及顺序

活 动	活动（工序）内容	紧前活动（工序）
a	制定培训计划	—
b	选聘培训教师	a
c	列出一些可供选择的培训地点	—
d	确定培训地点	c
e	确定培训的日程安排	b、d
f	落实教学设备、器材、资料	e
g	发培训通知并确定学员名单	b、d
h	订旅馆房间	g
i	处理最后的一些事务	f、h

表 10-10 干部培训任务各项工作的时间估计值

周

活动	乐观时间	最可能时间	悲观时间
a	1.5	2.0	2.5
b	2.0	2.5	6.0
c	1.0	2.0	3.0
d	1.5	2.0	2.5
e	0.5	1.0	1.5
f	1.0	2.0	3.0
g	3.0	3.5	7.0
h	3.0	4.0	5.0
i	1.5	2.0	2.5

3. 一个会计师事务所的审计工作需要表 10-11 所示的活动：

表 10-11 审计工作各项活动的时间及顺序信息

活动名称	A	B	C	D	E	F	G
紧前工序	—	A	—	B、C	A	B、C	E、D
工序时间/天	3	2	5	2	4	6	5

（1）画出该项目的网络图。

（2）计算审计工作各项活动的最早开始时间、最早结束时间、最迟开始时间、最迟结束时间。

(3) 确定关键路径和关键活动。

五、综合案例

康宁公司

康宁公司生产一系列的维生素和营养补充剂。它近来推出了康宁运动型能量棒，该产品是基于有关大量营养素的适当平衡方面的最新科学发现研制的。这种能量棒在运动员及采取类似食谱的人群中非常受欢迎。康宁运动型能量棒的一个显著特征是每根棒中含有50毫克二十碳五烯酸（EPA），这是一种可以降低癌症发生率的物质，而且只在诸如鲑鱼之类的少数食物中有。康宁之所以能在其能量棒中加入EPA，是因为它此前已经在其鱼油胶囊的生产中开发出了一个提取EPA的过程，并取得了专利。

由于康宁运动型能量棒在国内的成功，康宁公司正在考虑向世界的其他地区推出这种产品。鉴于目前它在国内的生产设施已经满负荷运转，康宁公司总裁决定针对在国外的生产设施处增加约10000平方英尺的生产空间这一计划展开研究，该计划需要投资3300多万元。

扩建国外设施的项目包括四个主要阶段：概念开发；计划定义；设计和建设；启动与交付。在概念开发阶段，公司选任了一位专项经理，由他来监督项目的四个阶段，这位经理还获取了一项预算用以制定计划。概念开发阶段的输出包括一份粗计划、项目可行性报告以及一份粗略的进度计划。此外还要制定项目的必要性论证报告以及下一阶段的预算。

在计划定义阶段，这位专项经理选任了一位项目经理来监管这一阶段的所有相关活动。计划定义由大致同时完成的四项主要活动构成，即定义项目范围，制定一份概括性的活动进度计划，制定详细的费用预算，制定一份人员配置计划。这一阶段的输出是呈交给管理当局的一份详细的计划和建议书，其中要明确项目花费多少，用时多长，交付成果是什么。

如果项目得到了管理当局的批准，并且管理层拨出了款项，则项目进入第三阶段——设计与建设。这一阶段由四项主要活动构成：详细的工程设计、建筑工人的动员、生产设备的采购以及工厂设施的建设。通常，详细的工程设计与建筑工人的动员是同时进行的。这些活动一旦完成，工厂设施建设和生产设备采购又同时展开。这一阶段的输出是工厂设施的实体建设。

最后一个阶段是启动与交付，由四项主要活动构成：设施启动前检查，招募和培训劳动力，解决试运行中的问题，确定最佳运行参数（称为调试）。一旦完成了启动前检查，招工和培训以及解决试运行问题同时进行。这些活动完成之后开始调试。这一阶段期望的结果是按照设计要求运行的工厂设施。

各项活动的乐观时间、最大可能时间和悲观时间的估计值如表10-12所示。

表10-12 各项活动的乐观时间、最大可能时间和悲观时间的估计值

月

活　动	乐观时间	最大可能时间	悲观时间
概念开发	3	12	24
计划定义			
定义项目范围	1	2	12
制定概括进度	0.25	0.5	1

续表

活　　动	乐观时间	最大可能时间	悲观时间
确定详细费用预算	0. 2	0. 3	0. 5
制定人员配置计划	0. 2	0. 3	0. 6
设计和建设			
详细工程设计	2	3	6
建筑工人动员	8	12	24
生产设备采购	0. 5	2	4
工厂设施建设	1	3	12
启动与交付			
启动前检查	0. 25	0. 5	1
招工和培训	0. 25	0. 5	1
解决试运行问题	0	1	2
调试	0	1	4

案例思考题

1. 做出该项目的网络图。找出网络图中四条最关键的路径。

2. 假定活动时间服从 β 分布，估计该项目完工时间的均值和标准偏差。

3. 计算项目在 30 个月内完成的概率。项目超出 40 个月的概率是多少？项目用时在 30~40 个月的概率是多少？

实践与训练

一、实训目标

1. 社会活动能力的培养。

2. 学会用网络计划技术制定计划。

二、实训要求

1. 通过 3~5 人的小组来完成。

2. 与社区物业管理公司、居委会联系，访问物业公司经理、居委会主任及学校社团活动负责人，详细了解项目型计划管理的要求，并写出调查报告。

3. 制定社区服务、志愿者服务或学校社团活动的计划。

三、成果与考核

成果与考核主要依据小组的实训报告以及小组长对小组成员参与度的鉴定评定每个成员的成绩。